主体立场的心理学

批判与马克思主义心理学丛书

Critical and Marxist Psychology Series

王波 主编

PSYCHOLOGY FROM THE STANDPOINT OF THE SUBJECT

Selected Writings of Klaus Holzkamp.

[德] 克劳斯·霍兹坎普 Klaus Holzkamp 著

[德] 厄恩斯特·夏欧伯 Ernst Schraube

[德] 乌特·欧斯特坎普 Ute Osterkamp 编

孟飞 郭峰 译

北京师范大学出版集团

BEIJING NORMAL UNIVERSITY PUBLISHING GROUP

北京师范大学出版社

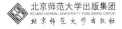

总序

心理学的批判与重建：一种马克思主义进路

海德格尔有言，哲学之必要性就在当前时代的“急难”中。“一切必要性扎根于一种急难中”。哲学须急时代之所急，而最大的急难就是“无急难之急难”（the lack of emergency）。“在自我确定性（self-certainty）已变得不可逾越的地方，在一切都被认为可以计算的地方，总之，在一个一切都已被决定，却不问一个先行的问题：我们是谁，我们要做什么的地方，急难最为匮乏。”而这恰恰是传统心理学（psy-sciences）正在遭遇的境况，它忙于将人类主体性的每一方面心理学化（psychologization），以心理学的方式重释并通约了我们的日常经验，却对这一先行问题鲜有问津：“心理学是什么？它要做什么？”这一问题对传统心理学来说几无急难可言，而无急难之急难，恰是传统心理学最大的急难。

批判心理学扎根于传统心理学的急难之中。作为一种正在西方学界兴起，国内亟待关注的学术话语，它接续了从康德经马克思，一直到法兰克福学派的批判传统，致力于探究现代心理及心理学得以成立的前提与界限，反思传统心理学的原则框架和基本假设，及其与资本主义的内在勾连。批判心理学一方面指认了传统心理学如何置身社会据以再生产自身的专门化劳动过程中，试图生产和积累用以描述、预测与控制人类心理与行为的普遍的、中立的与客观的知识，并以此作为自身合法性的来源。同时揭示了在发达资本主义社会，这种心理学何以作为一种新型治理装置，通过“对行为的引导”（the conduct of conduct）使“助人的职业”接管了人们的日常生活。此即批判心理学在“破”的面向“批判心理”之蕴涵。另一方面，从对传统心理学的批判性反思出发，它致力于发展出一种既有价值承诺，又有科学基础的新心理学，以之作为方法论工具，批判和把握资本时代所塑造的人类精神生活的独特性质，同时打开心理学的想象力，为作为其他可能选择的人类主体性提供一种解放议程。此即批判心理学在“立”的面向“心理批判”之蕴涵。

马克思率先提出了关于心理与心理学得以可能的前提与界限的批判议程，以及对其进行社会批判的理论纲领和实践框架。批判心理学作为西方左派话语的重要组成部分和西方主流心理学的其他可能选择，进一步丰富和加深了人们对传统心理学与当代资本主义新变化之内在勾连的理解。其思想道路的核心问题包括：1. 心理学的“主体相关性”问题。传统心理学研究能检验某假设的效度或“技术相关性”，却无法检验其“主体相关性”。主体与其对环境（实验设置）的影响之间几乎是完全分裂的，而这种分裂正是资本主义社会化大生产与生产资料的私人所有之间的宏观分裂的具体而微者。它也是笛卡尔式意识的内在性与现实世界的形而上学对立的心理学表现。人生产自身生活条件的可能性在传统心理学研究中被系统地排除了。由于缺乏评价其理论重要性或相关性的科学工具，故而它经常不能决定互相竞争的理论中哪一个是更好的。而将与人类精神生活的本质方面直接关联的“主体相关性”作为标准，在总体性的社会政治层面重新考察其“合法性”，一项研究就可能具有相对恒久的意义，由此摆脱心理学知识的碎片化状态，促进心理学的知识积累与范式整合。2. 心理学基本概念和范畴反思。运用马克思所引发的“功能—历史分析”澄清心理学基本概念和范畴的前提与界限，亦即其本身作为充满弹性的现实抽象而具有的规范性和展演性，为心理学的研究主题及其方法论提供系统的范式性基础，并针对“一定的社会类型中的生活阶段”出现的特殊问题，提出创新的、革命性心理学概念和范畴。3. 心理学与马克思主义的解放议程。传统心理学所承诺的“心理学解放”，将推翻消极的、负面的、束缚人的“观念”“同创造自由个性看成一回事”，此即马克思早就揭露过的观念解放。随着“人类社会”取代“市民社会”，这种作为“虚假意识”的虚假心理解放，即颠倒了的“我对我环境的关系”，最终将被人的解放所代替。是故科学的和革命的心理学的解放依赖于推翻限制了人的本质力量的对象化的资本主义，由此“人以一种全面的方式，就是说，作为一个总体的人，占有自己的全面的本质”，从而将沉溺于“变量”的动物的或机器的心理学提升到人的、有意识的、社会历史的层次。

在心理学话语体系重构的层次，批判心理学的元理论反思可以从三个维度将之提升到一个新的思想高度：1. 本体论重构要求澄清心理学（包括其原则框架、实践规范，乃至基本概念和范畴）何以是一定历史条件的产物，而且只有对于这些条件并在这些条件之内才具有充分的适用性，由此回应对心理学基本概念和范畴的本体论追问。更重要的是，区别于传统心理学将被试询唤（interpellation）到被操作性定义的具体范畴中，这种本体论重构还要站在无产阶级主体的立场上提出一整套将解放议程包含在内的革命性的范畴，由此重构心理学的基本概念和范畴乃至“心理”本身，以增强人民群众认识世界和改变世界的能力，为人的自由全面发展创造心理条件。2. 认识论重构需要诉诸政治经济学批判所肯定的“科学上正确的方法”，即从抽象上升到具体的方法论。以此勘破“心理学的狡计”（the cunning of psychology）：基于对可见变量的操作获得的某种量值被直接等同于不可见的作为客观抽象的关系性质。从而认识到诸如感知觉、思维、学习，以至人格等研究对象不是一种透明地呈现在我们面前的、可以直接现成把握的作为“在手状态”（vorhandenheit）的无声客体，不是直观的“物”（Ding），而是作为客观抽象的人与人之间的社会关系（die gesellschaftliche beziehung der personen）。3. 价值论重构反思传统心理学内嵌于现实物质生产与再生产之中的“是”与“应该”的关系。在狭义的“技术相关性”层面，揭示传统心理学中经常存在的“归咎于受害者”（victim blaming）以及“认识论暴力”（epistemological violence）倾向。在广义的“解放相关性”层面，基于对资本主义与心理学的内在勾连的客观分析，从主体向度开出质疑现状和改变世界的现实行动，以此建立一种既有科学基础、又有价值许诺的将无产阶级解放置入议程的心理学。

面对西方心理学的新进展以及与之勾连的西方资本主义的新变化，我们的心理学研究者在炙手可热的心理学化浪潮中似乎并未意识到自己遭遇双重迷失：于外热衷追逐西方心理学的主流方向，尤其是占主导地位的美国传统，而对其内部不断产生的反思性力量关注不够；于内常常无法自识其“方法论他者”以及心理学与中国人日常生活的契合性（compatibility）。其直接后果就是心理学往往被深锁于“科学”实验室的象牙塔中孤芳自赏，而日常生活中却充斥着种种伪心理学。各种壁垒森严的专业头衔似乎成了心理学逃避这种断裂带来的无能感的庇护所，而它屈尊对日常生活所做的于事无补的心理学化处理则反映了其理论想象力的真正匮乏，结果迷失在各种异质性概念的马赛克拼贴之中，有成为缺乏思想史坐标和现实生活土壤的无根基话语蒙太奇的危险。所以在这种“关键时刻”，通过这套丛书系统引介批判心理学的思想和方法，无疑具有深刻的学术意义和价值。它不止于一种简单的学术补白，更重要的是它有助于加深我们对心理学的性质及其与日常生活的内在联系，知识与权力的相互作用，以及资本主义心理治理新变化的理解。以此为契机，亦对建立和发展与中国人的心理与行为相契合的，直面中国人现实心理问题的，能与西方心理学平等对话的中国心理学话语体系大有裨益。同时充分利用这些成果提升国民心理健康水平和心理素质，培育良好的社会心态，在理论和实践层面积极响应习近平总书记关于“打造具有中国特色和普遍意义的学科体系”“加大心理健康问题基础性研究”的号召，以及在党的十九大报告中提出的关于加强社会心理服务体系建设的要求。

总之，如果说传统心理学先行奠基并锁定了未来各种形式的心理学的可能性，那么批判心理学中的“critical”一词正召唤着对“关键”这一语词本义的关切（critical 包含批判与关键两义）：关键既是锁定也是开启。传统心理学锁定了心理学的可能想象，它似乎成了某种不可逆转的固定之物。而现在对之进行的“关键”考察却是打开而不是闭锁，是重新揭示心理学所承担的意义和未来新的可能性，从而使心理学的源初构造再次鲜活呈现，并产生新的思想激荡。

在丛书的第一批著作中，《主体立场的心理学》集聚了克劳茨·霍兹坎普（Klaus Holzkamp）基于主体立场的批判心理学的散射光谱，是其主要著作和文章的集萃。霍兹坎普通过将个体与群体视为由一定的生产方式所决定的社会历史中实践的主体，从而将自身与被实证主义与资本主义建制化进而被心理学化了的西方传统心理学区别开来。霍兹坎普是德国柏林自由大学教授，作为第二次世界大战后德国最重要的理论心理学家，他与志同道合的朋友们共同创建了一种独特的批判心理学体系。这种以主体科学自称的理路致力于批判和重构传统心理学的基础假设、理论范畴和方法论，赋予心理学一种激进的、解放的、寻求社会正义和质疑现状的新路向。霍兹坎普所开辟的研究路向已在国际上被广泛讨论，而这是他的著作第一次被译成中文介绍给广大读者。

《文化心理学：心理功能与社会变革视角》启发我们，只要心理学未能深刻领会社会文化的性质及其对心理学的影响，那么它就不是对人类心理的一种科学描述。只有通过批判省思社会文化的全部性质，包括它成问题的基础和假设，心理学才能成为科学。该书在宏观文化的语境中审视看似微观而中立的心理学，将心理现象的本质追溯到宏观文化因素（社会制度、文化产物和文化概念）的源头。同时心理能力的实质性提高则被落实到对宏观因素的社会改造之上。该书是卡尔·拉特纳（Carl Ratner，中文名为任长谊）教授关于文化心理学研究的一部集大成之作，在英语学界享有盛誉。拉特纳教授执教于美国洪堡州立大学等学府，并任加州文化与教育研究所所长。值得一提的是，20 世纪 80 年代初，他在北京大学教过心理学，与费孝通先生、潘菽先生等都有交往。这很可能是改革开放后第一次邀请国外心理学家来华授课。

《心理学与日常生活》一书荟萃了当代活跃的西方批判心理学家的最新研究。它试图将日常生活行为的概念引入心理学研究的视野，推动心理学从实验室回到现实世界。日常生活行为是介于个体主体和社会结构之间的中间概念。基于批判心理学对主体和实践的强调，该书突出了人作为能动的感性主体如何在日常生活中行动，并以此理解其在当代社会所面临的各种困境与矛盾。在系统梳理了批判心理学之维的日常生活行为理论之后，该书检视了诸如债务经济的兴起、劳动力市场霸权、教育对数字技术的依赖等的心理学效果，以在主体与世界互动的心理学认识论层面把握心理现象的丰富性、复杂性。

《心理学的批判：从康德到后殖民主义理论》首创性地从批判视角出发，系统地重新审视和界划西方传统心理学的研究主题、方法论原则以及历史发展，揭示为传统心理学所遮蔽的沟壑、空白与沉默，最终批判地重建心理学历史发展的另类脉络。作为心理学从诞生之初就存在的关于它是否能成为科学的危机叙事的一部分，该书无疑为我们提供了一副全景式地展现心理学的内部辩论与其所遭受的外部冲击的立体画面。其作者托马斯·梯欧（Thomas Teo）是加拿大约克大学心理学教授，国际理论心理学会（ISTP）前主席，加拿大和美国心理学会会士。其研究领域包括哲学与批判心理学，以及理论心理学和心理学史，享有广泛的国际影响力。

最后要向北京师范大学出版社的周益群老师致以由衷的感谢和敬意！正是周老师的高效工作免去了漫长的等待。没有她的关心和支持，就没有这套丛书的及时翻译出版！

亭林先生曾曰：“尝谓今人纂辑之书，正如今人之铸钱。古人采铜于山，今人则买旧钱，名之曰废铜，以充铸而已。所铸之钱，既已粗恶，而又将古人传世之宝，舂锉碎散，不存于后，岂不两失之乎？”在机械复制的时代从事学术研究，我们面临着比先贤更大的诱惑和挑战。而扎扎实实地把一些重要的外文原典翻译过来，作为第一手资料分享于海内同侪，亦当是一种采铜于山的努力吧。

王　波

庚子年谨识于紫金山南麓

致　谢

本书各章节是由安德鲁·博勒姆与乌特·欧斯特坎普合作翻译的。编者对他们的工作深表感谢。我们还要感谢阿塔纳西奥斯·马尔瓦基斯，夏洛特·霍霍尔特，迪米特里·帕帕佐普洛斯，埃里克·阿克塞尔，弗里加·豪格，詹斯·布罗克迈尔，尼古拉斯·奇米里，马丁·德格，莫滕·尼森，奥利·德雷尔和托马斯·梯欧，感谢他们为术语和概念的翻译提供帮助。还要特别感谢查尔斯·托尔曼和托德·斯隆，他们完成了翻译的最初版本，并给随后的稿子予以宝贵建议。

我们还要感谢论证出版社为本册出版的文章保留版权，允许这些文章用英文翻译和出版。

"Basic Concepts of Critical Psychology" originally appeared as "Grundkonzepte der Kritischen Psychologie" in K. Meissner (ed.) (1985), *Gestaltpädagogik-Fortschritt oder Sackgasse* (pp. 31-38). Berlin: GEW.

"The Development of Critical Psychology as a Subject Science" originally appeared as "Die Entwicklung der Kritischen Psychologiezur Subjektwissenschaft" in G. Rexilius (ed.) (1988), *Psychologie als Gesellschaftswissenschaft: Geschichte, Theorie und Praxis kritischer Psychologie* (pp. 298-317). Opladen: Westdeutscher Verlag.

"What Could a Psychology from the Standpoint of the Subject Be?" originally appeared as "Was heißt 'Psychologie vom Subjektstandpunkt'? Überlegungen zu subjektwissenschaftlicher Theoriebildung" in *Forum Kritische Psychologie*, 1991, 28, 5-19.

"Missing the Point: Variable Psychology's Blindness to the Problem's Inherent Coherences" originally appeared as "Am Problem vorbei: Zusammenhangsblindheit der Variablenpsychologie" in *Forum*

Kritische Psychologie, 1994, 34, 80-94.

"Personality: A Functional Analysis of the Concept" originally appeared as "'Persönlichkeit'-Zur Funktionskritik eines Begriffes" in T. Herrmann & E. D. Lantermann (eds) (1985), *Persönlichkeitspsychologie: Ein Handbuch in Schlüsselbegriffen* (pp. 92-101). München: Urban & Schwarzenberg.

"Practice: A Functional Analysis of the Concept" originally appeared as "Praxis: Funktionskritik eines Begriff" in J. Dehler & K. Wetzel (eds) (1988), *Zum Verhältnis von Theorie und Praxis in der Psychologie* (pp. 15-48). Marburg: Verlag Arbeiterbewegung und Gesellschaftswissenschaften.

"The Fiction of Learning as Administratively Plannable" originally appeared as "Die Fiktion administrativer Planbarkeit schulischer Lernprozesse" in K. H. Braun & K. Wetzel (eds) (1993), *Lernwiderspüche und Pädagogisches Handeln* (pp. 91-113). Marburg: Verlag Arbeiterbewegung und Gesellschaftswissenschaften.

"Musical Life Practice and Music Learning at School" originally appeared as "Musikalische Lebenspraxis und schulisches Musiklernen" in *Forum Kritische Psychologie*, 1993, 32, 67-85.

"The Concept of Anti-Racist Education: A Critical Analysis of Its Function and an Outline of a Subject Science Alternative" originally appeared as "Antirassistische Erziehung als Änderung rassistischer 'Einstellungen'? Funktionskritik und subjektwissenschaftliche Alternative" in *Das Argument*, 1994, 203, 41-58.

"Racism and the Unconscious as Understood by Psychoanalysis and Critical Psychology" originally appeared as "Rassismus und das Unbewußte in psychoanalytischem und kritisch-psychologischem Verständnis" in *Forum Kritische Psychologie*, 1995, 35, 4-41.

"The Colonization of Childhood: Psychological and Psychoanalytical Explanations of Human Development" originally appeared as "Kolonisierung von Kindheit. Psychologische und psychoanalytische Entwicklungserklärungen" in *Forum Kritische Psychologie*, 1995, 35, 109-131.

"Psychology: Social Self-Understanding on the Reasons for Action in the Conduct of Everyday Life" originally appeared as "Psychologie: Verständigung über Handlungsbegründungen alltäglicher Lebensführung" in *Forum Kritische Psychologie*, 1996, 36, 7-112.

目　录

前言：克劳斯·霍兹坎普与主体立场心理学的发展

乌特·欧斯特坎普　厄恩斯特·夏欧伯

克劳斯·霍兹坎普（1927—1995）是柏林自由大学教授和德国批判心 1
理学的奠基人，他一直致力于学院心理学研究的复兴。他的理论启发并激励了一代又一代对心理学和人文科学社会政治功能拥有更高追求的年轻研究者和从业者。即使他的大部分著述都不是用英文完成的，但他的研究方法却在国际范围内被广泛讨论。本书将通过对霍兹坎普著作的集萃，力图向读者介绍其主体立场心理学的核心观念。

霍兹坎普最初被人们熟知是由于他对知觉心理学、认知心理学和社会心理学等领域的实验研究。基于以上几个方面，他写作了一系列认识论著作，例如《理论和实验心理学》（*Theorie und Experiment in der Psychologie*，1964）和《行为科学》（*Wissenschaft als Handlung*，1968）。在这些著作中，他关注的重点是作为测试心理学理论发展权威模式的实验和作为“表述难题”缺陷的阐释之间的矛盾，即心理学实验结果和以此为基础的心理学理论间的关系。霍兹坎普将这种含混不清的状态归因于概念的随意性、把概念直接当作现实、理论的教条僵化以及科学的停滞等因素。与至今仍然非常盛行的趋向经验主义的心理学研究截然不同，霍兹坎 2
普认为现实并不是“这样”被感知的，它是通过人们获得概念的过程来体验的。这些概念反过来又影响我们对世界的看法以及我们与概念的关系。从此种意义上讲，科学研究不仅反映现实，更通过概念化创造现实。霍兹坎普断定，科学实验应是人类总行为的特殊生产活动，系统心理学研究的基础应是对科学概念的批判性分析。

霍兹坎普最初认为，实验心理学的缺陷可以用传统逻辑范式弥补。然而，1968 年的学生运动对当时心理学的社会政治功能进行了严厉的抨击。

他不得不重新思考人类心理学的概念和研究方法。在“批判性科学重新定位的过程”（Holzkamp，1972，p. 7）中，霍兹坎普意识到，心理学的认识论基础和对社会政治功能的批判会互相补充，并且，这仍是人们对科学的主流看法。科学概念的责任只在于它的（方法论）规范和原则，而不在于如何使用他们。但从另一方面来说，仅仅对心理学在非人道应用方面进行批判也是不充分的。批判必须保持个性化、道德化水平，这样才能证明其无效性。相反，对心理学的有效性批判应当构建于发展科学概念的基础上。心理学研究及对知识与真理的发现应是一个整体。这样看来，对传统心理学的批判就等同于对其概念的发展。正如霍兹坎普所说，这将有可能“以一种更加全面、真实和‘充分’的方式来理解传统心理学中的相同现实”（1973）。这种心理学必须以人们的日常活动和主观能动性为出发点，尝试对他们社会存在的根基和思考行为方式的含义进行解释和归纳，将日常现象转变成综合概念。

霍兹坎普对心理学进行重新思考是以当时柏林自由大学心理学系内的政治纷争为背景的。在这场纷争中，心理学系解散并被两个新的学系所代
3 替——“保守派”和“左翼”。其中，发挥关键作用的是学生社区的项目——“学校自由”（Schülerladen Rote Freiheit）。这场反独裁会议由霍兹坎普进行组织，目的是为学生争取市政府的资助。利用会议间隙，公众展开了关于性别的讨论，一场倡导心理学系解体的新闻宣传运动由此爆发［参见《自由大学心理学系的作家》（*Autorenkollektiv am Psychologischen Institut der Freien Universität*），1971；特别是沃尔夫·弗里茨·豪格（Wolf Fritz Haug）对新闻宣传运动的分析］。但是，这一运动也暴露出它的理论储备不足的缺点。它希望通过启发他人接近其观点以及认识实践中的局限进行解放运动，却毫不怀疑地认为指导他人是理所当然的。

“左翼”，即人们熟知的“霍兹坎普学派”，其主要任务是开发一种课程以解决传统心理学存在的问题，并准予学生在符合学习和考试规定的情况下顺利毕业。因此，批判心理学的发展是学生和老师的共同事业，它的目标和最佳实现途径是大家持久讨论的话题。在此过程中，产生了两种方法：一种是广义上的批判心理学的方法，即展现心理学对社会各领域既有力量意识形态上的维持与巩固；另一种是狭义上的批判心理学的方法。后者的特征是对心理学概念进行严格审查，以便分析为什么它们适合于支持

不人道的意识形态目的。这就要求重新细化心理学概念，包括心理功能发展的、先验的特殊关联。继文化历史学派创始人之一阿列克谢·N. 列昂季耶夫（Aleksei N. Leontyev，1981）与维果斯基（Vygotsky）的功能历史分析之后，霍兹坎普与同事合作，重新建构了心理系统发育水平的基本发展维度，使得“社会属性”成为人类与其他物种区别的特征。此处，“社会属性”代表人类创造自我生存条件的能力。个人层面就是指主体在社会历史维度的过程中发展自我的能力，继而成为其承受者和转型者。在 4
这种取向下，感知、情绪和动机等心理功能的社会历史发展也通过将其所指的现实组合起来重新建构，克服传统心理学“无世界性”的缺点。霍兹坎普认为，由于批判心理学关注心理学范畴的科学基础，因此它不是一种特殊的理论、方法，而是一种对心理学概念方法论基础的贡献。这种心理学认识到将人类主体性减少到无世界个体隐含的不人道性，同时也让日常生活条件具备一致性。

与主流条件一致或反驳、压制一致性条件的“双重可能性”具体化了，这主要表现在“范畴对”中，如限制的能动性与广义的能动性、定向性思维与理解性思维、防御性学习与拓展性学习，以及作为内心冲动或依赖预期目标主体意义动机，指导或妨碍世界关系的情绪（参见 Dreier，2003；Tolman，1994；Maiers，1991）。在《感觉知识：感知的历史起源与社会功能》（*Sinnliche Erkenntnis: Historischer Ursprung und gesellschaftliche Funktion der Wahrnehmung*，1973）一书中，霍兹坎普以马克思的方法论为基础，对比了传统心理学中感知的“机体”缩减，其概念是感知作为社会个体在自然和社会历史发展中的核心生命活动，以及这些功能在资本主义社会形成的方式。霍兹坎普根据对情绪、动机、思维和学习进行功能分析整理出的材料和得出的见解，在《心理学基础》（*Grundlegung der Psychologie*，1983）中发展了一套全面的心理学研究与实践的概念范畴，并在此书中更加注重主体性和交互主体性研究，使得研究更加科学客观。这里，广义的能动性是掌握资本主义特殊困境的基本条件，它强调决定个体所服从条件的可能性：通过在竞争中超越他人的诸多限制，被迫承认自己无能并服从既定条件。只有创造冲突的概念，才能认清它在个体情绪倾向和处理情绪倾向的不同方式中的特殊面目。 5

主体立场的心理学，强调个体行为的社会先决条件和隐含意义。与社会理论中的“意义结构”相同，主体立场的心理学需要引入“行为主体理由”这一概念。人类的经历、行为和情绪倾向既不由外部条件直接决定，也不是意义归因的单纯产物，而是以个体特殊而具体的生活状况为基础的。霍兹坎普指出，“理由话语”是主体立场心理学唯一充分的科学语言，它关注以个体行为为基础的“社会自我理解”。这样，认可他人的主体性就等同于认可他们行为的基础。但是，由于“理由”总是“第一人称”，它们只能在社会自我理解的过程中被识别，而不能从一个“外部的”位置被识别。要弄清楚个体行为的真正基础及深层的限制与冲动，我们需要对研究以及“研究者”与“合作研究者”的关系进行根本变革。心理学家将个体整合到给定秩序是其传统任务，现在这项任务已经被取而代之，即实现克服适应压力的主体需求，并澄清其正常化的多种形式。

在接下来的几十年里，霍兹坎普主要致力于学习这一主题。运用他在《心理学基础》中主体科学的概念和方法，霍兹坎普在《学习：主体科学基础》（*Lernen：Subjektwissenschaftliche Grundlegung*，1993）中对比了他人强加和控制的主流学习概念——占统治地位的心理学学习理论，以及主体立场的学习概念。这一方法的基本特征将在本书的“心理学理论和学校中的学习去主体化”部分阐述。

霍兹坎普最后的科学研究主要聚焦于“日常生活行为”。他之所以采用社会学的术语，是因为从一开始“个人”就被指认为社会生活的能动性概念。但是，由于生活行为的社会学研究内容针对的是社会条件和文化意义结构对个体的影响，因此，霍兹坎普认为它并未超越决定性思维。相比
6 之下，主体科学研究需要在视角上进行彻底地变革。考虑到社会条件及其解释的复杂性和矛盾性，核心问题将变成个体如何能够作出自己的决定和行为，并确定是与其生活利益一致的，至少不与利益相矛盾。为了回答这个问题，我们需超越“意义结构”的社会结构和个体行为间的第二中介层次：“主体行为理由”层次。这解决了一个具体的心理学问题：为何人们会采用社会现实的某些解读作为他们行为的前提？在这样的背景下，“生活利益”指的是“有意识或集体地”为自主生活创造社会条件的可能性。由于行动机会不局限于在给定权力关系中保障个人地位，而是力图改变权力关系，它只能在超我层次实现，因此，主体科学研究的主要问题处于社会自我理解的过程中，并需要弄清楚妨碍这种可能性实现的各种情况。这

样，“社会自我理解”既是基本的认知兴趣，又是主体科学研究的核心方法。它的目标是实现元立场，能够将问题各视角的具体原因弄清楚，而不是尝试以建立个人看问题的方式——与统治关系一致——作为唯一有效的视角。

本书各章节精心挑选霍兹坎普的理论内容，全面反映了其研究及理论基础。这些也是霍兹坎普最后十年的力作。在那一时期，发展批判心理学的认识论和方法论原则的过程已基本完成，他的目标是在一系列问题领域中去证实他们提出的理论。

以下将对本书各部分作以简要说明。

第一部分：主体科学心理学的基本问题和概念

在这部分文章集萃中，霍兹坎普阐释了同领域工作者在批判心理学发展中感兴趣但没有直接涉及的关注点和理论基础。

《批判心理学的基本概念》是霍兹坎普在 1985 年给教育联盟“教育和 7
科学工会”（Gewerkschaft für Erziehung und Wissenschaft）的成员所做演讲的印刷版稿件。在这次演讲中，他概述了批判心理学创造一系列基本概念的具体兴趣，这些概念揭示了个体和社会的意识形态功能。在这个过程中，他也展示了人类主体性的双重特征——对给定条件的服从和克服服从条件的主体必要性——是如何反映在思维、感情、动机和行为的心理功能中的。

《批判心理学作为主体科学的发展》出自冈瑟·雷克希留斯（Günther Rexilius，1988）编辑的选集中。该选集阐述了德国批判心理学思潮的各个不同视角。霍兹坎普解释了批判心理学概念基础的发展如何又为何导致人们将批判心理学定义为“主体科学”——决定个体生活条件的主体需求已在理论和方法论上被考虑。基于这个拓宽的观点，传统概念对这种需求的总体忽视非常明显，并可以对其先决条件和隐含意义进行分析。在这方面，霍兹坎普敏锐地看到了批判心理学与精神分析的一致性。尽管精神分析基于不同的认识论基础，但也是在压抑的主体性条件下为个体日常生活自我澄清的重建而试图发展概念和过程。在这种情况下，霍兹坎普也说明了对归因于批判心理学的“规范品质”的误解。例如，“广义的能动性”

被解释为直接参与到政治斗争中。这样的解读未能表明批判心理学发展分析工具识别个体“无意识”被工具化以达到其他目的的各种形式。

《从主体的立场看，心理学会是什么》是1991年2月，霍兹坎普在“新心理学学会”（Neue Gesellschaft für Psychologie）成立大会上的主题发言稿，“新心理学学会”从此替代了传统的“德国心理学协会”。在这次
8 发言中，霍兹坎普明确指出批判心理学是一个主体立场的方法，并将其与实验心理学和“主体导向的”心理学做了对比。正如他指出的那样，“实验—心理”假定科学研究只能正当地引用外部可观察的证据，而这个假定恰恰制造了主观经验的“内在性”和不可理解性。为了试图解决这些问题，实验心理学研究者又引入了“介入变量”这一概念。而另一方面，虽然“主体导向的”方法明确强调了将人类主体性纳入研究的必要性，但由于“主体导向的”心理学研究者不加鉴别地采用普遍的观点，认为科学客观性只能通过外部视角来实现，导致该方法仍不能从实质上解决主体性问题。相反，霍兹坎普坚持认为有必要将心理学研究的视角限定为主体的立场。这要求研究者们在构建科学理论并将他们与经验证据联系起来的时候一直保持主体的立场，并且，其他的参与者也无一例外地将被看作“合作研究者”。从主体科学的视角来看，研究的客体既不是“他人”，也不是他们的“主体性”，而是这个世界，因为它是特定个体的经验总和，以世界作为参照点，我们可以传达世界不同方面的主观意义以及随之产生的行动的必要性。

《要点缺失：变量心理学对问题内在连贯性的盲区》是霍兹坎普于1994年6月在波鸿鲁尔大学所做的，题为《科学知识生产中的替代方法》系列讲座中的一篇发言稿。在这次发言中，他指出，原则上，心理学研究中潜在的变量模型是盲目的，导致研究者无法看到研究调查问题领域里的连贯性和矛盾性。由此，他阐述了发展“主体—特定”研究方法的必要性。即使在前科学时代的日常交流或者对这个现象的先前描述和概念化中已经清楚地表达了特定的连贯性和矛盾性，但这个先前的知识不会留下任何东西，因为在此之前按照统计程序的要求，证据已经被转变成变量，并且，任何对这个问题中连贯性和矛盾关系的深入探究都会被阻断。霍兹坎普以有关“学习氛围”的研究为例说明了这点：通过将学校的现实细分为可能影响这种氛围的许多因素，先验地排除了把学校的客观结构概念化成

为学校主观经验的一个方面的可能性。因此，由学习过程的组织带来的可能的痛苦只能被看作一个因变量——也就是说，被看作某个特定学生的个别问题。“结构性地”将主观经验“概括”为关于学校结构和主观经验连贯性的综合知识的必要性——主体科学研究中的一个主要问题——被系统地省略了。相比之下，霍兹坎普受休·米汉（Hugh Mehan）和让·莱 9
芙（Jean Lave）著作的启发，从主体的立场概述了其研究成果。

第二部分：心理学概念的功能性分析

如上所述，批判心理学并不主要关心、解决问题或者提升个人解决问题的能力。它主要关注构思问题的概念——也就是说，关注加强或者排除什么行动的可能性，以减少处理问题的危险，不至于在处理问题的过程中加剧了问题的严重性却没有帮助解决问题。这包括该从什么立场定义问题。本章的两篇文章表达了对心理学概念的这样一种“功能性分析”的印象。

《人格：概念的功能性分析》是霍兹坎普为一本由西奥·赫尔曼（Theo Hermann）和厄恩斯特 D. 兰特曼（Ernst D. Lantermann）编辑的关于人格心理学的教科书所写的。在这篇文章中，霍兹坎普强调根据人们所谓的个性将他们进行分类的标准操作隐含着某种问题，这似乎在对他们行为多余的理由提出疑问。虽然传统的人格心理学倾向于强调这种人格特征在社会关系中定位和经济功能，但是霍兹坎普指出了其中固有的不人道性。正如他所强调的，首先，人格归因使那些一味地否定他人行为理由的人得到解脱，不再需要承担共同揭示和克服他人“非理性”行为背后的具体状况的责任。因此，在元层面上，如果着眼于个体决定他们自己生活状况的能力这一超个体品质，那么人格归因的定位功能就失灵了。人格归因的定位功能阻碍了关于这种节约人际关系的主观成本的沟通，在人际关系中，他人主要被看作是否对自己的直接利益有帮助，而不是被看作可以一起克服加强这种最终自我消极行为的状况的潜在盟友。但是，因为目前的人格理论和诊断学的主要任务之一是科学地确定和提炼普通的人格属性，如果人格理论家和诊断学专家拒绝履行这个职责或者只把它看作一个有待探讨的问题，那么很可能会危及他们的职业地位。正如霍兹坎普指出的那 10

样，主体立场的心理学是否真的需要一个人格的概念，以及人格需要如何被定义，都是未来研究的开放话题。

《实践：概念的功能性分析》是霍兹坎普 1987 年在主题为“心理学理论与心理学实践的关系”的第四届批判心理学国际暑期大学所做的一个讲座，此届暑期大学是由富尔达应用科学大学的社会工作系组织的。在这个讲座中，他的批判直指理论与实践之间的相互孤立，正如霍兹坎普所解释的那样，这种孤立无异于放弃任何尝试，即不对所遭遇的问题的具体根源进行理论化的分析。理论和实践的相互孤立可以被看作一种休战，因为它使双方免受冲突，如果双方都试图发声，并且由此“概括”他们由于被系统地阻止而未能完成的要求的矛盾情形的话，很有可能会引发冲突。举个例子，理论没有帮助从业者表达他们处理客户的问题时遇到的真实障碍，而是将自己作为一种方法论要求的抽象系统呈现给从业者，在从业者对其领域中日常工作的具体可能性和约束性的抽象中，他们的主观缺陷很大程度上帮助解释了他们工作中的客观不足。从业者反过来将他们的实践经验设置为理论的参照点，并且否定了所有不能直接将他们的工作确定为“不现实的”的方法。这样一来，从业者回应了理论工作者对他们工作价值的贬低。通过这种在从业者自己的活动领域对理论和实践进行的防御性自我封闭，他们无法想到需要共同澄清这种相互分离的前提和影响。因此，心理学能够对批判科学的发展做出的最重要的贡献——关于特定权力关系下主观代价的认识——仍然被排除在公共讨论之外。正如霍兹坎普指出的那样，以这种方式回避中心问题，反过来，是某个实践概念预先设定好的，这个实践概念完全地被剥夺了哲学和马克思主义的实践概念中固有的道德和政治维度。

第三部分：心理学理论和学校中的学习去主体化

《把学习当作管理计划的幻想》是霍兹坎普在出版他的关于学习的书之前，于 1992 年在维也纳第六届批判心理学国际暑期大学所做的一次演讲
11 的题目，该演讲主要为了契合“学习行为与教育行为的矛盾”这一主题。参照福柯（Foucault）对权力的历史性分析，霍兹坎普演示了如果学校将学习过程从学生的手中夺走，并且与此同时将其划归于一个僵化的评价系

统，那么学校便只能完成它被赋予的公正地分配不平等的生活机会的任务。这种对学习过程的剥夺是由一种“教/学短路”支撑的，正如霍兹坎普所解释的那样，“教/学短路”对心理学的学习理论也很重要，它的一大特点是将学生成功的学习案例解释为教学工作的直接结果。因为，这样一来，学习主体的视角被系统地排除在科学分析之外，学习作为一种被迫接受的行为以及教学作为新的可能性的开放行为之间的矛盾也仍然是隐匿的，而学生对他们被教育方式的潜在抵抗只能归因于他们缺乏学习的意愿或者能力。普遍的观点认为学习需要被外部强加和控制，与之相反，霍兹坎普从学习主体的视角发展学习的问题——也就是说，将学习看成建立在个体对自己知识领域和行动空间的预期扩张的基础之上的。

《音乐生活实践和学校的音乐学习》是于 1993 年 10 月在波茨坦大学“音乐教育研究工作组”（Arbeitskreis musikpädagogische Forschung）的年会上被作为一个讲座而提交的文献。在这里，重点是音乐的内在潜力，泛化和加强主观经验的我们和世界的矛盾，以及青少年的音乐表达方式和偏好往往是成人世界中普遍被贬低的多种方式。为了回应成人世界对这些音乐的贬低，学生们反过来倾向于远离“成人音乐”，尤其是古典音乐，认为古典音乐无聊，与他们无关等。在音乐课程中，这种与音乐疏远的过程，以及伴随的与自己和彼此的疏远过程，没有成为讨论的话题，而是进一步加剧了。正如霍兹坎普所言，这种情况之所以发生，主要是因为在课程体系中古典音乐被视为唯一正确的音乐。与此同时，古典音乐以一种很大程度上阻碍学生接近它的方式向学生展示和要求它提供的经验可能性。

第四部分：构建他者

《反种族主义教育的概念：对其功能的批判性分析及主体科学替代大纲》来源于霍兹坎普于 1993 年 11 月在杜伊斯堡由“语言与社会研究所” 12
（Institut für Sprachund Sozialforschung）举办的关于“反种族主义行为的基础和条件”的学术报告会上所做的一个讲座。霍兹坎普在此质疑了一种“反种族主义教育”，该教育认为种族主义行为是由被误导的社会化进程所引起的——通过解释它的不合理性——这个进程可以被引导回可接受的轨道。霍兹坎普将这些观点与常规的“教/学短路”联系起来：通过否定具体生活环境中种族主义行为的真实基础，人们本身，即这里的未成年“种族主义者”，被转变成了需要被处理的问题对象。但是，这样一来，人们极力促成的正是那些使他们有“正当的理由”去逃避这些形式的“启蒙”的条件。参照菲利普·科恩（Philip Cohen）的研究，霍兹坎普将这与反种族主义教育的概念形成对比，反种族主义教育被看作关于一种社会现实的社会自我理解的过程。在这个社会现实中，鉴于个人成为被边缘化的自己的可能性，强调自己归属于那些有决定权——或者理应有——的人群似乎是自然的。在这样一种主体科学的立场下，年轻人不会成为研究的客体；相反，研究的关注点将会是人们试图克服他们自己无力感、渺小感的多种方式，以及含蓄地引导人们确认压迫他们的环境所产生的意义。

在《从精神分析和批判心理学理解种族主义与无意识》一文中，霍兹坎普继续提出一个问题，即“种族主义行为是不良的个人发展的结果”这个观点在多大程度上受到精神分析思想的影响。为了回答这个问题，霍兹坎普借鉴精神分析中种族主义行为的不同解释模型，说明了即使那些明确地将自己与对种族主义行为的“治疗学的”解释（治疗学将种族主义行为解释为早期童年创伤的延迟后遗症，这种解释强调了种族主义行为的社会维度）划清界限的精神分析方法，最终还是受到个人主义者思想的限制。他认为，常见的个体—社会并列是其中一个原因，或者更准确地说，是由于缺乏一个能够将个人行为的社会中介性概念化的科学框架，即社会环境影响个体行为的具体形式。为了在此进一步深入，霍兹坎普参考了福柯的“国家种族主义”概念以及他对多数—少数话语的分析，认为这是一种从侧面压制的特殊策略，即通过相互监督和控制，让人们参与自己的权力剥夺。因此，主体科学的一个主要任务将是分析这种参与自身权力剥夺的不
13 同层次和形式。此外，将人类主体性概念化为有意识地创造一个人自己生活条件的可能性，而不是仅仅顺从于现有的生活条件，这种概念化使得重新解读弗洛伊德的“无意识”概念变得有可能也有必要。在这样一种视角下，无意识的产生更少地是由于受到攻击性的“本能欲望”的压制，而更多地是由于使自己与任何相关的见解隔离，这些见解认为，如果所有的行为最终都妥协于限制条件，那么将会导致不合群及自我伤害的后果。

《童年的殖民：人类发展的心理学和精神分析学解释》恰好写在《种族主义和无意识》之后。在这篇文章里，霍兹坎普转向了一个新问题，即

对一个问题复杂性的基本见解在多大程度上被发展心理学对他们进行概念化的方式所阻碍。与此同时，霍兹坎普分析了诸如“社会化”“童年”这些概念对解释成人的行为或者“人格”的作用。在探索这些问题时，霍兹坎普参考了人种学和人类学的研究成果，这些研究将“发展性凝视”问题化，在这种凝视下，另类的生活“风格”由于人们自己的独特性和特定的基础，这种生活“风格”被贬低，并且跟一个人自己的“常态”相比，被认为是落后的。从这个角度来看，童年只能被看作通往成年路上的一个初步阶段，以融入主流的常态为结束。在“发展性凝视”中，传记的现在是由传记的过去决定的。由于不同于“发展性凝视”的单一维度，霍兹坎普强调，对于过去的看法有可能在很大程度上是由个体现在的处境所决定的。在这种“双重视角”下，成人发展潜力可以被认为较少地由童年的经历决定，反过来，童年所经历的各种限制和被控制可以被看作对成年生活的一种准备。实现这种双重视角将开辟一个新的视野和活动领域，但如果一个人继续禁锢在自己的历史中，这些视野和活动领域对她/他来说都将是难以想象的。

第五部分：生活行为

《心理学：对日常生活行为理由的社会自我理解》是“生活行为”项
目手稿的一部分，这个项目是霍兹坎普为他自己的下一个任务设置的。尽
管这一手稿并不完整，但我们仍然决定将其纳入本书，因为它典型地说明
了主体科学研究——原则上，作为一个“开放的”研究——是如何首先提 14
出那些人们一般看不出来的问题的。此外，它说明了对主体立场的强调为
何否定了从外部立场建议他人，也否定了提前知道内情的惯例。但是，主
要问题是个体如何变得能够发展他们自己的立场——也就是说，如何能够
意识到他们自己的行为在当前权力关系中的介入，以及由此产生的行为的
主观要求。

将这一手稿纳入本书有一个更深层次的思考，即它预见了批判心理学项目整体上的不完整性。对科学派别的细化和经验证实衍生出一个全面的人类主体性概念，并因此承认了它在传统心理学中的“片面性”以及它的意识形态功能，这无疑向主体立场的心理学迈进了关键性的一步。然而，

一旦人们开始处理并认识到对现实的主要解释中所掩盖的各种可能性时，下一步将是向他们说明客观的和主观的障碍以及意料中的威胁。由于按照一个人自己的见解和兴趣行事的各种障碍的主观效应只能由特定的个体来体验，因此，社会的自我理解必然是一个对话的过程。但是，如果这个陈述不再只是一个单纯的表述，因此也要求专业研究人员从根本上重新思考他们的自我确定性，尤其是他们认为对这些问题已经有了一个更全面了解，并由此要求他们重新思考在指导和控制研究过程中所担负的责任。然而，一旦舍弃外部立场，转而积极地参与到社会的自我理解过程中（在社会的自我理解看来，一个专业研究人员对自己的观点并没有优先权，而是像任何参与到研究过程中的其他人一样，他们的先决条件和隐含意义都可以被质疑），一个人将经历恐惧和不安。当一个人思考和行动的基础受到质疑的时候，这些都是意料之中的。在这种情况下，专业研究人员与合作研究人员之间的差异将不仅仅是在概念上，而在事实上——为了共同利益，通过有意识地正视实现这些可能性的各种障碍，发展根据共同见解和利益确定社会条件的可能性，而不是防御性地屈服于那些看似不可避免的既定条件。

注释：除了文中提到的文献外，我们这里包含了所有霍兹坎普已经翻译成英语的文章。

第一部分

主体科学心理学的基本问题和概念

1 批判心理学的基本概念

个体与社会的关系

人性或人格离不开社会，这是毫无疑问的。但问题是，社会如何发挥 19
作用呢？目前广泛存在的观点是，社会只是影响人们的环境。这是传统心理学条件模型中基于存在自变量和因变量的情况，这一模型通过在实验中设置条件，研究他们对个体行为的影响。例如，在研究社会经济地位对个人的影响中，社会是作为自变量出现的。但是，类似社会这样的概念在诸如社会角色理论中也能被找到。个体暴露并必须融合在充满期待的社会网络中。甚至有的马克思主义理论家也这样理解社会，误读关于费尔巴哈的第六条提纲，认为人是社会关系的总和。因此，他们认为个体行为是由社会条件所决定的。但是，这完全与马克思主义理论的基本观点相矛盾。根据马克思主义理论，人类区别于其他物种的地方在于他们创造了自己的生活方式和生活条件。也就是说，他们不是简单地生活在条件下，而是在创造他们生活的条件。

马克思主义理论关注的是社会生产与人类生活条件的社会连贯性，我们则在个体层面上将这种关系概念化。主流观点认为个体是由社会条件决
定的。与之相反，我们致力于发展与个体的双面现实相关的概念，个体不 20
仅遵从他们的生活条件，同时还创造他们的生活条件。当然，从一开始这就是一个复杂的关系。无论是在德国柏林这个报告厅里，还是其他地方的

人们，遵从和影响条件的方式不是简单对称的，而是以十分复杂的模式相互调和的。批判心理学的基本原则是，我们不能假定人类是社会生活条件的创造者，然而就心理学而言，却持有完全无法解释他们如何能够参与这一过程的观念。我们将这个传统心理学概念称为“侏儒理论”，因为它暗含了一种人类的观念，使人无法理解他们如何能存活，哪怕只有 3 分钟。如果按照传统心理学行事，早在进入自然历史前人类就灭绝了。回顾一下，我们试图阐述这个双面性如何相互关联，即分析人类作为他们遵从的生活条件的生产者，并将保持社会系统整体化的基本条件和个体主观层面的必要条件之间的中介概念化。这主要基于人类不仅生活在条件下，还必须控制他们生活的条件。生产我们生活的条件意味着每个人都以这样或那样的方式参与到生活环境的生产、转换、证实和再生产。我们的主要任务是在心理学上具体化这个相互关系。

广义的人类能动性

我们努力发展具体化的基本范畴是能动性。这个能动性不仅局限于个体，而且是定义个体生活与社会活动不间断的中介。它指的是人类通过合作获得控制自我生活条件的能力。因此，我们发展并试图证实的主要心理学概念是人类能动性的类型和层次，以及存在取向的主体因素之间的连贯性。每个个体的存在取向是她/他的能动性类型和层次的主体方面，即行
21 为的机会和对这些机会的限制。人类受到诸如焦虑等伤害，具备暴露于或依赖于其他直接环境的性质，能够消除控制基本且长期条件的可能性，即行为可能性的限制。相应地，要克服伤心、焦虑以及人类满足的情绪，不仅仅需要通过实际的满足和保护获取，更重要的是通过控制满意的来源得以实现，也就是说，人类生活和发展可能性所依赖的条件。

在人类层面，被人摆布与被人剥夺的直接经验是同一情境的两面。因此，实际剥夺的消除并非简单地依靠他人施舍和自我满足，只能通过克服服从与恐惧的情况，获得满意的来源，即剥夺所依赖的条件——我是否将

遭受剥夺。这一点非常重要。以饥饿为例，它的确是一种即时的痛苦经历，但是这种痛苦并不是基于直接剥夺的，而是在一个必然遭受饥饿的条件下产生的，在这种条件下，我的满意依赖于他人的怜悯。再如，失业者的非人道状态无法通过给他们足够的食物来解决。对于无法影响却又必须依赖、随时可能被剥夺收入的条件，人类只能服从。对目前情况的依赖、影响自我生活满足感的不可能性，却是使主体性受伤的重要时刻，而克服这种依赖与发展个人生活质量的可能性的方法却是一致的。换句话说，根据我们的基本概念，灵魂并不是个人内心的，它是我控制客观生活条件的主观方式和层次。我的存在取向是我的行动机会的经验品质，或它们的限制，在精神层面并不能改变存在取向。提升生活的主观因素等同于提高客观生活条件，即形成联盟或与他人联合的机会。在此基础上，我们对传统心理学提出了不同的批判，并重新定义了精神的各种作用，如思维、情绪和动机。

在传统心理学中，思维基本上解决的是个体必须参与的、在给定情景
中的问题。相反，我们试图将它定义为“发展的思维”，即关于现实矛盾的 22
思维。传统心理学认为，矛盾只出现在思维中，并可通过思维来解决，即通过纯粹的思维过程。我们试图展示思维是无矛盾推理中再现真实矛盾的可能性。这样，矛盾被看成现实的部分并可在实践中被克服。这也意味着，传统心理学的思维是在外部立场中发生的过程。思考的人站在她/他思考的过程之外；她/他几乎是一个中立的实体，超越历史，试图理解现实。相反地，我们强调的是思维的主体立场，即她/他试图理解的过程涉及主体思维。这里涉及的问题是，我们自己是社会的一部分，需要在思维过程中重新生产。初看，这暗示了一个迂回的过程，但这个较远的距离可以被认知接近。运用这些方法，我们试图探寻超越传统心理学个人主义精神(思维)的捷径。

运用同样的方法，我将向大家展示情绪概念。情绪的发展形式——也就是说，作为人类能动性的一个瞬间——是评估给定条件下生活与行为的实际可能性的主体关系的具体形式。我们批判将情绪限定为内心过程，而

与知识和行为脱离关系。我们反对传统理论并认为情绪会干扰对问题的理性思考。我们要说明，情绪引导知识与行为的作用，它是充分认知、感知的先决条件。由此，认识情绪的“内化”成为可能。它和理性被认为是资产阶级“私人”存在的一个方面，在反对非人道生活条件时，任何情绪的参与都将被排除。

现在让我们来谈论**动机**。动机作为追求目标的可能性，不能脱离目标的内容。我只有在预期目标的实现可能会提升我的生活质量时，才有动力去追求我的目标。因此，从根本上说，这不是一个关于是否受驱动的心理问题，它是依赖于目标的客观属性。

23 限制的能动性

到目前为止，我已经从更为成熟的能动性概念角度来批判传统心理学了。现在的问题是，为什么传统心理学以这种简单的方式对待心理问题。更重要的是，这种研究心理的捷径为什么出现在我们对日常现实的感知中，以至于我们几乎不能认定传统心理学的错误，因为它明显地再生产了我们现实中的某些东西。那么，我们该如何解释一个被彻底批判的理论却充分地描绘了我们主体现实的矛盾呢？要回答这个问题，就必须认识到我们不是生活在一个抽象的社会里，而是在独特的历史条件下。这里所指的独特的历史条件是资本主义社会中互相敌对的阶级条件。因此，要增加人们的行为能力，即扩展对生活条件的控制力，总会面临与权威对抗的各种风险：他们声称自己控制着社会进程。所以，这种扩张的努力不能顺利而轻易地被实现，总是充满矛盾冲突。一方面，主体需要提高决定其生活条件的可能性；另一方面，这个过程又有冲撞权力关系的风险。尽管这种权力群是以社会政治为特征的，但是他们影响了个体生活的具体情形。个人看上去是属于自己的，但必须服从诸如剥削、矛盾、竞争、私有化等资本主义社会的固有部分。

在这种情况下，可通过两种方式来寻求行为能力。这取决于我是如何解决主体需要以扩大对生活条件的影响与引起更多限制的预期风险之间的矛盾的。尽管从原则上讲，发展并扩张影响生活条件的行为能力是有可能的，但是满足于在给定限制中的行动似乎更合理。这样的情况有许多。也就是说，人们需要同权力所有者共同参与活动，至少要压制住他们的潜在威胁，在其所辖区域保留一点行动的自由。第二种选择是处在权力关系中，受到现有同谋或安排的限制，以达到某种影响范围，被我们称为“*限制性*”的能动性选择。

我们已经花费相当多的篇幅来描述“限制性”的能动性的特殊经验和矛 24
盾。在这种情况下，要考虑的主要矛盾是，人们为了在参与权力并利用其余地的过程中，一方面承认并强调其依赖的条件，另一方面获得行为自由。如果我想在给定的权力关系中获得行为自由，在某种意义上我会否定它，因为它是特定权威赋予的，随时会被撤回。在这种情况下，为了短期的安全和满足，我违背了我长期的生活利益。我们称这种矛盾为“自我敌对”。我们已经尝试展示实际权力关系的术语所蕴含的自我剥削的无意识性。它们必须保持“无意识”。由此，我们发展了“无意识”“防御”“压抑”等概念。

人们对限制的能动性的选择指向行为的矛盾性，这是心理学分析的中心概念。人们只顾眼前，追求短期利益，即只关注当前利益而忽略扩展自我行为的可能性。限制的能动性的选择则是穿透人们“近视取向”现象的方法。然而，关键问题在于“限制的能动性”要求对共同的生活环境加以控制，却被他人的控制和统治所取代。只要接受压迫条件，从中获利并守护自己的地位，就必然将压迫传递给更加具有依赖性的人们。控制他人，即通过控制他人保护自己的时刻是“限制性”的能动性的基本特征。这也再次解释了它的矛盾性：通过牺牲别人来生活，限制和孤立自我；减少形成联盟的可能性。因此，试图战胜别人就必然缩小自我生活的基础。这是社会层面的“自我敌对”，牺牲别人的生活等同于剥夺自我生活的可能性。这个事实是很好的证明。

传统心理学对限制的能动性的绝对化

严格地说，传统心理学可以看作对能动性的限制性选择的一种科学规约。我们将继续讨论思维、情绪和动机等心理作用。被动接受并应对给定的条件似乎是人类掌握自己生活的方式。因此，对于我们前面说的可以这
25 样表述：传统心理学描绘了符合现实的、给定的生活条件，但前提条件是适应和接受给定条件的可能性存在，且心理概念适用于这种限制性选择。扩展能动性的另一种可能性和它对情绪、动机的相关影响被联系起来。但是，通过把主要条件描述为不可改变的自然现实，这必定会受到支持。

让我通过动机的例子来解释一下这个观点。我已经说过，受驱动的行为只有通过特殊目标的内容才能被理解。只有当目标的实现有机会扩展我的生活可能性时，我才能以动机的方式去追求目标。所以，是否被驱动不是单纯心理状态的问题，而是依赖于目标的实质。当我预测将会产生不良的后果或当我不能保证目标对我的积极影响时，我不能以动机的方式去追求目标。

但在传统心理学中，人们对“动机”进行概念化时，尽量不考虑目标的内容和隐含的利益。因此，这些利益在多大程度上符合人们的意图或者人们是出于谁的利益接受既定目标是不予讨论的。但忽略这些问题，动机就变成了人们怎样促使他人自愿做他们该做的事。因此，传统心理学中的动机过程实际上是“内心的冲动”。这种外部限制的动机假装让我说服自己去追求预定的目标。这样，目标可能存在的利益问题就不会跃入我的脑海。我通过从脑海中去除这种“内心强迫的动机”或受约束动机形式的实际局限性，模拟出一个影响范围。

这个理念可以被认定为资产阶级对于自由的理解。只有在允许的范围内活动，自由才存在；只要冲撞这些限制，就会意识到自由是如此受限的。比如，要是我的同事 H. A. 没有在西柏林社会主义团结党的党代会上
26 发表演讲时滥用自由，他就不会丢掉终身教职。因此，为了保持自由，我

必须避免自己触碰这些限制。实际上，我必须阻止自己触及所有这些限制，否则就没有自由。这种自由明显是“自由世界”的特征。我们可以用一个形象的比喻来解释，即自由就像鱼缸里的金鱼，只要不触碰缸壁，它可以想象自己在大西洋里游泳。

克服限制的能动性

前文展示了我们对传统心理学批判的方向。传统心理学指向的是现实某方面的规约化，即忍受主流的权力关系。作为普遍的人类生活方式，个体因此被迫服从于给定条件。明显地，我们的批判是在能动性的基础上，指向限制和冲突的所有心理化和私有化形式的。换言之，我们试图通过解释这一概念的局限性，从更加先进的角度，批判将生活可能性的客观限制仅仅看作心理或社会障碍。因此，证明个体的即时主观性和社会关系只是人们表面上的主观需要就显得尤为重要。尽管限制和矛盾是直接在这个层面上得到体验的，但他们既不起源于此，也不可能在此被克服。心理学家或精神治疗师们认为这很简单：我在这儿，还有我的伙伴。我们只需弄清眼前的事情。我只需更好地把握自己，重构我的情绪，学会适当放松。对于我的伙伴，我需要……但这纯粹是个错觉。很明显，这意味着关注点原则上仅仅处于问题不可解决的表面。如果关注者不能意识到这个联系，他们就会用这种方法徒劳地解决问题。如果是精神治疗，那么人们需要从一个处方换成另一个，因为前一个是不对的。或者，人们可能想象还没有找到正确的方法，不能适当放松，应当更努力改善与伙伴的关系，如变得更加容忍等。实际上，问题的产生是有客观原因的，因为我们生活在不允许 27
牺牲他人行为的环境下。如果人们没有意识到或者忽略了这个现实，就会被困在“相互关系的陷阱”无法自拔。人们只是试图改良解决问题的方法，而不是掌握问题的实质。其实，问题并不是找出人们如何真正长久地提升主观生活质量的方法，而是一种理念。并且人们无须改善客观生活条件，或者说无须将主观能动性发展成集体力量来支配普遍/个人的生活条件。

2 批判心理学作为主体科学的发展

28 只需看一眼，人们就不难发现，在当前的社会科学和心理学中，对主体性的探讨呈现上升趋势。大家从不同的理论角度谈论“主体理论”，分析“主体”结构。“受影响”的人们被整合、被质疑、被谈论，自我证明和自我经历成为一种时尚。“日常生活”作为主体的生活空间被分析，“日常意识”出于其特殊性而被关注。方法论上，定性分析逐渐被推崇和验证为定量分析的补充或替代。传记法的可能性和局限性被人们讨论；主体意义类型结构的解释学分析法也被提升到作为事实集合的方法。即使在学院派心理学里，主体性继“认知转向”后，再次被接受的一个概念，至少在一些领域如此。主体性不仅表现在系统地使用之前被看作“心理主义”术语，如“期望”“意识”。并且传统概念通过加上前缀“自我”而获得主体性的方式也很明显，如“自我感知”“自我意识”“自我强化”以及班杜拉（Bandura）理论的最新版本——“自我效能”。

由于许多年来批判心理学将其基本方法定义为“主体科学”，很明显它是以此来定位的。这似乎很令人吃惊，甚至造成误解。那些暗讽批判心理学并沦陷在正统马克思主义和客观主义、经济主义、唯社会学中的人，指
29 责批判心理学虽没有被完全否定，但却系统地忽略了主体性。那么，如何理解批判心理学被自我定义为主体科学呢？是对之前概念的转换、衍生，还是折回社会科学的主流？或者是追求旧的目标，通过模仿、掩饰来增加其接受度？是不是只是文字游戏，用修饰的、狭义的“主体性”，使主体的完整意义连同人类的痛苦和忧虑——精神分析的主要问题——被排除

在外？

在接下来的讨论中，我将展示批判心理学概念和方法论基础的发展是如何、又是为何不断引导其成为主体科学的。另外，主体性的概念是如何发展起来的，它使得克服这里讨论的所有不同主体性版本所共有的主要预设成为可能。在讨论过程中，“批判心理学”首字母大写的意义可能变得更清晰。毕竟，我们不是让它仅仅成为某种“批判的”心理学，或者心理学的批判，而是代表一个明显的、充分阐述的位置——正因有确定的立场才对批评持开放的态度。这样可以为更全面了解问题做出贡献。

当前心理学主体性概念的倾向和矛盾

不论何时谈论“主体”，都是以人们已经知晓它的意义为前提的。正如沃尔夫冈·弗里茨·豪格所描述的，这种前提暗示着“日常生活和自发性的内涵维度：意识、思维、反思……我、自我及与经验、意识和成就的关联……个人、个人的，融入个人的、独有的，甚至私人的”。当我们谈论主体，“客观会自己出现。主观/客观是相互排斥又不可分割的两极”(1984，p.60)。我们该如何解释主体的“先入为主”(特别是明确地强调)已经成为当前社会科学和心理学引人关注的问题呢？求助于“主体性”在方法论和理论研究与实践中有什么作用呢？

在众多的、重叠的、相互交织的回答这些问题的因素中，主流心理学最近的历史中可以找到最普通平凡的例子。这里，求助于“主体性”只不过是一种让步。行为主义者排除个体领域的主体性，而将心理学“科学化”提 30
上日程是不切实际的。因此，即使在方法论领域，“主体”也获得了相当程度的重要性。很明显，人们可以对抗实验环境的控制，“违反指示”行事，超越实验者的权限，隐藏自己对实验目的的假设。以此方法有序地重获对“主体”干预的控制，这产生了一种特殊的研究传统，即实验的社会心理学。它无望地循环着，使得主体的从属关系在实验上可被分析。理论上，“主体”逐渐得到发展，反对最初排斥和驱逐它的观点。至少在一定范围，如果心理学不想偏离方向，而是拯救其基本的实验和统计方法，它就需要“主体”因素，并将它们植入心理学变量模型中。这种情况下，现代“认知社会”心理学重要的意见领袖之一班杜拉的解释就很特别：基本的行为主义方法不是错误的，只是需要(对认知维度)进行补充。人们需要提倡的是行为主义的“自由化”。

不同的结果来自相同的历史渊源，例如在人本主义心理学里，诉诸主体性并不是让步，而是一个积极的实验项目，“是反对已建立的实验—统计研究对日常现实的忽略。这里，整合主体性意味着理解即时经验的真实性”，这是日常生活的财富，也是我们共享的“真实”问题。这个项目显然包括(与前面提到的“先入为主”一致)将“客体”推至“主体”的必要性。这样，心理学作为一门科学，个体的日常经历和问题不再需要排除在科学研究之外。在社会和行为研究的某些定性方法中，主体似乎也以同样的理由被强调。与自我经历的真实性、日常生活和主体自传的真实性冲破传统“严格”方法的定量、评估和客观化途径一致，我们同样需要从主体的利益出发调节科学标准。

31 在心理学/社会科学中引入“主体”这一概念，当代许多观点强调主体面对生活条件的“自发性”。因此，以现象学、符号互动论、民族学方法或系统理论为导向的社会学中可找到许多“社会行为”的基本概念。除了各种各样的差异，行为也被解释为主体间构造意义的过程，如生活一致性、世界意义、环境等。在此基础上，我们将讨论关于“因果”导向事实科学的行为意义和原因分析的方法论自主性。在此范围内更广泛的意义上说，我们也可以找到“互动论”发生的背景，是组成“主体意义”的解释学方法，与“因果”导向科学事实相反。而从严格的方法论角度来讲，“解释学”指的是解释文本或相似的客观化。因此，它必然超越“主体—理论”环境。这里，“主体”仅指作为解释客观意义连贯与意义结构的媒介。

心理学和/或社会科学研究以“弗洛伊德的精神分析(Freud's psychoanalysis)”为基础，解释主体的特殊意义，人类主体性各个方面的探究获得新的深度。不可否认地，弗洛伊德并未打算建立连贯的主体科学，因为他认为精神分析属于自然科学。但是，精神分析已经从批判社会学的角度被解释，比如在弗洛伊德—马克思主义和它的最新版本中。在这种意义上说，精神分析完全可以被解读为在社会局限和矛盾的压力下压抑受阻的主体理论(前提是它没有淡化为“修正主义”，参见，Adorno，1952)。弗洛伊德强调人类“本能”的自主性，它具有无节制的“非社会”的欲望和需求。同时，他指出了主体和社会权力结构不可调和的矛盾——由父母为中介，加强个体对给定秩序的精神从属。因此，从客观到主体的独立性不只是一个幼稚的认识论问题，而且是意义断裂的、神秘的、矛盾的主体环境的映射。个人需要不断获得或者促使自己相信，除了他们根本的服从，至少还有生活和满意的可能性。由于精神分析发展的一些概念和过程明显是 32
作为个体在压抑的主体条件下分析生活环境的重构方法，这种理论在方法论上是站在主体角度的。这样说来，弗洛伊德的精神分析可以被看作**心理学历史上第一个真正的主体科学方法**，那么，任何“先进的”主体科学都需要参考和联系它(参见，Holzkamp，1984a，p. 20ff)。

将主体的自然维度和社会维度对立起来的问题

为了找到联系批判心理学的“主体科学”发展与上述提到的“主体理论”的出发点，我将参考一开始区分我们与其他心理学者立场(传统的或批判的方法)的一个论点：历史是确凿无误的，在社会生产力方面，人类创造自己的生活条件和生活方式。尽管社会条件反过来是由个体创造/改变的，但是社会和个体再生产之间的、被**整体社会层面**认可的相互联系是基本的心理学概念和过程(即在个体**生活实践层面**，甚至社会批判理论或马克思主义概念中)。个体的主体性可能**单向度**地由社会生活条件/权力结构**决定**。因此，个体与这些条件的关系仅仅被定义为结盟、依赖、服从和被迫的关系。而“另一面”——在这些条件下行动或改变条件的可能性，显然已深深地烙印在某些心理学家的脑海里，但并不代表已经在他们的理论工具和方法论中。

由此，当代心理学家在理解主体的倾向和层面时，“片面性”也必须是可确定的。相应地，我们已经试图向大家展示在变量心理学做出的让步
33 中，由于主体只是被看作通过假设进一步的干预变量或改善实验设计所控制的难题或干扰，个体的条件性假设仍然无可置疑：“主体”只是研究的目标(如，Holzkamp，1991a)。人本主义心理学旨在赋予主体经验的真实性更多理论心理学上的重要性，其术语包括“自我实现”“自我寻找”等，并提出在不改变客观社会条件的前提下发展主体的可能性，即假设社会是“松散的”，应去除个体与社会发展的连贯性(如 Holzkamp-Osterkamp，1991；Osterkamp，1984)。相对于“社会行为”及类似概念的交互理论，我们已经讨论了，将主体看作为达成共识的意义和社会条件的创造者，这一观点忽略了经济再生产及其固有权力结构的物质过程(解释学无法说明)。它客观地决定、引导和限制了赋予现实意义的自由。由于这样的主体只能解释世界而不能改变它，“片面性”只会被神秘化(如，Holzkamp，1979，1986b；Markard，1984，chap. 6)。最后，我们也多次试图在不同语境展示精神分析主体概念的固有矛盾性，这一矛盾性明显地暴露了社会压抑是个人主体痛苦和纠结的本质，但是对于人类能否通过改变致使其遭受挫折的条件结束这种逼迫却是存疑的。在我们看来，这表明，站在主体一边，把他们如平常一样作为超出他们可及范围的权力关系的受害者，矛盾地叠加在相反的事物上，即站在那些对“维护”给定的权力结构感兴趣的社会力量一边。(如，Holzkamp-Osterkamp，1976，chap. 5；Holzkamp，1984a)。

由于这种分析已逐渐说服我们，上述基本概念的“片面性”是心理学和精神分析中所有主体概念的共同特征(不依赖于他们的学科定位或政治立场)。这到底该如何解释它成为当前迫切需要解决的问题。在这个过程中，我们意识到，“明显的”意识形态—批判话语(或基于他们的心理学—批判话语)并没有带我们走向更远。这些结论通常指向个体独立于他们生活条
34 件组织的资产阶级形式或者资本主义生产要求的心理学“起源”。首先，如果一个人不是有意地将马克思主义引入心理学科的尝试从“意识形态的怀疑”中排除出去，那么，这几乎是站不住脚的。其次，这种方法最多会导

致“片面性”及其固有兴趣的资本主义形式的暴露。但是，仅仅依靠意识形态—批判方法无法解释如何组成基本概念来克服“片面性”。这种“减半”的批判使得主体概念的科学有效性变得无可争议。经过进一步地研究，我们确信，所有这些错觉和兴趣的语境，都被“片面”的主体性概念再现和证实，都具有科学知识(习得)的局限，甚至排除了在概念和方法论层面个体改变影响他们条件的主体—主观能动的可能性。

为了强调这个问题的核心，我将回到一个事实上去，即承认个体在整体社会层面对条件的作用力，但是这只在个体“心理学”层面。要理解这一点，就必须意识到在社会层面，人类存在的感知—物质方面，作为“消失时刻”变成全球社会运动和结构的背景。但在心理学层面，问题是具体的主体，它必然是前景。但这意味着个体在概念和方法论层面作为“自然人”也将是前景，这样人类属性/社会关系的双重性似乎可以获得“实体的”尊严。相应地，在心理学层面上，“个体/社会”关系就更为准确地被定义为“人类属性/人类社会”关系。只要意识到这一点，就很容易理解在片面概念化的主体中，毫无疑问的共同线索是“乍一看”范畴的再生产，这种再生产显然是个体的“本性”和“社会性”相互排斥的并置：变量心理学中，自然化(在刺激—反应术语和它的现代“自由化”中)个体成为抽象的有机体，社 35
会条件对其而言仅仅成为“刺激群”“强化的偶然事件”等；人本主义心理学中，理论家假设成长和自我实现有“自然”趋势，主张独立的社会环境；社会行为的交互方法中，理论家消除人类生活活动的感知—物质方面，以支持抽象的社会意义再生产；最后，精神分析中，理论家使用个体的非理性本能和社会的压迫动机之间不可调和的对立概念。但是，当个体仅被概念化为“自然”人，不管人们怎样考虑这种“自然性”或者去除它，就很难理解这种“自然人”是如何发展能力以及为何有必要参与到生产和发展社会生活条件的。这样，唯一的选择是要么从“社会学上”将个体作为社会影响的交集，否定(可能是马克思主义上)他们的感知—物质存在和固有需求(将概念化留给资本主义科学)，要么从“生物学上”从外部生活条件的属性和社会维度来看待感知—物质的个体。在任何一种情况下，这两种方法都属假定，不论是显性地还是隐性地，主体对社会条件都无能为力。

人类“社会属性”的形成及其历史具体化

从所有这些看出，我们需要一套基本心理学概念，引入人类主体性的自然性和社会性的**中介**作为更加完善的概念，不仅让人性/社会二分法的意识形态特征被认可，而且还突出了它在科学上的不可辩驳。但是，要怎么做呢？要回答这个问题，我们必须超越心理学历史及其社会发展、社会表现等维度，整合科学对象的系统/历史发展，即**个体主体性**（关于科学史及其对象的关系，参见，Maiers，1979）。当我们意识到，一方面，人类生活的社会因素不是从天而降而是从自然/非社会的生活方式系统进化而来的；另一方面，在社会阶段**之前**，除了系统—进化规律，人们不能（从定义上）假设其他任何发展规律，人的**社会性**一定是从人的**自然性**发展来的结论确凿无疑。只有这样，社会循环作为其自身形成的实质前提（causa sui）才有可能避免。因此，将人类生活世界作为社会产物，而不仅仅是具
36 体环境，必然需要记住“人类本性”作为“社会本性”的“中介”限定/规范。为了强调这一点，我们引用马克思主义的观点：不论哪个二分法概念，个体/社会的关系只可能是从**理论上/意识形态中**产生的，关系**本身**只是作为人的自然性与社会性的中介过程而发展起来的。

但是，我认为只有“社会属性”的形成在真实历史过程和规律的分析中被具体化，那么这一逻辑—历史的思路适合于解决主体的片面概念（结合“自然”和“社会”两个词就失去了仅作为语言“辩证”工具的印象）。这与发展“双向”的基本心理学概念和过程是相似的。它允许主体被概念化为服从社会条件，但人们可以生产和改变这些条件。这样，认为个体是“受限制的”观点便被科学地否认为意识形态了。这指出了批判心理学“功能—历史”阶段和形式上的目标（Holzkamp，1973；Holzkamp-Osterkamp，1975，1976；Schurig，1976）。

我们可以科学地具体化“社会属性”这个词组，以使我们能够成功地

(通过动物—人类过渡领域的广泛研究)并更加准确地定义以下阶段：一方面，社会存在的早期形式(比如通过系统的工具制造来影响环境改变的合作)不断进化；另一方面，它在进化过程中尚未普遍存在。相应地，作为选择优势，新进化的社会生活方式必然影响了基因组信息的变化，比如人类的生物属性。用这种方法就可以理解这一问题，即在进化过程中，“内在”属性作为参与社会生活再生产的生物潜力是如何发展成为“社会”属性的。这样，看似神秘的“社会属性”便可用进化论来解释。由此我们可以看出，在再生产的社会形式与人类“社会属性”的发展/形成相互提升的交互过程中，支配地位最终由系统发展转变为社会—历史发展。因此，对于那些支配社会再生产和发展的法则而言，进化法则退居其次。同时，社会属性发展成人类参与社会—历史过程中独一无二的“生物”能力，并成为其载体/开发者。

然而，上述解释仅从理论上列出了创造人类社会属性的方法，以此中 37
介了个体的自然性和社会性，使经验—历史分析能够被具体化。但是当需要从心理学角度说明人类属性的“社会化”需要时，我们必须考虑到它的发展不是从“人类化”开始的，也不是由社会—历史层面去支配的。我们必须先知道那些进化了的、与心理学有关的“内部属性”方面，以便展示他们新的社会品质。为了更进一步(让我们的具体分析更加清楚)，我们必须将已运用到定义人类社会属性的“遗传”解码概念关系方法延展到整个心理学相关方面(比如，心理—系统发生学)的系统中去。用这种方法，我们可以将心理过程(在生物—行为学材料)最基本的形式描绘为最普遍的定义，将系统差异描绘为不同的概念，将系统学中质的飞跃描绘为基本心理学概念的定性差别。运用这种综合方法，可以阐述那些在最发达的前人类层面的“精神”结构和功能差异，展示他们“社会属性”心理方面的差异/品质。如此获得具体化和丰富性的概念实质使得非具体与具体的人类心理特点拥有更加准确的定义(参见，Holzkamp，1983，p. 48ff)。

为了这个目标，我们首先要尝试将系统“最早的”基本精神形式与生命的前精神表现区别开来，并作为对精神的最普遍描述(我们从 A. N. 列昂季耶夫关于“敏感性”生物功能开始研究，比如，初级生物体的信号介导活动，参见，Leontyev，1981）。然后，我们通过分析/证明相应基因差异的生物学功能，来概念化心理的“导向”“情感”和“动机”相互关系中最普遍的方面。另外，社会结构的进化、个体发展与学习能力与机体增强的心理“系统能力”之间的生物学关联。

我们从基本概念开始，将前人类层次的精神概念化，然后分析结构—
38 功能差异是如何进一步被区分和证实为人类“社会属性”的精神方面的。因此，我们解释了最发达的前人类形式的需要如何在发展成为个体生活过程中的“认知”方面的时候被进一步说明，这些认知方面是个体对社会再生产的贡献。我们也解释了社会认知形式（如逻辑、数制、语言形式及那些客观化的人工制品，包括他们意识形态的表现：参见，Seidel，1976；Leiser，1978）与个体认知活动间的中介层次如何被概念化。此外，我们展示了精神的情绪—动机倾向（作为与世界联系的实际或期待的“评价”）该如何被明确为对个体满意和发展的特殊可能性所依赖的那些社会生活条件的主体经历控制（参见，Holzkamp，1975；Osterkamp，1976）。类似地，我们尝试展示，当个体间的社会关系客观代表着总体社会结构的一部分时，他们需要用什么概念来说明并具体化（比如，Dreier，1980）。

通过提供确认自然性和社会性是如何（在“社会属性”上）在特定的功能具体化中被中介的不同形式的先决条件，我们指向超越主体“自然性”和“社会性”二分法的个人主体概念的基本要素。个体的情绪只能被描述为控制他们发展/生活品质的社会条件的程度和种类的反射。这暗示着，如果我们的讨论不考虑主体控制社会生活条件的方式/机会，那么最基本的“自然”需求也要被限制和削减。个体不是因孤立的生物张力“遭受‘饥饿’”，而是因服从环境而“遭受‘饥饿’”，个体在这个环境中脱离对必须遭受饥饿的生活环境的预期控制（1983，p. 246）。这里，主体性不是被片面地概念化为“遭受”社会限制，其直接经验以主体为特征主动决定（个体相关的）社会生活条件。“主体性必然”不仅是饥饿中的解脱，还是“某种程度上重获满意
39 来源的对条件的影响，这样，没有饥饿以及没有饥饿威胁的生活，即人类

有尊严的生活都将成为可能”(Dreier，1983，p. 246)。

社会属性与个体社会性的历史分化：广义的主体立场

当时(某种程度上说至今如此)我们认为对主体的两面性的认识是超越其固有片面性意义非凡的进步(基于非社会的人类属性概念上)。因此，我们相信全面的功能—历史分析创造了一个工作基础，它使我们能够为心理学的批评发出“完整”的声音，比如，没有物质—知觉个体会与她/他的历史生活状况所隐含的概念相隔离(因此，被资本主义意识形态囚禁)。但是，我们很快发现，这个观点并不被我们的接受者(即使是那些原则上有着类似科学—政治取向的人)所赞同。当然，这里对我们的批判很容易被否定，因为它们都是某种误解。但是，我们要认真考虑各种评论和反对意见，他们通过**批判心理学诊断个人主体的政治化**，重申固有心理学或精神分析作为真实主体科学的必要性。批判性心理学表述，如“控制个体相关社会生活条件”等被“**标准地**”解读为：主体“应该”寻求她/他生活条件的控制；此处的条件被解释为需要(可能革命性地)克服的资本主义生产关系的总体社会结构。批判心理学看上去证实了政治组织的必要性。然而主体对日常生活实践各种矛盾部分和应对生活的具体存在取向，原则上被归列为或被否定为“资产阶级”。

对这种解释的坚持(尽管我们一直反对)在赖纳·鲍夫(Rainer Balloff)近期对批判心理学的描述中(没有任何挑衅意图)可寻到踪迹：

> 批判心理学认为，个体可以理性地、有意识地发起集体行动，通 40
> 过斗争来改变生活条件，获得共同利益，通过扩展个体控制社会生活状况克服心理难题。这个目标个人无法实现，只有通过参与到有意识的、集体的决定和改变资本主义社会条件的行动才能成功。批判心理学家会看到她/他的专业实践是政治性的，有意识地与工人运动组织尤其是工会联系。(1986，p. 176)

批判心理学否定或掩盖主体的猛烈抨击所暗含的具体的、可能的利益，理所当然地被人们讨论，也很容易引用各种批判心理学的作品，并且不允许这样的解释或者意图抵消误解。但是，在目前的情况下，审查我们概念自身的模糊和矛盾似乎更为重要（如目前为止已经表现出来的那样），或者至少，他们还不够清楚，无法避免这些误解。这等同于列出我们整体概念发展的最后一步，**批判心理学被概念化为主体科学**，我们同时能够认识早期表述的模糊性。

当我为《心理学基础》一书重构“功能—历史”分析时开始意识到，基本概念的隐含矛盾/模糊性的最终原因是**主体“社会属性”和“个体社会性”之间缺少概念上的区分**。因此，一些陈述给我们这样的印象，即在“社会属性”形成中，进化的早期社会存在形式的基本特征使个体通过发展主体形式作为“社会个体”（根据相关的内在潜能）将社会生活条件具体化。我们尚未清楚地明白或去表达，由于社会再生产对进化过程的统摄，“社会关系”的形成才刚开始，尚不完整。我们只能完整谈论社会生活早期阶段的再生
41 产。超越合作形式，整体的社会“结构”发展成为独立的现实，通过“内部”需求的自我再生产，这样，现在的那些生产关系或模式以作为社会—历史过程和变化工具的形式出现。但是，这暗示着，个体整合到社会系统（通过社会属性）的过程只有**通过假设独立现实**，**将社会系统理解为整体社会生产结构的主体实现形式**时才能完全被定义。因此，人类心理的具体品质必须被具体化为“**个体存在的社会中介**”。（参见，Holzkamp，1983，chap. 5.4）

对问题重新定义最普遍的结果就是，在确定个体/社会的关系时，人们必须避免那些似乎表明每个人不经中介就直接面对整个“社会”的术语。由于社会结构的整体性必能超越个体“各个方面”的直接经验，导致社会生活条件出现在个体面前，并将与整体社会结构区分开来。“起初”是在不可避免的“即时生活世界”（位置和视角的具体决定）中个体复制生产生活并获取经验，“进入”整体社会结构关系、矛盾等，即以一种特别的方式出现。因此，掌握生命的主体形式原则上必须被概念化为决定生活条件的经验/

机会的非中介和“中介”关系。这意味着，一方面，社会再生产的基本特征不适合直接定义个人主体性的特征，但是另一方面，这种“主体特征”必须被社会特征中介为可能的方式而概念化。因此，功能—历史分析只希望主体仅能产生“对个人控制社会生活条件的主体需求”等。这当然不蕴含直接控制社会整体过程的必要性。但是，它突出个体具体生活世界里的实践/经历和控制整体社会过程的必要性只有通过中介性才能被理解。这种中介出现的形式——不论是个体参与政治斗争的需要还是在主体的私人领域处理问题的方式——取决于主观问题及其具体社会—历史环境，并且“范畴”层面的分析会保持对其完全开放。（参见，Holzkamp，1983，chap. 6. 3，42
7. 3）

“个体存在的社会中介”更主要的结果是，整体社会关系的性质是“独立”的再生产或维持系统。尽管社会再生产整体上是由作为其部分的个体所保持，但是，这并不一定表示每个单独的个体直接参与到这个过程（早期社会合作形式中）。实际上，个体（某种程度上）是由社会手段/条件来维持的，即使他们并没有实际为再生产做贡献。因此，对于个体而言，社会再生产的要求（在特定的历史形成中）不具备直接决定行为的特征，只决定社会行动的可能性。尽管这些可能性不得不因主体的持续性和发展被个体使用，但他们总是可以做出选择的。他们可以拒绝这些机会或者其他事情，或者干脆什么也不拒绝。考虑到“可能性关系”指代个体有意识地联系社会行动要求的能力，也被称为主观可能性，当面对这种自由，问题来了，人们如何能向他人解释，不管是个体还是科学上，为什么他们最终会以他们所选择的那种方式行动。要解决这个问题，我们的方法主要是解释主体行为理由为整体社会要求和主体生活行为进一步中介的层次。从这个视角来看，个体行为并不由社会结构决定，而是以它们——中介——为基础的，社会条件和个体生活利益之间的关系构成了行为理由的基本前提。实际“出现”的主体生活利益反过来被看作控制（被生活世界中介的）相关社会生活条件个体需求的表现，这是共有的基本生活问题，而“根基”也总是表示主体间“可理解性”的意思。由于这个中介层次是从一般物质再生产的

要求和“个体存在的社会中介”来解释的，“主体行为理由”使得超越“行为
43 理由”“互动”概念化的心理捷径成为可能。通过强调以社会条件为前提，以及对这些条件进行控制的主观需要作为对这些理由的解释，我们(超越形式/逻辑论证层次)得到实质的定义，即什么构成了我和他人的行动基础从而主体间行为便可被理解。(参见，Holzkamp，1983，chap. 7.3，7.4，& 1986a)

为了解释个体存在的社会中介心理方面，我们不仅要把主体的具体生活世界与整个社会关系主题化，还要把主体行为的主观原因的社会—个体中介主题化。这将对主体概念的进一步发展起到至关重要的作用。行为理由本身——逻辑上和现象学上是无异议的——是**第一人称**的，比如，只有主体本身可以感知。但是，这意味着，如果人类的精神品质一开始不能被绕过，那么主体科学的基本概念和方法必须基于并坚持这种“第一人称模式”。主体科学过程与传统完全不同(我们定义为“控制科学”)，因为他们不是关于人的概念和过程，而是为人们所存在，即作为阐述/概括个体本身和世界经验的方法而存在。这隐含着——在日常和科学思维上——一场以“**超越即时**”为普遍特征的运动将要展开。这个术语指的是有必要质疑相关问题，一个人在直接经验模式中的局限，这主要是相对于阻碍对生活条件和质量可能产生影响的隐性限制，即暴露整体社会中介性而言的。

现在应该很清楚了，运用这种方法，“控制个体相关的社会条件”这一概念既不是规范性的也不是描述性的，而是**分析性**的。它是一种促使在主体经验中认识主体控制需求出现的特殊方法，这样，生活条件和生活利益之间的连贯性就会变得更加清楚，对生活条件/生活质量施加影响的行为必要性变得明显起来。自我和世界经验的表现形式，既不是外在的评价，也不是外在的规范，而是这种分析思维过程的**必要出发点和参照点**。这也
44 暗示着，尝试分析阐明的结果必须是可识别的，正如个体的自我形象、世界观以及生活实践的变化和发展。从这种意义上来讲，主体科学方法，类似于精神分析(作为第一个主体科学)，可以被描述为研究者和受研究影响的人从“无意识”到“有意识”的运动。这样，批判心理学处理“有意识”和精

神分析处理“无意识”(参见，Balloff，1986，p. 176)的普遍观点可以看作上文提到的“政治主题”的一部分，并和它一起被批驳(亦见我们对“无意识”形成的再表述，比如，Holzkamp，1983，p. 376ff)。

超越个体“直接”经验的主体科学方法

随着我们基本方法(此处不详述；参见，Holzkamp，1983，chap. 7.5，8)的进一步发展，这些先前阐述的人类重要活动精神方面的规范对“主体科学”的理论建设及其研究和实践产生了影响，这在许多方面需要重新考虑传统(也是“进步”的)观点。如果广义的主体立场不能被所用的“方法”消除，那么很明显，就需要发展科学**概括和客观化的概念**。这样不会失去方法论的严密性，个体经历/生活实践不会被排除在外，而会嵌入社会—普遍性出现的特殊模式中去。个体对她/他生活状况和生活质量的每一次影响的真实扩张将在普遍化的特殊重演中实现。一方面，它是普遍化充分性的“最终”经验标准；但另一方面，获取这种可客观化结构的概念和方法论方法必须是恰当的科学过程或者有助于有关个体发展的过程(比如，Holzkamp，1983，chap. 9；1991)。此外，这还要求**对理解心理学主体问题重新彻底思考**。随着“主体(普遍)立场”的心理学科学逐渐明朗，个体、个体行为和个体经历不能成为研究对象。主体科学研究的对象是**客观社会可能性和行为阻碍的主体经历模式**。这里，作为“主体”的个体并非与研究对象站在一起，而是与研究者站在一起，即与作为研究的主体站在一起(参 45
见，我对失业“效应”和“经验”的对比研究，Holzkamp，1986b，p. 20ff)。

通过进一步阐述对心理学主体问题的理解[比如，通过重新处理冯特(Wundt)定义的“直接经验”和相关精神分析概念；参见，Holzkamp，1984a，p. 20ff]，许多迄今为止“不言自明的”心理学问题的主体科学合理性越来越受到争议。因此，我们将通过更细致地审查，意识到许多常见的科学概念——如普通分类，类型转换，人的“分级”，“人格结构”或“人格变量”——暗示了“第三人称立场”从外部对个体控制的观点，并与主体科学方法不相兼容。另外，即使在某些逐步发展的问题中——如“人们”如何辨别和建立自己(或他人)认识兴趣并创造为之奋斗的条件——相关个人的主体性明显地被接纳，而其实是如何利用它们实现无关的目标(不管有多进步)。由于我们总是处于被带入这种意识形态“控制科学”观点的危险境地，因此，研究人员为了“发现自我”进行不断地自我反省是主体科学研究的重要平衡点。

这里没有空间来描述我们试图实现和坚持主体立场的各种研究项目，或者概述主体对未来科学实践工作带来的影响。不论如何，人们必须处理好在社会条件或者缩略概念操控下而忽视个体的真正关注点和生活利益的问题。在主体概念下，神秘化、阻碍及疏远有意识关联生活条件的机会——以及抵抗它们的主体可能性和必要性——成为十分重要的问题。

3 从主体的立场看，心理学会是什么

I

最近出现了很多关于“心理学重建”的讨论，这个话题下出现的各种提 46
案似乎至少有一个共同点：他们都致力于科学地重申在很大程度上被传统法理心理学所忽视的人类主体。这不仅表现在我们现在听到的关于主体科学、主体理论、主体定位和主体发展的事实中，还表现在重要文章出现的类似说法中。对主体的重申也或多或少明确地体现在一些其他的基本概念中，如“定性”研究、“解释”范式、“解释学”分析以及“生命世界”。鉴于不同心理学范式之间的这一共识，那么问题就出现了，即这对每种方法意味着什么，也就是说，这种共识会带来怎样的理论和方法论结果。显然，简单地提出主体这一概念并不一定能在基础的科学思想和研究上达成一致。相反，对主体的共同兴趣仅仅提供了一个辩论基础，基于此，人们会讨论：创建适合人类主体性的心理学需要什么样的研究。

在这里，我的意图是在这场辩论中提供批判心理学对主体的理解。我们不再把我们的方法仅仅称作“主体科学”，这个术语我们用了十多年，但最近我们明确将其定义为**主体立场**的心理学。这个提法反映的不仅仅是一
种措辞上的玩味；事实上，它对“主体科学理论将如何发展”“需要什么样 47
的科学语言”“他们所参考的经验现实是什么”等问题产生了深远而重大的影响。接下来，为了促成与其他主体心理学方法之间的批判性对话，我将

尝试解释我们的观点。

Ⅱ

首先，让我简单概述一下我们为什么将我们的方法定义为主体立场的心理学。我们曾试图通过从历史角度重建个人生活过程和社会过程之间的关系，来阐述人类经验和人类活动特殊性的恰当概念。在这个过程中我们了解到——在一定程度上，社会关系发展成为一个遵循自身规则的生产和再生产的社会系统——个人行为只是简单地由他们的生活环境所决定这一观点已经站不住脚了。在这里，个人再生产和社会再生产相互联系的方式不是那么“固定”，因为至少在某种程度上，个人的存在不再直接取决于他们对社会发展所做出的贡献；即使他们没有对社会再生产做出直接的贡献，个人也会被社会系统“延续”下去。因此，对于个人而言，有意义的客观社会结构从行动的决定因素变成了纯粹的**行动的可能因素**。此外，个人总是(在有限范围内)可以选择不行动或者采取不同的行动，也就是说，个人可以“免受”社会的影响，只要他们能够自觉地与社会影响联系起来。然而，这并不意味着个人与她/他的生活环境的关系是完全随意的。虽然不能说个人的行动直接由环境决定，但是从主体的立场来看，这些行动仍然是**基于**这些环境的，而这些环境是他们行动的前提。

我们认为，通过这种方式提升的“主观基础”或者“行动的主观原因”的水平代表了社会意义结构和个人生命活动的一般思想水平。在他们特殊的人类品质中，心理功能在“理由话语”(理由话语包含并超越了非特定的“条件话语”)中得到体现。与非中介的条件相比，行动理由的特殊性在于他们只能**从主体的立场**来解释。行动理由总是“第一人称”，即每个人都有他们自己的行动理由。尽管社会条件/意义被客观地给出，但是它们对于我们行动的决定性程度有多少，则顶多只能作为我们行动理由的前提。在一系列给定的具体前提下，经历什么样真实的活动，取决于我的生活利益——
48 也就是说，根据我们的观点，取决于一系列特定环境对个人生活条件可能造成的影响程度，以及行动主体的品质。我能够理解我对他人及自己所做出的行为，因为没有人会有意识地违背她/他所经历的生活利益。这（正如我们所表达的）是人类主体间性的唯一先验素材。不言而喻，一方面，这对任何更深层次的规则都是不可还原的；而另一方面（类似于条件层次的因果关系原则），这是可能获得主体间理解和主体科学知识的必要先决条件。只有这样，我的行为虽然不是由环境决定的，但也不是随意的，而是可以进行主体间分析的（参见，Holzkamp，1983，chap. 6，7）。

这个简要概述旨在表明“主体立场”不仅仅是一个表述，而且是人类活动主观依据的必然结果。“主体立场”心理学唯一有效的语言是**理由话语**，只有从每个特定个体自己的立场出发，理由话语才成立且被人们相信。此外，有一点应该已经变得很清楚了，即，既然我们坚决主张人类特定的生命活动总是在行动理由的中介中进行，那么，想要利用这种特性的心理学，就必须将自己构建成理由话语里的心理学，并且，这必须是一种主体立场的心理学。理由话语与传统的变量心理学中的**条件话语**之间的区别在于，理由话语采取的是主体科学方法，而条件话语不是基于第一人称视角的主体视角，而是基于外部的“第三人称视角”。

Ⅲ

乍一看，我们的主体科学方法似乎只是心理学中众所周知的二元论的又一个变体：解释与诠释。一种事实科学对一种解释学方法；而如今变成，外部立场的“条件话语”对主体立场的“理由话语”（类似于分析行动理论中当代的“动机对理由辩论”）。这样一来，心理学或将引入一个更深层次的二元论：处理非特定因果条件行为的变量心理学，以及处理行动依据 49
的“理由话语”。这也意味着对应不同的方法论：一方面是定量统计方法以及可能情况下的实验程序；另一方面是定性的、临床的、“解释性”的程序——简而言之，心理学将被分为“硬”心理学和“软”心理学。

我们已经对心理学的上述分类方法表达了基本的理论上的反对意见

(参见，Markard，1991)。在这里没有必要重复，因为即使在描述层面上，主流心理学很显然本身并没有遵循这样的分类，没有区分出一种分析条件的行为心理学和一种分析理由的行为心理学。当然，在**方法论**层面上，人们倾向于将心理学整体地建立在实验程序和统计学程序的基础上，这两种程序是科学研究唯一能够接受的标准，也是所有(不管基于任何理由)落后的分析的基准。但是，在相应的具有经验意义的“如果—则”陈述、作为独立变量和因变量“可操作”的**理论**中，人们完全没有摒弃行为连贯性的构想以及对人类主体性的相关陈述。相反，在普遍的心理学观点看来，实际上没有哪方面的人类活动和经验**不**能通过“如果—则”①假设来阐述，因此，对条件进行变量心理学的分析就可以被理解了。即使对于最狭义的实验程序而言[或至少从冯特对实验心理学对更高级心理过程的适用性开始，这个怀疑被布勒(Bühler)消除]，关于“什么样的人类生命表现**原则上不能**通过实验统计处理”这个问题，并没有一个被普遍接受的标准。能够提供实验者，对于发展必要的假设已经足够大胆和有创新性，任何事物都可以受实验程序的支配。

但是，如果这是真的，那么上文提到的对于职责的划分和分工显然不是一个解决冲突的有效办法。我们对于人类活动的假设——基于每个主体特定的立场——并不适用于外部视角的变量心理学的条件分析。事实上，我们的假设几乎被主流心理学的意图否定了——包括行动连贯性和行动的理由——把所有的事物都交给条件分析。尽管如此，我们认为，如果还有什么**真的可以做的**话，那就是，原则上，我们的观点**不可能**是非常确凿的。这个困境只有两个明显的解决方案：我们可以放弃“行动理由不能被拆解为变量”的观点；或者我们可以质疑前提，即指出行动连贯性可以被
50 概念化为经验的“如果—则”假设并且可以通过变量来研究。在第二种情况下，这可能意味着实验心理学家实际上正在做的跟他们**以为**他们正在做的事是不同的。1986年，我发表了一篇题为《社会心理学理论将行动理由误

① 在霍兹坎普看来，“如果-则”(if-then)是一种典型的条件话语，并普遍出现在传统心理学中，把个人活动看作外部条件的结果。霍兹坎普使用 if-then，而非 if…then，目的在于批判这种条件话语的非连贯性，故而在翻译中保留了“如果-则”的标点用法。——译注。

解为经验关系假设》(“*Die Verkennung von Handlungsbegründungen als empirische Zusammenhangsannahmen in sozialpsychologischen Theorien*”)的文章，这正是为了试图揭露主流心理学中的这种自我误解。为此，我分析了社会心理学中的主要理论方法——决策、社会一致性、社会学习、习俗、态度等——以求证社会心理学构建的“如果—则”陈述是否为经验的假设，或者是否正如所声称的那样，我们这里所处理的是理由关系假设，即特定环境作为个人行动前提下的“**井井有条的**”行为。为了弄清楚假定的经验假设事实上能在多大程度上代表**理由模型**，我采用了两个标准。一方面，我在“如果—”和“则—”成分中间插入单词“合理地”，以检验是否跟所声称的一样形成了一种偶然关系，又或者事实上，是否含蓄地解释了一系列既定前提下井井有条的、合理的行为。另一方面，我在“如果—则”组合中插入单词“(不)”作为“反向测试”。如果我们处理的确实是一个经验的“如果—则”假设，那么假设关系的否定形式应该也和它的肯定形式一样是成立的。但是，如果否定连贯性假设在语言—逻辑层面都没有意义的话，那么就不存在条件的经验关系，而只有隐含的理由关系。只要我举一个例子，那么这就会变得更清楚，我举的例子来自克洛特(Crott, 1979, p. 169)，克洛特将他的(据推测)议价实验的经验结果总结如下：“当有报酬时，主体倾向于寻求给他们带来最大收益的解决方案。”这看起来是既定前提下理性行为的明显例子，而不是一个经验假设。当我们采取反向测试时，这将变得更加清楚，即“当有报酬时，主体**不**倾向于寻求给他们带来最大收益的解决方案”。即使在语言逻辑层面，这个假设也显然是荒唐的；因此，即使这样的结果发生了，也不能作为反对这个假设的经验证据，而相反会被“解读”成外来干扰(Holzkamp, 1986c, p. 230)。当我们面对认知倾向的社会心理学理论时，有人可能赞成经验关系实际上是“理由模型”的假设，但是却又坚持认为行为主义者学习理论隐含了真正的经验陈述。但是，在我目前有关“学习”的著述中，也不难发现理由模型的存 51
在。比如，工具性或操作性条件下，正强化的效果可以很容易地被表述为一种理由模型：当某人在若干场合通过某个相同的行为获得报酬后，那么很合理地，这个人会重复这个行为以再次获得报酬(假设没有其他合理行为的前提)。因为这样太“合理”了，以至于没有人会认真地去假设我们需要通过反向测试去经验地审查这样的行为所导致的后果，即报酬的存在会减少行为出现的频率。但是，如果这个结果真的出现了，它只会被当作实验者明显犯了某个严重错误的一个证据。

如上所述，如果心理学假设建立在理由模型中，那么他们既不能被经验也不能被实验肯定或者否定。相反，我们这里处理的是语言上隐含(也就是最广义上的“定义的”)的陈述，当这些定义的判定完成时，这些陈述总是等同地存在于现实中。因此，在这种环境下的实验没有任何测试关系，而只是一个例证：换句话说，他们可以作为假定的理由模型的例子或者示范。如果找不到一个特定理由模型的经验证据，这并不能说明这个理论是伪经验的；这只能证明所使用的论据与理由模型不相符。

这里提出的立场类似于布兰德斯塔德(Brandtstädter，1982，1984)，他提供了大量据称是经验假设的例子，这些例子不代表偶然关系，而纯粹是隐含的、“概念结构的”、“形式结构的”陈述。卡尔德(Calder，1977)发现了相似的归因理论，而沃尔默(Vollmer，1982)提出了关于“期望—价值”理论。但是，最根本的结论是由斯梅德隆德(Smedslund，1978a，1978b，1979)总结的：心理学理论作为一个整体(或大部分)是由既不能被测试也无须被测试的不证自明的、常识性的公理所构成的。在此基础上，斯梅德隆德将心理学实验归为“伪实证的”，并敦促重新定位心理学的基本方法论和理论。在他看来，心理学不该再被看作一种经验科学，而应该是一种形式学科，在这种学科里，日常理论在概念上得到澄清，同时他们的逻辑
52 的、公理的结构被清楚地表达。斯梅德隆德(1988)在一本标题为《心理—逻辑》的著名著作中发表了这些观点，在这本书中，他试图用“定义”“公理”“推理”等术语将日常理论中的连贯性假设系统化。

显然，这种批判将与主流心理学之间的冲突置于一个新的层面，在这层面上，批判者的立场已不能再被边缘化为某种诠释社会学或人文专业。现有的观点认为，心理学研究能够通过实验/统计测试经验连贯性假设，

原则上，通过质疑这个观点的科学正当性，争议几乎已经触及了“自然科学”对传统心理学的理解的核心区域(参见，Maiers，1992)。正如卡尔·弗里德里希·格劳曼(Carl Friedrich Graumann)在期刊《社会心理学杂志》(上文所提到的文章《社会心理学理论将行动理由误解为经验关系假设》也发表在该期刊上)上写道的：“传统科学对心理学本身的理解已经到达了‘事实的真相’。”(1986，p. 215)但是，我不会就此深入，也不会解释我们的方法和以上提到的类似方法之间的关系。相反，(假设我们是对的)我会关注于那些伴随着我们的批判，并进一步发展心理学的意义。如果核心研究领域的现行心理学理论不是(至今保持)经验可验证的，而事实上是隐含的理由模型的话，理论问题如何能得到发展并与经验问题联系起来，换句话说，我们所声称的主体立场的心理学如何能被转化成一个积极的研究方案呢?

Ⅳ

当我们倡导主体立场的心理学时，我们甚至可能会遭遇来自主体导向的心理学的反对，他们认为主体立场的心理学本不应该得到太多的重视。当然，有人可能也承认有必要以一种更加全面的、差异化的方式去探索心理学研究中的人类主体性，比如用“开放的”“定性的”方法等，而人类主体还依然将是研究的主体或客体。当涉及科学客观性时，研究的立场一定只能是外部的，因为只有这样才可能获得科学的知识。因此，比如厄恩斯特霍夫(Ernsthoff，1990)，广泛倡导主体导向的心理学，并区分了描述的不同层次和角度。尽管，一方面，人们“思考、感受、行动、意识到并掌控他们经验”的方式必须从“主体本身的立场”加以理解；另一方面，人们不 53
得不“从外部科学的立场区分主体自己的观点以及人格诊断”(p. 12)。很显然这里假定的是：从一个人的特定立场和角度出发，不管这个人跟她/他的主体经验关系有多密切，处理这样的研究结果都需要转移到外部立场，在这里等同于科学立场。

相反，无论我们由此给自己带来多少困难，我们必须坚持将心理学界定为主体**立场**心理学，并一定要尽可能地能在字面上被人们理解。我们认为，心理学研究的科学立场确实——在某种意义上——将被修饰**为**主体立场。这遵循我们对理由话语中隐含着的主体立场的理解，而理由话语反过来成为所有人类经验和行为的特征。因此，如果我们创建我们的理论时采取外部立场，从而将主体立场转移至客体立场，那么我们可能还是弄不清楚理由连贯性，正如我们曾经批判过的“如果—则”关系一样。通过从特定话语中抽象出行为的理由并将他们移植到“条件话语”(把个人活动看作外部理由的结果)，人们必然会复制出理论结构的模糊形式，这个形式含有伪装偶然假设的隐藏理由模型，以及他们能被经验证实的假象。

如果我们想避免普遍条件模型的困境，不可能有折中方案，比如允许从主体立场转移到外部立场。相反，我们不得不承认**理由话语是心理学科学语言的普遍基础和媒介**，也就是说，构建科学理论并将他们与具体的经验事实联系起来，需要始终保持主体立场和理由话语。因为在这里，主体的立场与研究者的立场明确一致，其他的主体只能是合作研究人员而不是研究客体。在这种观点下，研究客体是这个世界，因为世界是每个人从自己特定视角出发的经验——正如我和其他人对主体重要性可能的理解终点一样，世界的这个或者那个方面可能已经向我们证实主体的重要性了，他们所产生的行动的可能性和必要性也证实了这点。这种方法在某种程度上
54 效仿了冯特(1902)，区分了作为心理学研究客体的“直接经验”以及自然科学的“中介”经验，在自然科学中，世界的存在不会因为主体而发生。

现在在此基础上，我们可以驳斥对主体立场心理学的误解，即认为主体立场心理学仅仅指放弃了客观心理学知识的“内部”自我意识(即，是一个“主观主义者”的立场)。认为这样的知识只能来自第三人称视角的观点不是一个普遍的先决条件，而是心理学历史上“功能主义者—行为主义者”轮流主导的产物，在心理学历史上(在社会达尔文主义前提下)，研究客体不再是“直接经验”，而是特定环境中的“其他人”。“只有从外部‘可观察到的’那些行为特征才能成为经验证据，而每个人‘隐秘’的经验顶多只能间接地被确定。”这一假定恰恰构成了“行为科学”试图克服的关于人类经验的

主观主义观点。因此，通过在理论上否定研究者的主体立场以及她/他与测试主体之间必然的主体间关系，只保留那个关于他人的“偶然性分析的”局外人观点，这样的做法将测试主体特定的形态削弱为一些外部特征，而他们对世界和自己的主观经验因为与被假定只能因果作用于他们的环境所脱离的联系，因此，被无形地以科学研究无法理解的“天性”丢回给他们了。但事实是，以这样一种方式思考，研究者的科学经验可能同样也会变成她/他无法被理解的天性，而心理学作为一种科学也会变成不可能的事，并由于上面提到的对“研究者—主体”范畴的忽视而仍然不能被理解。只有通过重建——事实上总是潜在的——主体立场作为心理学研究的基础，主体性才能从它的天性以及我们所有人生活的真实世界(包括研究者和测试主体)中解放出来，成为公认的我们对这个世界、我们自己以及我们行为经验的共同参考点。由此，心理学研究的特定客体被证明是(正如冯特已经声明的一样)这个世界，因为世界充满了每个自我从她/他的视角和观点出发的真实经历，相应地，研究方法也将变成对层次和维度的概念分析、经验分析，基于这些层次和维度，我们对世界和自己的经验被中介为现实中的特定表现，而我们都在这个现实中生活、互相见面，并不得不掌控自己的生活。通过这样的方式，心理科学恢复了主体间性的这种地位，条件分析中潜在的主观主义因为否认了研究者的主观性，可能同样会被压倒。 55

V

鉴于这些更多的认识论立场，现在出现的理论—方法论问题是：心理学作为一门科学如何能真正地在此基础上实现？理由话语中的行为/经验如何能被证明适合科学研究，也就是说，科学客观性如何能通过主体立场实现？更具体地说，我们把理由话语理解成心理学科学语言的媒介，能支撑我们坚信心理学是一种其理论会被现实迷惑的经验的科学吗？又或者，我们一定要追随斯梅德隆德，认为心理学是一种完全正式的或者描述性的学科(这种学科顶多列举了一系列典型的论证来解释他们当中“心理—逻辑”的相互关系)吗?

当我们试图回答这个问题时，首先需要记住，传统的权变模型据说已经提供了一种在经验事实上理论遭受挫败的可能性：通过分析一个取自某个特定理论假设中的“如果……”和“则……”成分，认为两种成分之间是一种偶然关系，因为当给定“如果……”成分时，“则……”成分可能出现也可能不出现，因此相应的预测也可能是经验性质的，而如果这不能被证明是正确的，该理论就会因为得不到经验的证实而被放弃。但是，即使当我们尝试在心理学本质上的“心理学的”核心领域证明的时候，伪装实证的“如果……则”关系实际上是“可推论的—隐含的”理由模型，那么——既然理由模型不可能建立在事实上——这种对经验事实的参考是站不住脚的。因此，心理学理论应该被构建成在理由关系的规则，事实上并不足以将心理学建立成更狭义上的经验科学。所以，承认理由话语是心理学科学语言的媒介，这将是发展有关人类经验和行为的、经验性质的理论的必要但不充分先决条件。由于前提和隐含的理由之间的关系目的不在此，因此需要更深层次的连贯性假设，即在理由理论可以基于现实的程度上包含现实，因而可以作为经验的假设。

56 在各种研究项目的进程以及我们对这些项目的方法论思考中，我们逐渐清楚了如何阐明这种连贯性假设：在这种背景下，不仅能证明可以确定主观理由模型中条件/前提和理由之间的固定关系，而且(实际上与他们是垂直的)可以确定理性观点不同阶段的前后发展关系。在这里，出发点总是一个问题、矛盾或者关于行动理由的困境，这些使得主体的生活实践被当前所在的局面控制，从而限制了主体发展与世界的关系并提升其生活质量。随着进一步分析这些牵涉上述主体(作为合作研究人员)的初始理由的问题性质，研究者们开始通过这样或者那样的方式试图传达一些理论方法，用于识别这些理由对每个人造成的限制性影响。人们认为，随着人们深入地了解更全面的行动可能性的条件/前提，他们将能够克服生活实践中(在其相关的方面)的限制和矛盾。因此，在基于这些概念的方法论模型中，人们预设某种关系存在于对有限定的理由理论渗透和对一个人的生活环境和质量的扩大影响的可能性之间。在这里，外部标准是主体生活实践的真正发展，被引入既定情境中并被相关人员挪用的理论概念需要按照他们对进程的促进程度而重新衡量。如果不能说明(宣称)对行为理由更深入的见解和更深入的生活实践之间的关系，那么相关的假设就会被现实所打败。根据我们的基本方法，这样一个概念化的**方法论发展模型**(在具体的研究背景下，我们有时将这个模型定义为“发展—心理模型”，参见，Markard，1985；Holzkamp，1990)应该取代普遍的条件模型以及不能分析人类行为和经验的各种程序。

在这样一个发展的模型中，人们应该根据不同的理论背景和某个经验分析的具体问题，差异性地定义初始问题以及该模型中提到的解决这个问题的方向。然而，在批判心理学方法中，可以发现某些由我们的基础概念产生的共同特征，这些特征通过这样或者那样的方式出现在我们不同的研究项目中。初始问题总是产生于一个莫名其妙被缩减的理由模型中，主体用这个模式，通过**直接**尝试加强她/他对局面的控制，试图解决困境或者 57
窘况，也就是说，因为缺乏对他人行动前提和理由的考虑，主体在她/他想要克服障碍的同时又制造了更多的障碍。这意味着，一方面，通过将一个人自己行动的基础看成必然的结果而“忽视”主体在其他人行动中的存在，这种主体立场在某种意义上失去了主体间性这一维度。这样一来，一个人力求直接控制其他人，导致对方被激怒，阻挠了这个人所有的计划，在这个层面上是无法被理解的。此外，这意味着人们将其他人的生活条件排除在外，根据主体的能力，从**他们**的立场出发，他们有足够恰当的理由按照他们的方式行动。因此，他们的行为可能违背我的利益的理由被“自然化”、个性化为他们个人的“恶意”“低能”“道德败坏”等，即这些词本身的消极含义。那么，掌控这种局面的唯一策略就是施加压力、试图控制或者进行排斥，使所有这些都会反过来(取决于具体的环境)，导致更错综复杂、难以理解的自我障碍。这些自我缩减的理由模型，连同支撑他们的威胁防御机制，变得可能被只要参与其中的人们所理解，再加上合作研究过程中的理论概念化，打开了一个普遍的主体立场的视角，这个视角结合了双方的立场，从而——至少在示例中——可以看见它在日常生活中的可行性。在这样一个“超越即时性”(*Unmittelbarkeitsüberschreitung*)过程以及理想情况下，人们可以理解其他人基于**他们**的前提的行为，也就是说，通过考虑导致双方(也就是“每个自己”——合理的/功能的)特定行动的具体条件，可以解决上面提到的“自然化”和个性化。这样一来，由于不同的生活环境，利益冲突可能变得可以被理解，也更有可能创造条件从而不再需要被迫去牺牲他人的利益来达到自己的利益，而相互妨碍/自我妨碍的机制也因为不再具有功能性而可以被放弃(Osterkamp，1990)。

在理论构建的层面上，这意味着对所有心理学概念的批判，在这些概念中，主体生活环境中的障碍被投射“到”他们个体本身，以至于他们“想
58 不到”要去积极抵抗这些障碍。因此，比如在普通的“自然化”结构中，归咎于一个特殊定义的“存在”，其他人行为的理由以及致使他们可被理解的生活环境，都是悬而未决的。通过这样消除主体间的可互换性，对他者的控制被理论化，也就是说，依赖和权力结构之间的关系被心理学理论认可。我曾尝试用“个性”的例子进行了这样一个功能性批判(Holzkamp，1985a)[编者注：本卷第4章]。此外，德国统一后不久，《批判心理学论坛》(1991b，vol. 27)发表了一系列文章，分析了以牺牲他人为代价的相互指责和自我自责的自我缓解功能。这样一种功能的批判需要心理学概念的发展，在这些发展中，行动的理由以及使他们功能化的具体社会环境并没有被削减，而是一种以问题为中心的方式变得可被概念化。因此，举个例子，“动机/内化的胁迫”(Holzkamp-Osterkamp，1976)这一范畴并没有像传统心理学那样，把“动机”看作一种取代行动主观理由的心理极限，而是将其视为对立的“扩张性对防御性”行动理由的体现。在与欧斯特坎普协同完成的关于种族主义和歧视的项目中，我们已经在同样的理论基础上分析了居民、社会工作者、中层管理人员以及德国红十字会难民中心管理人员之间的关系。在这些调查过程中，我们阐明了部分由社会科学“支撑”的机制：以一些“正当的理由”(从一个人实际的立场出发)为幌子，人们相互妨碍对方，以至于不能团结一致地去改变压迫性环境，从而不能使双方都过得更好(Osterkamp，1991b)。在与法尔(Fahl)、马卡德以及乌尔曼

(Ulmann)协同完成的“实践研究”项目中，除以上机制外，我们还阐述了
有限的、自我妨碍的理由模型在心理学工作中被使用和理论化的形式，同
时也分析了将他们渗透到非防御性形式的实践上的可能性（Fall &
Markard，1999）。近年来，我自己一直在尝试制定一些基本的概念和程
序，用于非具体的、理由分析学习研究[编者注：见本卷第10章和第11
章]。所有这些项目都涉及发展和实践地、经验地实现——通过批判“控制
科学”结构并否认他们隐含的固定化和具体化——这样一些理论概念，使
我们能够用以问题为中心的方式，去描述行动理由和赋予行动理由功能的
社会环境之间的中介。这也需要提炼上面所描述的超越工具化片面性的社
会关系：通过整合主体间的背景，可以想象“我”和“他人”不仅仅是相互面 59
对彼此的，而且“我也是他人眼中的别人”，所以，在一般的层面上，我对
他们做了什么也会影响到我自己。这些从科学的主体立场出发得出的理论
化结果也应该从概念和经验上，通过创造条件，让我们不再有正当理由去
妨碍自己和他人在实现生活中创造行为和愿景的可能性，从而使我们在日
常生活行为中开辟一个生活实践的视角。

4 要点缺失：变量心理学对问题内在连贯性的盲区

I

60 从某种意义上来说，每一个基本的科学概念都包含了这样或那样的概念，即在针对某一特定问题时，它是如何不同于前期存在的日常假设，以及人们是如何从日常假设层面转移到科学假设的层面的。类似的概念也存在于传统的理论心理学之中，显而易见，他们表现为排除标准的形式。尽管不完全排除待研究问题的物候界限(phenographic circumscriptions)、概念分析和普遍性的理论思考，但它们大多数被视为实际科学工作的初步准备。这开始于，问题中的条件与事件之间的实证联结的假设来源于理论推测，且在以**推理统计程序**的规则检测这一假设的研究设计中被“应用”为“如果—则—”陈述(例如，使其定义为自变量和因变量)。通俗地说只有用这种方式，才有可能对先前理论的实证可行性做出科学的判断。

理论心理学最早可追溯到布鲁默(Blumer，1956)时期的模型。布鲁默是象征互动理论派(也称为变量心理学)的主要代表之一。尽管象征互动理论主要具有实证心理学的特征，但它并不仅仅存在于此，在各种形式的研究中，这也是可能的、常见的。类似地，在某种程度上，“定性”研究可以被归类为变量心理学，因其语言和内容等方面的分析，在之后关于“变量”的定义及统计处理中，仅仅是一个中间阶段。割除了任何变量因素而靠实证实现的假设，换言之，若是在假设研究的最后阶段中或在研究目标中便

放弃了统计处理/测试过程，而导致另一套客观化和校验标准的产生，这 61
类心理学方法便不属于变量心理学的范畴。为此，心理学无论如何都应将本身从作为实证科学的心理学官方的学术自我概念中分离出来，这也在科学联系上体现出来了。所以，目前盛行的心理学(主流心理学)可以被指定为“变量心理学”。

这些原因引出了一个心理学研究的中心问题：为了假设中“被操作”和被定义为“变量”的实证的实现/测试目的，那么关于研究课题的普遍预先知识，以及它所包含的一致性假设，该如何处理呢？不削弱问题最初始说明的完整意义，比如“变量化”，相比较其原版阐述的详细内涵，是简短片面的甚至是无意义的，但这些有没有可能不是因方法论的缺点导致的呢？虽然这些原则上可以被避免，但“系统地来讲”，它其实是变量心理学在认识论上的局限所带来的结果。曾经，在这些基础问题上有过激烈的争辩[例如，波林(Boring)1945 年刊登于《心理学评论》关于“操作主义”的讨论的著名文章]。本人也曾在 1963 年的《心理学的理论与实验》中讨论过此话题。与此同时，关于基本心理学问题的其他讨论，绝大部分都半途而废了——并不是因为问题被解决了，而仅仅是因为科学界心照不宣地同意不再讨论它了。

接下来，我将强调一个特别的视角，它仍然与心理学高度相关。基于我们研究的主体科学方法，我将对这一论题进行解释并证明：由于结构的原因，变量模型是盲目的，并使我们不清楚其**一致性**，也因此无法了解研究主体领域内的**矛盾**。当谈到统计处理所要求的变量阶段时，尽管在日常预设的知识或者前期物候界限和理论的概念里，某种连贯性/矛盾可能已经被阐述甚至定义，我也要详细说明这个论题。因此，一个人对这个研究
课题的衔接结构和矛盾结构并没有深入的了解，相反，却落在日常生活中 62
已经为人所知的东西后面；这不仅没有拓宽或加深我们的知识，反而使它缩减甚至枯竭。

最初来看，心理学关于连贯性盲区的假设似乎是荒谬的，因为“变量心理学”这一标签已经表明了这点。它的实现需要连贯性假设的构想(例如

自变量与因变量之间的关系)，并依靠现代多变量技术的发展使得更多复杂的关系式模型的制定和验证切实可行。所以，我不得不证明变量模型中制定的关系式假设仅仅是抽象概论中关于数据的二级结构，这些一开始被认为是不一致的数据与最终本应该是研究中心话题的真正连贯性/矛盾几乎没有任何关系。以这种方式“缺失要点”(忽略了主旨)的结果往往显得是琐碎、不得要领和无关痛痒的。为了使我的论题更加通俗易懂，同时，为了勾勒出具体的方法论上的可选方案，我将用一个我在关于校园学习的研究中突然想到的例子来阐明我观点中的不同方面，这个例子在标题为《学习氛围：课堂话语；原因分析》(1993，pp. 425-441)的书中提及过。

Ⅱ

当我们想到学校学习时，许多人或许会回忆起这样一个奇怪的事实：人们几乎从不利用学校里可能存在的集中的且有意义的学习机会。通常，对学习对象的潜在兴趣源于对适应学校环境的微小兴趣。而学习很大程度上局限于老师的**演示**或**模拟**知识，而不是自己所获得的真知灼见。回顾往事时，人们也许会有这样的遗憾：如果我在学校时学到更多，我就会觉得现在更容易了。然而，进一步的反思表明，学校的情况在很大程度上阻碍了对主体的真正兴趣的发展。因此，忽略真正兴趣而主导演示知识这一现象不能解释为学生方面的意愿缺失，它是由教师与学生、学生与学生之间的互动，甚至是由整个学校氛围造成的。这几乎不可能去单独抵制。在我关于学习的书中，提到了许多关于自身学校经历的描述。我指的是典型的“在一片混乱和不满的氛围中的违规、羞辱、矛盾情绪、自我限制、阿谀
63 奉承、轻蔑毁谤、小窃喜和对自我暴露的永久性恐惧、小谎言、欺骗和残忍”(1993，p. 425)。这种对学校主体情境的描述已经或多或少地涉及那些直接暴露在情境中的人，在这种情况下，很难让学生和老师承担责任；问题在于，“学校”这一机构的组织、方式以及行政管理条例和要求，这些规定和要求除了使人参与这一整片阻碍和异化个体的生活利益网中，并没有

其他选择。

鉴于这种不利情况的重要性，无论是对那些立即接触到它的人，还是对整个社会来说，从概念上理解这一现象，澄清前提条件，确定克服它的可能性，似乎是明智的。相应地，传统的教育心理学和教学研究也试图以“学校氛围”或“学习氛围”的方式来经验分析这一问题。但是他们是如何进行的，并产生了什么结果，我将以德雷斯曼（Dreesmann）对“学习氛围”的主要研究方法和结果的回顾为例来回答这个问题，包括他自己的实证研究（1982，参见，Holzkamp，1993，p. 427 ff）。

德雷斯曼将“学习氛围”定义为一种“细微的描述结构”，他从学生的角度出发，组成以直接学习环境的品质特点为内容的结构（1982，p. 178）。正如他所强调的，这需要明确地区别“a. 客观的教室环境（可观察的教师行为、教室设计和教具），b. 客观环境下的个体经验（个别学生对教师行为的看法），c. 课堂的集体经验……（所有学生在很大程度上同意他们之间有一种良好的友谊）”（p. 179）。量表，不管是问卷调查还是语义差异（通常是为了这个目的特别开发的）均是用来定义学习氛围的。借此，一些研究试图通过统计项目分析手段来区别个体与集体之间在分享此类经验（实际的课堂气氛）中的不同之处，比如选择没有超过课堂内部差异的项目。

对收集的数据进行分析和解释可以分为两个步骤。首先，采用多变量程序，例如要素或聚类分析，适用于减少学生对问卷调查上关于一般维度问题的回答。研究人员根据学生的特定因素来描述解释这些维度，比如， 64
尽可能适当地使用不同的术语来区分热情不同的维度。关于维度的例子包括“对课程的积极和消极评价”“教师热情”“课堂上有发言权”“在校学习的个人或社会标准”和“鼓励直接责任”等。其他维度，总是从学生的角度出发，例如，“学生之间的关系（凝聚力和友谊），学生和老师之间（合作）的关系”和“由经验类同、可理解性、成功和努力的前景组成的来识别课堂工作的维度”。在许多研究中，“学习氛围”这一维度在第二个步骤中使整个学校条件集群中被整合为“因变量”，而影响学习氛围的条件则是“自变量”。德雷斯曼注意到“由客观教室环境、学生认知过程、课堂社交动态等构成……组织结构相互作用组成”和学生和教师的“个体特征”(Ibid.，p. 185)。另外，正如德雷斯曼所言，除了直接影响，比如整体环境(学校类型、教学法的策略、教师为中心的课程对比开放的课程、主题等)，“对学习氛围的间接影响，包括建筑特征(例如内部设计)和组织结构方面(例如教室大小)”也应该考虑在内。所有这些不同的方面都已被研究，例如通过方差分析来确定相关性和交互影响(这里不需要详细说明)。

从德雷斯曼的著作中可以清楚地看到，其中包含很多关于“学习氛围”精心策划的综合性研究。然而，尽管这些研究重在强调学习情况的所有相关方面，但几乎没有反映上述的校园难题，也不允许对日常校园生活中的连贯和矛盾关系进行更深层次的思考。那么，这该如何解释呢？这仅仅是因为具体研究过程中的不足吗？还是由那些调查背后的变量模型所导致的呢？

这个问题的答案可能在于：意识到作为理论概念的“变量性”运作原则上是为了保持其数据的可加工性和结果的可测量性的科学标准。然而，对于我们的进一步论证，基于数学概率理论的推理数据，要求在调查过程中产生的所有影响的随机变化率必须为其适用的前提。更准确地说，在这种
65 情况下，一个假设的统计评估只是合理合法的，而作为参照标准时，每个事件的随机变化是可以假设的。这种统计推断的逻辑在著名的“无效假设”模型中最明显：根据观察从集群范围内抽取的样本的差异性和相关性，我们统计测试一个经验假设(H_1)，其中包括试图驳斥无效假设(H_0)。当集群范围内的经验效应只是随机可变时，即在特征的随机方差的限定范围内时，通过设置“显著水平”，概率的程度是可预见的。例如，百分之一的统计意义意味着(粗略地说)我的研究结果有可能是偶然的，这一事件有百分之一的概率。因此(根据心理学上的一个普遍共识)，我有理由声称这是积极的研究成果。然而，这种逻辑并不仅仅是“无效假设”的基础。它也确定了更多复杂的评估模型，比如数值类和组合类的(这里不作详细阐述)。**一般的逻辑是，原则上只要有一个结果偶然发生，那说明实例远远不是偶然的**(基于公认标准)，**陈述是有意义的**。

因为变量心理学范围内的研究成果的统计可加工性是作为其科学质量的标准的，这意味着对结果的决定性影响，任何实验设计必须旨在确保数据的随机变异的可能性，即准备研究课题，使其数据可以自由分散。相应地，研究主题或从其中收集来的数据必须分散到孤立的元素中，因为只有这样，才有可能对彼此进行随机的改变。因此，为了消除数据层次上的连贯性，我们在变量心理学中开发了许多方法。“随机化”是最有效的方法，即在方差分析设计中将不同案例随机分配到不同的分析组中，或者更简单地将受试者随机分配给实验组和对照组。然而，由于在一些实验问题和许多领域研究中，随机化是不可行的，所以人们已经开发出了各种各样的替代程序或近似程序(我在这里不作解释)。如果一个人打算调查不同历史和地理群体的特殊影响，例如，在当今柏林的不同类型学校的课堂里，人们就必须从这些人群中随机抽取样本。然而，事实上，以类似的过程指令实 66
现统计程序的适用性的先决条件通常还没有出现，部分原因是有时这是非常困难的，部分原因是任意抽样和随机抽样之间的区别常常没有得到正确的理解。在任何情况下，数据以通常变量心理学的方式进行统计处理，通过消除数据之间的任何连贯性，为统计推断的适用性创造了先决条件。

这些论述应该使我们之前的假设具体化，正是**推断统计逻辑**阻止了变量心理学的连贯性被认为是**历史特定目标的特点**，却必然被视为研究者的**建构**，在数据不连贯后，研究者从外部影响数据。这不仅是在考虑因素分析时的情况，例如，对连贯性的理论解释进行回顾性分析适用于统计的“沉默”数据。即使这些连贯性假设是在实验研究假设的前提下形成的，只是被数据“证实”，它们依然是研究人员的附加组件，因为，根据心理学规则，目标的内在连贯性结构一旦被分离和随机化，其分析是不可能的，甚至是“想象的”。

从这个角度看，很明显为什么诸如上述作为主体生活体验的校园特征不存在于关于“教室氛围”的研究中。在数据层次上，作为一种独特的历史机构，主体学校体验的连贯性和矛盾性已经在问卷调查的孤立项目中消失，而作为统计可处理性的前提条件，它必须尽可能地“不连贯”。因此，在理论构建的层面上，既没有必要也没有可能形成适当的概念来描述学校真实的主观体验。所以，在学校的情境研究中引入的理论概念(凝聚力、同志友谊、合作等)同样也适用于任何情境下的任何群体。因此，例如，在卡尔·罗杰(Carl Roger)的咨询模式中，“教师温暖”也被认为是“治疗师的温暖”。诸如“经验类同”“理解”“成功的前景”“努力”等概念同样也可以用来描述任何其他学习情境，包括试图理解如何使用一台吸尘器的说明书。历史上对学校生成的明显压抑、学习者永久的自我障碍、相互贬低的
67 自负和欺骗、潜在的执拗，或对整个学习文化的忽视，都是没有空间的。这种主观现实被学校的意识形态和教育心理学的标准研究(包括对学校氛围的研究)所忽略，它仅仅是一个“私人问题”。

有人可能会反对将学校的制度特点——教师专注与开放课程、学校类型、班级规模、建筑特征等——明确纳入有关学习氛围研究的范围。然而，由于制度特征只能作为“自变量”来引入，因此，将学校的历史具体因素考虑进去，以确定课堂气氛的话，这无疑会失败。

制度特征与主观情感的关系必然被解释为一种纯粹的、偶然的因果关系，这种关系可能存在，也可能不存在。只有基于这样的认识，在可能的“无效案例”的背景下，影响学生判断的组织特征的最终结果才会有经验主义的内容。假设在特定的制度特征和学生的情感倾向之间存在一种主观意义上的连贯性(即把学校的客观结构概念化为主观学校体验的某方面)，这种可能性因研究—逻辑的原因被排除在外，由于因变量和自变量之间的语义暗示关系会将统计相关性测试的结果降格为“伪实证”的结果[关于这一点请参见，Smedslund，1979，1988；Brandtstadter，1992，1984；Holzkamp，1986；以及在《批判心理学论坛》(“*Forum Kritische Psychologie*”)杂志上的讨论，vol. 34]。例如，在学校学习遭受的潜在痛苦，而学习的真正兴趣被颠倒为仅仅假装喜欢，也只能作为一个因变量数据来输入，也就是每个被调查者在私下里所关注的。真正的制度学习关系是从学生的经历中脱离出来的，只有在可能的外部影响下才会对判断的形成产生影响。因此，在这种情况下，由于客观经验的限制和学校规章的矛盾造成的主观障碍，

甚至不能用语言来描述，更不用说经验分析了(关于“效果”和“经验”的区别，参见，Holzkamp，1986b)。

Ⅲ

我不打算在这里进一步延伸这个批评。尤其是因为经验表明，即使是最令人信服的论点都很难说服那些认为变量心理学是唯一科学研究方法的人，他们乐于反驳我们的意见：“那都很好，但是我们应该做什么呢？叙述个人经验或是以文学形式呈现材料都很难被认为是科学分析的另一种选择。”当然，只有真正的科学替代方案被证明存在，并且超越了统计模型及其固有的短板——尽管在不同的方法论基础上——允许对日常经验的科学客观化，这种保留才能被克服。在这篇论文的最后一部分，我想至少说明一下这些选择是什么样的，把我的考虑再一次地放置在课堂上，通过描述一些具体的研究设计，试图得出一些基本的结论。 68

为了避免变量模型的局限性，如上所述，必须尽可能地收集经验数据，使目标的具体历史连贯性结构不被分割为孤立的、随机的可组合数据，但依然是进一步分析的基础。为了举例说明这种方法是如何运作的，我将引用休·米汉(Mehan，1979)关于“课堂上的社会组织”(参见，Mehan，1985；Holzkamp，1993，p. 432 ff)的一项研究。值得注意的是，米汉不是一位心理学家，而是一位社会学家。为了给其“构成民族志的”分析收集数据(他所称的)，他在加利福尼亚圣迭哥郊区的一所普通小学里安装了固定摄像机。记录了九堂关于不同主题的课，这样，每个参与互动的人都可以被看见和听见。在材料分析方面，他完成了不同讨论的完整转录，其中的重点不仅仅是个体的话语，更重要的是，为了使课程进行，探索互动是如何构建的。

在米汉的分析过程中，他确定“启蒙→回应→评估”三个顺序单元为师生互动的特征：教师的建议或要求，学生的回答和教师的评估(1979，p. 37 ff)。然而，这一序列的关联性并不单取决于它在课程中出现的频率，更在于它在维持教学过程中所发挥的功能。教师作为具体历史形式上“学校”的工作人员，他有义务建立教学法相关情境里的先决条件，为了计算分数，允许评估学生的表现，这在很大程度上决定了学生进一步的学习生涯(并
69 且，也在很大程度上影响学生日后生活中的成功)。这就意味着，那些不评估学生表现的教师们，正处于或超出了官方要求的工作范围；此外，它还暗示，“启蒙→回应→评估”这三部分序列并不在学校功能情境之外发生。在这里，日常互动通常是由“启蒙→回应”两部分组成，并没有评估环节。

米汉通过区分两种根本不同的问题：“寻求信息”类问题和“已知信息”类问题，强调了在这三部分序列中学生和教师之间问答游戏的特殊意义。米汉指出第一类问题通常是在学校外的日常生活中提出的：当我想要找到一些我之前不知道的东西时，我会向别人提问。然而，在评价顺序中，教师提出一个“已知信息”类问题：在我作为一名教师的功能中，我会问学生一些我已经知道的东西；我的问题不是使自己学习，而是为了检查别人是否知道我想让她/他知道的知识，以便我能相应地给他们的答案打分。为了理解提问方式的特点，米汉建议比较以下两种问答情节。第一种情节是：A问：“丹尼斯，现在几点钟了?”B答：“两点半。”A说：“谢谢，丹尼斯。”(Mehan，1979，p. 194)。第二种情节是：A问：“丹尼斯，现在几点钟了?”B答：“两点半。”A说：“非常好，丹尼斯。”(Mehan，1979，p. 194)。第一种情节是在学校之外的日常生活中的对话。然而，第二种情节中的第三个评价部分为“非常好，丹尼斯，”如果我们想要使它有意义的话，这便自然而然地让我们想起教学背景(广泛意义上)下的互动。任何在日常生活中被认为是奇怪的，如果不太冒昧的话，在学校环境下都只是“正常”的。

正如米汉指出的，由三部分评估序列产生的学校互动的另一个深层次特点是：特殊的次序分配决定了学生发言。一般来说，在学校外的谈话中，要么是被点名的人回答，要么在更正式的情况下，发言者的名单会被
70 保留，主持人则会按有兴趣发表评论的顺序要求发言者各抒己见。然而，在教室里，是教师决定该轮到谁了，而不是学生是否举手或是否按顺序被

轮到，也不管学生有多频繁地被要求回答问题。所以，在课堂之外被认为是随心所欲的、冒昧放肆的和失礼的，在课堂上完全是正常的。因为教师必须创造条件来进行充分的评估——这种情况几乎不会让任何人感到奇怪(Mehan，1979，p. 190；另见，Holzkamp，1993，pp. 463-464)。

根据我们的基础主体科学概念，将个体与世界关系概念化时，它并不是因果关系，而是意图—动机关系(比如，参见，Holzkamp，1983，chap. 8；1993，特别是 chap. 1)，米汉所概述的从制度上完成的互动结构将被认为是学校具体意义集群，这是学生行动理由的前提条件。这样，**主观理由模型**可以从学校具体形式的互动中被提取出来描述学生和教师如何根据自身利益处理情况及学习，以及如何在可能出现约束和矛盾的学校严格的教育意义结构下行动。因此，在我关于学习(1993)的书中，我曾尝试对作为历史上不同意义结构的学校制度管理条件进行广泛分析，来阐述这种主观理由模型。

在处理这个问题时，我提出以教师已知信息类问题为主导的问—答—评价顺序，即根据理由逻辑，鉴于前提的陈述，从学生的角度出发，“教师”(作为一种功能性媒介)的角色才参与进来：

> ……我对我的回答并不是真的感兴趣，因为充其量我只能告诉他们本身已知的。从学生的角度出发，教师的兴趣仅限于我向教师展示他们已经具备的知识，但还需要对我的表现进行评价。因此，我通常不会得到关于这个主题的任何反馈，而只是被告知我是“正确的”还是“错误的”。这同时也暗示我并不一定要对这个主题感兴趣。然而，在这些行为的前提下(符合我掌握情况的兴趣)，把我的答案定位为教师们**认为**是“正确的”，这是明智的，即他们想听什么，或者什么内容会使他们满意。因此，在这些前提下，只要学习足够符合教师对演示性回答的期待，这就是合乎情理的，如果我能通过简单的知识来满足教师的期待，学习也就变得多余了。(Holzkamp，1993，p. 465) 71

以同样的方式，我试着去审视学校特有的“次序分配”，因为它的内在逻辑迫使我(作为一个学生)不断地被要求回答，不管我是否举起了手。在此背景下，我已经讨论了一个矛盾，即我作为一个学生对学习目标产生兴趣，并想要更详细地研究它，我“不可避免地少关注正在进行的课程”(1993，p. 477)。因此，正是因为我已经开始学习一些东西，所以我不能展示出“次序分配”的实践所要求的心理在场了。

> 我是“不专心的”，教师通过引起我对某个特定问题的兴趣激发了她/他的注意。因此，当教师在次序分配过程中向我提问，我或许无法回答。我没有“集中注意力”(因为教师必须从她/他的角度出发)。或许，我没有紧跟课堂，而是往窗外看了一会，陷入了沉思，教师察觉到了(这就是为什么我被“挑出来”)。因此，我受到教师的训诫，老师记录下来了，或者(如果我反复地“不专心”)，老师便会将此记载在课堂日志之中。如果我真诚地回答：“对不起，我只是还在思考刚刚课堂上讨论过的知识；我可以告诉您我现在的疑惑吗?”班级很有可能会把它看作一个不受欢迎的“笑话”，而在普通课程的框架内，教师只会把它看成“厚脸皮的”“放肆无礼的”等，并要求我再来一次，甚至更严厉。校外活动最初互动讨论的东西使双方了解的东西，在课堂上实际上是“不可能的”，因为它客观上是不符合课程要求的行为(Holzkamp，1993，p. 477 ff)。

在这些逻辑解释的基础上，“典型的理由模型”将被制定并呈现给学生，他们同时被要求将自己纳入这些模式，并找出与他们自己的学校经历相对应的程度。在这种情况下，我们对积极的自我包容的频率不感兴趣，但使用(如“分析归纳”)补充或反对的陈述来修改和发展典型的理由模型。72 那么中心任务则是，从学校的制度意义结构和相关理由模型的区分出发，阐述不同提取前提方法的一致性。这意味着一个问题，根据关键偏差的证据，人们仍然可以讨论一个理由模型的简单修改是因为具体的学校类型，还是当地特质或历史变化，我们必须假定根本意义上不同的制度意义机构，这样才有不同的推理模式。

有些读者可能会反对，所有这些都可以很容易地用频次来表达，然后再进行统计分析。这当然是正确的——除了这些论点仍然正好在变量心理学的思维方式中，我试图解释它的问题性质。人们确实可以解释学校教育再生产与“已知信息类问题”盛行之间的关系，米汉将其分析为一个经验或偶然的“如果—则”关系，在此基础上，形成了一个假设，即“已知信息问题”在课堂上比在课外的师生交流中发生得更频繁。考虑到变量心理学，如果这一假设能得到统计的证实，那么一切都会好起来的。然而，我们认为，学校教育的再生产、分数要求和已知信息类问题盛行之间的关系不是偶然的，而是逻辑上牵连的。在既定的制度框架内教学是根据评分标准来**定义**的，对于教师来说，这意味着必须使用已知信息类问题才能从学生那里获取可分级的评价。因此，从斯梅德隆德的意义上来说，这种所谓的实证研究的结果实际上是“伪经验”的。然而，更重要的是，在我们看来，教师们(很少)寻求信息类问题不应该被忽视为统计上无关紧要的“例外”，每一个问题都必须加以解释。更确切地说，在每个实例中，我们必须详细说明(如上所述的自我包容过程中)具体的前提，在此前提下，教师们尽管在课堂上有一般的评分标准，但也有理由提出寻求信息类的问题。虽然这里的变量心理学模型也不可以超越外部关系的陈述，我们的理由分析方法可以通过分析每一个“例外”，更深入地分析历史上具体课堂情景下的意义/理由结构，从而使其得以发展。

但是，如果我们的“假设”不能被证实，或者在一个特定的教学集群 73
中，甚至连一个已知信息类问题都不会被问到，那又意味着什么呢？这难道不意味着我们的假设和它背后的理论被现实推翻了吗？一点也不，因为隐含的结构化陈述通常不是经验上的反驳。然而，尽管把它放在哈贝马斯(Habermas)的术语中，也并不会质疑我们理论具有有效性，它只会否定它在特殊情况下的适用性。换句话说，具体的教室环境显然并不是推理关系应用的一个合适的例子，因为我们在这个案例中将其概念化了。即便如此，这样的结论也不能结束更深层次的问题，相反地，这将是一系列更深层次问题的开始。我们不能满足于仅仅放弃“未确认”的理论，而是必须找出教师在这种具体情况下，在她/他的职责范围内，是如何合理地不提出“已知信息类”问题的。例如，这不是典型的教学情境吗？教师是否制定了替代策略来寻找评分标准，从而不需要提出已知信息类问题？教室的变化或许是由于教学制度结构的变化越出了我们的注意范围？这些问题不能仅仅以推测的方式来回答(例如，变量心理学标准博弈游戏中)，而是必须在自我包容过程中具体化和澄清，并可能进行进一步的制度意义结构的分析等。最后，如上所讨论，这可能导致相关的理由模型的概念性浓缩，或者使他们进一步分化成不同的类型。

在这里，没有空间更详细地解释实际经验的课堂分析，我们面临着相当大的困难，并正在我们的项目“主体—科学教学研究”的方法论概念的基础上进行测试。然而，即使这个简短的大纲可能已经表明，学校里令人厌烦的和使人沮丧的情景，以及其典型的自我阻碍，比如简单的“演示性”学习，各种欺骗和自我欺骗，对学习需求的逃避行为和被忽略的学习文化，在这种方法中，不像在变量心理学中一样，“科学地”被显示出来，并否定
74 了它们的具体含义。因此，事实上，可以看到，在这种方式下，更多高级的见解可能被纳入主体学习体验的矛盾结构中，学校历史上特定的制度特征与从私人偶然性中解放出来的个体经验之间的内在连贯性，使得科学分析的普遍化得以实现。

我们从主体的立场出发，发现建立在认识论观点上的这些概念与传统心理学方法论自我概念的所有关键点都有区别，因此，对许多同事而言，这是可疑的，起码是奇怪的：不是偶然的、经验的“如果—则”语句，而是隐含理由结构；不是频率的泛化，而是结构的泛化；不是统计测试，而是发展或区分典型的理由模型等(更多细节，参见，Holzkamp，1983，chap. 9 或 Markard，1991)。尽管我们目前不同的经验研究项目(例如，学习、种族主义/歧视和心理实践等)都已经发表了各种论文，但关于这些工作全面的结论报告却尚未提交，这一事实无疑加剧了沟通问题。因此，本

文的目的是为了加强信念，正视所有这些不确定性。尽管如果我们不想继续避开真正的问题而忽略其历史上特定的连贯一致性/矛盾结果，我们也将不得不绕开变量心理学这条死胡同，致力发展这样一门主体科学方法，或许是一个有价值的选择。

第二部分

心理学概念的功能性分析

5 人格：概念的功能性分析

在这篇文章里，我不讨论特定的人格理论，而更多的是去讨论一个更 77
普遍的问题，人格概念在心理学中所起到的作用，即当我们使用人格概念时，它隐含了哪些利益；因此，它也同时存在于与这个概念相关的理论中，以及基于它的经验假设和结果中。用这种方式提出的问题，如果我们认真对待，就会对心理学研究和实践中科学处理人格问题产生重大影响。

排斥作为日常人格概念的功能

就像所有的科学概念一样，心理学概念(不管经过何种社会性的沉思)都可以被看作日常概念的转换。他们与日常生活关注程度的不同，源于这些转换的特性。这也表明，在特定的语境下，一个概念是具体“科学”品质的组成部分。因此，作为对更有差异的关注点的一般概述，从日常生活中“人格”“人”和“个体”(我这里没有进一步区分)等术语的物候概述开始，似乎是合理的。

无论何时，当一个人用特定的特征、品质、弱点等来定义一个“人格”或“人”时，主体间的交流水平就会有倾向性地越界，他们行为背后的某些“本质”就会被具体化，这被认为是他们内在的同质性和时间一致性所致。在社会认知的心理学领域，感知或判断的“日常理论”倾向以不同的方式
“科学”地呈现出来(例如，在一致性、归因、印象形成、社会分类、刻板 78
印象等方面的理论)。当这些判断在处理日常问题时可能起到的作用被提

及时，人们通过标准化、简单化和还原反应来“**节约**”输入信息对社会领域的**促进作用**的效果通常是重点，然而，每个日常的先入之见肯定只能被部分地解释。

尽管如此，以这种方式构想的“节约”在日常观点中也不那么明显，它是在现实的层面上被**包围**的，是一个人的世界(和自我)关系的**贫乏**——也就是说，某种程度上是失去了现实的。因此，促进的方向可能只是一个迷失的表面情境效应，与更全面的以及不那么直接的社会现实特征相关。如果一个人明确地解释了这种“人格”假设正在被使用的**主体间关系**，那么这意味着什么呢？例如，如果有人对我说：“你做这样那样是因为你如此这般”(比如，嫉妒、不可靠、脾气好)，这说明他们不仅仅隔绝与我情况相关的更进一步的信息，更重要的是，这让我知道他们对我的进一步行为举止的原因、解释或理由都不感兴趣，因为他们已经知道我“是”谁了。与此同时，在**人格假设**方面，其他人会在很大程度上剥夺我以交流—辩论的形式回答问题的**可能性**，因为我所能说的一切都已经被其他人对我“存在”的假设知识预判了。所以，我倾向于回避那些我必须处理人格具体化的情况——比如退出争斗，以其人之道还治其人之身(你不可以就这样算了，你能吗?)，或者变得公然地咄咄逼人。因此，很明显，日常人格概念的一项可能的功能是，**通过限制他人对其生活条件的影响及这种尝试所引发的反对来故意运行权利，打断(至少暂时地)这种冲突领域主体间的理解过**程。当假设是“积极的”或“奉承的”时候，人格假设的这个功能甚至是可以被解释的，并且，当他们不提及他人(作为“自我概念”)，但是以此来讨论自己(我没有能力在这里进行进一步讨论)。

79 为了更准确地理解人格概念日常理论内的利益集群——只要他们因此**控制他人**(或自己)——我们必须意识到，在每个特定情况下的行为/反应的术语、模式和模型并不是由其所涉及的人或事具体创造的，而**总是由日常语言和实践中的传统模式和技巧“提供”**。因此，以“当需要时”的方式处理冲突时，这种意识形态表明，个体生活在**社会典型矛盾集群**的具体表现形式中，这样，这些集群中出现的利益矛盾也必须被当作**社会矛盾的人际**

表现来分析。在这种分析过程中，这些利益矛盾将变得明显——尽管曾经被各种方式调停——资本家的剥削利益和个人主观的生活利益之间的社会核心对抗是如何影响的，其特点形式是以他人为代价的生活（我的优势就是你的劣势，反之亦然），即使是最亲密的人际关系，也会通过相互控制的趋势来反过来破坏和减少主体间生活形式。此外，这还需要详细地说明，通过人格假设，个体是如何以一种个人化的方式让彼此之间依然保持稳固关系，这使我们无法意识到他们因此正盲目制造社会矛盾的现实，并无法在情感上或行动上意识到他们在这种情况下的共同参与以及克服他们的兴趣。从这个角度看，主体间的经验和沟通的减少使实体化的一些个人“品质”（甚至是共同的行为方式）被统治利益整合，因为在剥削方面，控制人的原则并不因其社会前提和克服它的可能性遭受质疑，而是彼此相互适用。

为了使这种连贯性的假设（在这个简短的提纲中似乎相当“突然地”被引入）更有说服力，我们应该意识到，在日常生活中，我专门讨论的个人人格假设从来都不是以“纯粹”的形式出现的，而是在平滑的过渡中，或多或少是那些以某种方式从社会层面定义的个人群体的“应用案例”。男人“是……”，你作为一个男人“是……”，（现在的）青年“是……”，你作为一个青年“是……”等。在这里，通过否定经验而导致的主体间理解过程的终止，就像对人格假设的不可逆的影响一样，变得更加清晰。人们相信一套完整“类型”的人中的个人“存在”是通过我来体现的，并将我包含在那个群 80
体中，那么，我能不能反对这个确定性呢？

然而，这也显示了通过个人“存在”假设的与特定个体主体间交流/经验积累的终止，是如何与在主体间交流和理解的过程中全面参与的整个社会群体的排斥交织在一起的。这种排斥的类型和严格程度取决于具体的社会矛盾集群——通过实体化犹太人或土耳其人或共产党人，“是”像这样或那样。所谓的先验知识使得这种情况下共同的主体间的交流/理解都显得多余了。这也要求与排他群体仍然保持交流和经验积累的个人/团体必须承担被边缘化的风险，因为至少他们会含蓄地质疑那些假设的先验知识。

在这样的团体集群中隐含在人格假设的社会矛盾的个性化和自然化，像上面所提到的，甚至可能变得更容易辨认，即作为社会压制和劣势等反转为“自然的”人性差异。

主流心理学人格概念对知识的限制

那么，现代主流心理学中的人格概念的“科学化”与其日常使用(这里不考虑各种边界)的区别又在哪呢？它是如何涉及在此情境下阐述，例如人格变量、人格结构、人格测试和人格量表等结构的呢？他们的诊断和实验心理学的相互联系，以及此后我们的功能—批判的目的是什么呢？“科学化”的目的(就全球来说)是在概念上和方法论上将个人“存在”的日常假设进行更高的编纂。例如，假设通过分析人格变量的“因素结构”，可以以一种更有差异的方式来确定和评估个人的“统一”的特质。这种变量的时间一致性，尤其是实质性质量和重要性，被认为超越了日常信仰的水平，并
81 被科学地控制(通过统计可靠性测试和验证，或诸如此类)；假设是这样的，个体在特定的人格变量和结构上的不同程度和形式均可以被精确地测量(例如，通过校准和标准化的人格测试或人格量表)。

对我来说，这种(众所周知的)关于科学化努力的本质有力地表明，日常“人格”假设所描述的功能性目的和他们所隐含的利益既没有被反映也没有被分析，相反地，它们在术语和统计的规定和测试活动中毫无疑问是被假定的。因此，在这方面，不存在科学化。取而代之的是，人格特质的日常功能和他们所服务的利益被盲目地以“前科学的”方式重现。如果这篇文章是正确的，那么在日常人格假设中所描述的相互矛盾的利益关系也应该在关于人格的“主流心理学”的各种定理和程序中得到解释。

如果在这一方面，我们更加精确地阐述了传统“人格”概念在诊断的和临床的(在更广泛的意义上)引用和应用，最终可以肯定的是，通过实体化某种“存在”——我们在日常人格假设中强调了一种可能性——这种关于人际控制和减少经验的趋势，不仅在这里没有被质疑，而且甚至被片面地证

实了。任何参与了人格诊断标准程序的人，不管是诊断专家还是测试对象，或多或少地清楚关于他们“人格”的预期知识——通过前后的诊断来“科学地”证实，其目的在于“预测”他们未来的成就、行为方式、甚至生活——为了控制主体，主体间的理解过程被暂停了。

因此，一方面，由心理学家做出的“诊断发现”与其测试对象的“不可替代”相关，这个在上文中我们解释为任何人格假设的影响，在这些所谓科学性品质的印象里，对主体的近乎无防备和无能为力加强了。他们所能提出、回答或质疑的任何事物的相关性和意义，都是由他们无法接触到的诊断前知识所预先确定的。另一方面，被诊断程序束缚的诊断专家，无法不受限制地承认和尊重测试对象，就像其他测试对象一样，因为他们有自己特殊生活方式。在这种交流中获得的经验与他们“诊断的”假设是不兼容的，而且，这将迫使他们对整个诊断集群提出质疑。潜在威胁（我会发现 82
他们/他们会找到我）和对其结果的无应对能力之间的紧张关系是心理学诊断程序中特有的尴尬结构，同时，也要对心理学家的众所周知的各种不合理的理由和（有充分证据的）他们在公众场合经常遇见的不信任感，或多或少地影响甚至颠覆了所有心理学家之间的社会关系（一起进退）。

我认为在这里没有必要进一步说明“人格”本质与统治阶级剥削利益的日常关系是如何在心理学诊断中体现和强化的，因为这是显而易见的。然而，我们需要拿出更多证明去说服他人，在这种情况下，日常“人格”假设（同样强化的）固有的现实性缺失，这也在人格诊断中重现，这是对知识的限制和意在科学化的领域中缺乏精确科学性的倾向。既然本文没有空间来演示此类分析，我将仅仅指出事实上（最后，几乎没有人会认真地否认这一点），在心理诊断学中，对于其研究结果的有效性和相关性来说，没有任何一种自我确立的统计标准，甚至都不可能接近（因此，对实证调查结果的解释只比现在已经仪式化的内容——借口和替代解释）。然而，正如我们可以从上述内容得出的结论，主体间理解/获得经验的过程是被打断的，因此，那些参与和志在明确可能性和限制以改善他们生活质量发展的合作，被故意限制在一些基于“假定证据”的模糊诊断的判断上了，这并不让人惊讶。

鉴于这种情况，仅存在一点点科学性（或者至少不被辨认），为什么人格诊断的标准概念和程序不是简单地被放弃了，而是得到了进一步地发展、完善和定型了呢？如果不回避这个问题，也应该有可能得出这样的结论：利益并不在于获取科学知识（至少在一开始就不是如此）。相反，在我看来，我们有充分的理由认为，个人群体中的社会特权、劣势和边缘化的个人化和个性化的统治利益在这里（在心理学家的背后）变得普遍，而科学的构成主要是为了使这些利益合法化并掩饰利益。

83 更复杂的是，我们不仅要试图分析诊断方法是如何引用并利用盛行的人格概念，而且还应去尝试推断出以实验心理学的方式引用及利用的人格概念所隐含的利益集群。虽然在心理学（诊断或临床）实践中，具有社会利益的集群和矛盾的中介作用相当明显，但在“基础的”实验研究中，首先必须把它阐述清楚。此外，从批判心理学的角度出发，对实验心理学中人格概念的批判必须作为我们对“变量心理学的”方法和手段普遍批判的规范。既然这个缩略的大纲不允许我进一步地分析这些复杂因素，至少在某种程度上，我将以一种“似乎”的态度，在实验统计条件的分析基础上，即在这个框架内，论证（附加的）知识限制起因于“人格—心理学的”概念和程序的使用。如果一个人更详细地研究这种分析方法，那么他从一开始就会困惑：主流实验心理学中用于诱发人格变量（如果不是相同的）的测试或量表主要由类似统计程序的使用而构建，这些程序在构建人格诊断的“测试”和“量表”中被普遍采用。因此，由于对日常人格假设基础上所隐含的“科学化”的怀疑可能是合理的，所以，同样在实验心理学研究的背景下，人格特质和他们的知识限制将不会被作为潜在的兴趣被科学地分析，而是以一种“前科学”的方式被盲目地复制。

为了证实这个怀疑，它可能还有助于使人认识到，除此之外，在实验研究中引进人格变量的战略意义通常有：使深层次的“自变量”或者调节变量为了“解释方差”成为实验条件的附加，即使不是那些“自变量”引起了实验的整体问题。（“内向者”或“外向者”、“极度焦虑”或“轻度焦虑”等在这方面或那方面的行为会不同吗?)然而，通过引入没有被实验证明的变量，严格地说，在标准实验假设的条件下是无法被解释的，人们已经含蓄地放弃了严格实验研究的条件分析。“人格特征”，本身就强烈需要概念上的和经验上的解释，在这里作为一种“最终的”解释基础而被假设实体化：通过 84
在测试或量表的构建中模糊地投射特定项目库的描述，发现(或者自己想出)人格变量的名称，投射回到测试对象，作为他们特殊的个人决定。这样，在“人格”命名法和实际实验变量的定义之间仅仅是语言学含义上的联系(任何时候可证明的)，都是通过实验测试的条件关系而被传递的。因此，在日常的人格假设中隐含的经验限制可以在实验研究中被指定为(附加)“人格变量”的限制。

现在为了进一步探讨这种实验心理学集群中对知识限制的利益是如何被识别的，我们必须首先意识到，忽视主体间的理解和获得经验的过程并不能(像人格诊断那样)直接影响个人的利益，而是与“科学”的话语相一致，在理论—方法论的安排中，系统地阻碍了主体间的理解和获得经验的层次变得明显。人格本质在心理学实验中只允许人格相关的理论解释，其中这些个体不能被认为是决定他们生活条件的主体—主动贡献的本源，而仅仅作为一些不变的个人“本体论决定”的载体，据称允许从外部控制的角度对其进一步的行动进行“预测”。在这种情况下，个体的“本体论决定”被看作“内在的”还是由个体社会化的先前过程所导致的，在很大程度上是无关紧要的；无论哪种方式，个体能动性的主体/主体间性方面仍然被排除在外，而倾向于一些实体化的人格“结构”或“恒定性”。

然而，为了进一步阐明这些知识限制下的隐含利益关系，研究的焦点必须扩展到实验主流心理学的整个变量模型，从一开始，它就排除了任何与个体来往的方式，而不是将他们简化为“人格变量”的“载体”。这包括说明在什么意义上，对“人格变量”的依赖可以被视为“条件下的”个体在“变量心理学的”意识形态下的特殊案例，研究主体仅仅被片面地认为是在条件下生活，而不是他们生活中社会条件的创造者和塑造者，即生存和发展
的可能潜力。这些会变得越来越明显，正是这种片面性，倾向于需要基本 85

主流心理学的研究和统治利益的一致性，使资本主义的生产关系中所产生的统治利益表现为自然的和“永恒的”，即从本质上说，这些是从自我测定的主体的影响中抽象出来的(参见：Holzkamp，1983，在这里更详细地分析了这一点)。

结论

那么，对于“真正的”人格研究中人格概念(我想在这里表明其具体的特征和问题路线)的这种“元理论”功能性批判，能得出什么结论呢？当然，不要否认“人格”的任何独特的现实，即把它融进与利益相关的观点和判断的人格话语中，因为任何感知和判断都暗示着一种独立的“东西”，即被看见或被评判的东西。然而，同样不可接受的是，继续用非反思的方式(无论是出自马克思主义理论，还是其他任何)将个体的人格结构“作为某种本体论决定”。如果有人相信“人格”是一种社会的/社会关系的概念，这种概念必然意味着人际关系的意识形态的利益集群，那么这个事实就必须在任何科学的人格理论中被明确地认为是一个决定性的环节。

然而，这并不是说，为了控制他人而对主体间的理解或获得经验的限制，仅仅通过反思就可以被废除。如果它是正确的，那么，在我们当前的社会条件下，由于个体生活利益与统治阶级剥削利益的矛盾交织，人们自己的生存繁衍和发展总是“不知何故地”需要以牺牲他人为代价。于是人们既不能在日常关系中，也不能在他们的科学分析中，简单地摆脱人格定义方面“去主观化”的控制。但是，很有可能(而且，不可避免地，以一种真正的科学方法)在人格研究中和包含概念化历史的—具体的社会条件一样，也需要通过相互的“人格”假设，并只能通过制约他人的主观性来确保自己的生存。这实际上反过来阐述了(对每个相关问题)共同创造(无论多么缓慢)条件的真正可能性，没有必要以牺牲他人来生活，这里需要引用社会
86 关系的综合历史观点“每一个人自由发展是一切人自由发展的条件”(Marx & Engels，1985，p. 105)。

只有在这样一个关于统治阶级剥削利益与普通生活利益两极之间的人格概念功能的特定理论—实证分析过程中，我们才能够进一步澄清疑问，这个概念可能不仅仅是批判研究的对象，而是为本身获取一个基本的科学概念的范畴资质。这样，我就可以透过这种普通的人格本质，深入了解我在社会关系中存在的独特性和生存的尊严，同时也能使我大体上理解我的生活对他人和社会的特殊和准确的意义。然而，只有当所谓科学概念中普遍的日常人格本质的“双重性”被克服时，我们才会更接近这种人格概念——这意味着，到目前为止，在传统心理学以及马克思主义相关的研究中，“人格”在很大程度上仍是一个未解之题。

6 实践：概念的功能性分析

解决问题：心理学实践概念与其他学科和
87 传统中实践概念之间的关系

理论与实践关系的讨论不仅在心理学领域，也体现在许多学术领域。例如，在社会科学领域，关于“应用问题”的争论一直存在。这涉及如何实现科学理论的问题，例如，在教育的、社会的、行政的或政治的项目上，必须如何构建和制定理论才能允许这些项目的实现，如何科学地指导和支持这些项目的实现，最后该如何判断和“评估”这些项目的结果。

当人们特别关注心理学中的理论—实践的讨论时，人们在这里指出的问题充其量只是一个边缘问题(例如，在当前关于“应用社会心理学”的讨论中)。在心理学中，理论—实践关系的本质矛盾——一方面是有恶意的，但另一方面，几乎没有公开地辩论——显然必须以另外一种方式来表述。那么问题出在哪？我将试图通过逐渐排除那些显然不是问题的问题，从实践上采取否定的方法来处理这个问题。

实践的人文—哲学概念

在人文科学和哲学的概念框架内，当开展关于“理论”和“实践”的辩论时，首先讨论的是“理论”作为感知或知识与“实践”作为正确和合理的(即

“道德”)行为之间的关系。在这个意义上，康德对比了其两本著作：《纯粹 88
理性批判》与《实践理性批判》。而如今，把过去被称之为伦理学或道德哲学的东西称为实用哲学，已经是很常见的了。这样的对比也影响了现代社会科学，因此，在批评理论(例如，哈贝马斯)的范畴中，理论背景下实证的“事实”和从合理的道德行为出发的实践“正确性”之间有一个区别(关于这点，参见，Miller，1986)。当人们在与理论的关系中谈论心理实践，是否也有类似的含义呢？这个问题不像第一次出现时那么容易回答。目前，我们只能注意到，在当代心理实践的自我概念中，没有明确地提到道德或伦理；这类问题既没有被提出也没有被讨论。

实践的马克思主义概念

然而，目前还有另外一种理解“实践”的历史传统——尽管同样来源于古典哲学——是由马克思和马克思主义明确，并以各种各样的形式讨论的。基本上，这种对实践的理解已经在马克思的《关于费尔巴哈的提纲》第一条中被概念化了：“从前的一切唯物主义的主要缺点……是对对象、现实、感性，只是从客体的或者直观的形式去理解，而不是把他们当作人的感性活动，当作实践去理解，不是从主体方面去理解。”因此，“‘革命的’、‘实践批判的’活动的意义”是不能被理解的(1976，p. 3)。在进一步的马克思主义辩论中，这个概念被延伸了，“实践”或多或少地包括了客观现实物质变化的总过程，这在历史上被称为资产阶级社会无产阶级的革命实践。在这种对实践坚定的政治理解中，每一个个体的生活实践，一方面，也被包含其中；另一方面，它的具体形式和矛盾从一开始就与整个社会实践相互联系。在《关于费尔巴哈的提纲》中，马克思的著名格言强调了这种实践与理论的关系：“哲学家们只是用不同的方式解释世界，而问题在于改变世界”(Ibid.)。

实践的制度定位和课程定位

那么，这种对实践的理解是否有助于更加准确地界定心理学中目前关于理论—实践辩论的特殊性呢？面对这个问题时，人们不禁会想，一方面，这样的提法显然会被远远地“排除”，我们在这里处理的是更小的问题。
89 不过，另一方面，人们也许不能说，当代心理学对实践的理解与它无关。然而，想要达到这样的理解，人们就必须大大降低对这个明确的政治概念的看法。当然，“解释”与“改变”之间的对比在当前理论与实践的敌对中是被隐含着的；甚至它的政治参考也没有完全消失，因为这里的“实践”必然与社会现实、制度压力等之下的积极干预有关。然而，在社会变革的“革命”实践中，这些只剩下一点点广泛的“批判性”意义。人们可能很容易地认同，心理实践并不主要地被理解为一种集体的行动，而是作为特定个体实践者的实践。因此，它的“批判性”功能可能仍然在制度可能性的范围内做出了改革的努力，但也有可能在不废除对实践的心理学理解的情况下被忽略。

但是，当代心理学实践的概念是否正确地被界定为在社会制度等(与仅仅是“理论”解释相反)范围内的“变革行动”？即使是一瞥，也能看出这个定义还是太宽泛了。因此，比如那些旨在改变大学作为社会机构的行动，将很难被接受为心理“实践”，就像大学之外的授课(比如在社区学院里)并不会真正成为实践，无论是在大学校内还是校外，任何公共场所都是如此。继续这个定义游戏，人们很快就认识到，心理学实践和理论显然位于不同的地方。理论是大学里发生的事情，而实践是非大学的专业活动。例如，咨询客户无疑是一种实践，而建议学生则是理论的衍生品。然而，正如前面提到的，并不是每一个非大学的职业活动都被认为是实践，它必须进一步说明：只有临床治疗和诊断活动是明确的实践。其他类型的职业活动从他们与这些核心领域或多或少的亲密关系中获得了他们的“实践”特征。从这里我们可以逆向地相对化处理大学内部或外部的定位：“理论”明确地且专门地发生在基础科学中，即基础课程中；实践进入大学，主要课程是培养学生进行临床和诊断工作。然而，这种“实践相关的”培训 90
与真正真实的实践相比，仍然仅仅被认为是一项有点不可靠的初步形式，例如校外(这里的“机构”是广泛定义的)不同机构的临床诊断工作等；即使是自己创建的“机构”，如个人咨询室或各种“替代”项目，提供了临床诊断，就算是“真正的”实践。

在不断缩小传统哲学和社会科学实践概念的过程中，为了明确限制其对当代心理学的理解，尽管其中的一些仍然保留了下来，实践的本意却已经被冲淡、被削弱到一定程度，以至于人们可以提出是否这一概念在心理学中是必要的这样的问题。如果从一开始，我们就把这个术语定义为心理学实践的特殊形式，即用“临床诊断工作”代替“实践”，会不会更加清楚且减少误导呢？然而，这些尝试很快就会表明，在术语层面上达成这样的协议，将在很大程度上忽略当代理论实践争议的要点。如果没有实践的概念，显然不能充分地说明问题是什么。又或者，反过来说：只有当临床诊断工作视自己为“实践”的时候，它才会与作为科学心理学的“理论”相对立，它所有的内在矛盾和相互的不满才能由双方体验和表达。

实践的日常理解

更确切地说，除了从哲学和社会科学方面缩小实践的概念，我们还需要强调另外一个参照，即心理学对实践的理解与日常生活中如何理解和使用“实践”之间的联系(这里不考虑日常理解与上文所述的这个概念的“官方”历史的关系)。在日常生活中，“实践”并不仅仅是旨在改变的行为举止，而是“做可行的事”“正常上班”“办正经事”，也是“干脏活”“经受住考验”和“做出让步”的过程等。从这些内涵来看，它的反义词“理论”必然会得到(至少是暗含地)一个这样意义的语境，比如谈论、做出不切实际的判 91
断、仅仅充当理论派、做任何不切实际的工作、维护不现实的标准、“安然摆脱伤害的方式”“撷取精华”等。[这当然使人联想到那些从事体力劳动的人的骄傲，他们愿意冒险，他们拥有男子汉气概，包括他们对娘娘腔般懦夫“宅男”的鄙视。1977 年，保罗·威利斯(Paul Willis)在他的“小伙伴”中发现了这一问题，而这似乎也普遍地表现出某些民众的态度]相应地，在部分“理论”或“理论家”的观点中可以找到不满的情绪。因此，心理学的实践经常被认为仅仅是“笨拙的修补”，与科学毫无关系，于是在大学里也无一席之地；实践者表现为不会思考的“实干家”，采用没有把握的方法在学生和客户方面获得成功，依赖于个人的说服而不是严格的方法标准等。从此，在学术课程中实践的训练相当于一种外来的元素，应该尽可能地限制或移交给大学之外的机构(例如，德国心理学会为学术改革提出的相关建议)。在基础课程中，学生为心理学实践可以且应该做好准备的需求被拒绝了，或者至少被理论学家的“科学”派别影响了(结果是，至少有一些临床诊断活动的临时理论准备工作要在主要研究中尝试，因此实际任务的时间几乎减少了一半)。在一些院校中，基础课程和主修课程的代表们之间的分歧如此之大，以至于连他们之间的人际关系也基本上暂停了。

只有当人们开始意识到这就是现今理论—实践争议的范围时，人们才会察觉这些普遍的怨恨，他们的紧张，相互之间的讽刺、怀疑，而且最重要的是(至少，表面上就目前而言)，无法激辩地阐明不同的立场，使问题变得清晰可见。明显地，这不仅包括有关理论和实践的不严密的解释，可以通过更加严密的区分和定义来修正他们之间的关系，但在其背后有“某种原因”，例如，存在明显的、特别的利益冲突，这种冲突目前在理论—实践的敌对中被证明和隐藏。换句话说，如果人们想要掌握心理学中的理论—实践问题，那么他就必须在个体(社会中介的)利益的情境下，探究这里对比假设的功能，并且，一方面理解“实践”，另一方面理解“理论”，这显然证明了这一区别。

传统概念和替代概念中科学性和实用性的矛盾

简单地看一下心理学历史上对理论—实践的认识发展，可能有助于了解这个功能性问题。

理论心理学作为一门自然科学的自我认识中存在的防御性矛盾与“断裂” 92

正如人们普遍认为的那样，现代主流心理学从实用主义—行为主义的转变中开始。在这个转变过程中，心理学研究将自己确定为“实验科学”，“实验室”则被定型为“真实”精确的研究场所，同时伴随着测试统计、心理测验学、量表结构、实验设计等系统性的发展，所有其他的方法都必须被测量。心理学声称自己是一门“自然科学”，但无论如何，只凭它的研究对象，这都是不合理的；相反，它是建立在借用真正的自然科学基础之上的二级论证模式，这种挪用来的威望掩饰了心理学在科学体系中说明自身的主题和位置时的各种矛盾。这也解释了一种刻板教条方法的发展过程，这种方法已经越过对特定内容的学科知识兴趣而占支配地位，在某种程度上，人们甚至偶尔试图从这个教条中获取心理学的认同，而不是从一个可辨识的具体的研究对象中获取。这一过程的特点是，它取决于每一个先前的“借用”的疑难和矛盾，且替代科学的交换常常与经济趋势相适应。因此，例如，传统的刺激—反应心理学主要是靠借鉴生理学发展而来的，统计方法则从描述性生物学(Fisher，1935)中借鉴，而现代“认知转向”通过采用信息学和计算机科学的语言在方法上做出相应的变化来创建。同时，人们必须认识到“自然科学”的定位并不是“字面意义上”的，在心理学的应用上是被“隐喻的”。在这个意义上，人们曾经把赫尔(Hull)的学习理论“系统”说成“生理学神话”，例如，当今用计算机语言表达心理问题的趋势恰好被称为“计算机隐喻”。这并不是要否认心理学在其历史上获得了对心理过程的独特认识，作为其真正的研究对象(特别是在“古典”时期，在感知和思考方面的实验研究领域，也在当今不同的背景下)。然而，考虑到心理学中日益发展的“自然科学”规律，这种认识并不能在心理学概念和研究方法的自主基础上发展起来，且由于这种“方法论上”的调整否定了它的特定对象，因此基本上被边缘化了。总之，与其他学科相比，今天的心理 93

学显然不太确定自己的原创性和合法性，但却感受到了影响——的确，通过使用“公认的”科学语言，心理学部分成功地永久地证明了它作为一门“严肃”科学的重要性。

当我们现在问到与此相关的心理“实践”是如何发展的，我们将很快注意到，这种关系肯定不能被简单描述为一种科学主流心理学对实践的“应用”，但从一开始，这种关系就反映出上述科学心理学的“防御性”矛盾和“断裂”。

资本主义的剥削利益与心理学作为“自然科学”的控制层面

为了更详细地说明这一点，我们首先要注意的是，基础心理学假定的自然科学特性符合特定的实际需求，因为他们出现在大规模工业和资本剥削利益发展的过程中。由于工作条件复杂性的加强和劳动力流动的增长，间接控制工人的手段稳步取代了正面压力。生产的“科学化”需要在生产过程中“科学地”控制主观因素。技术故障和磨损现象的科学控制，必须辅之以科学指导的预防和纠正部分工作人员的“故障”和“磨损”。符合这些期望的学科是现代“自然科学”的心理学。

当考虑到心理学对这种剥削利益的反应时，我们可以注意到，至今它一直试图“应用”相关的概念控制人类在这个领域的“行为”，从泰勒主义到“人际关系运动”和“人性化工作”(参见，Holzkamp-Osterkamp，1975，chap. 1)的人类心理工程学的不同阶段，都令人印象深刻。然而，这种手段实际的“履行”还有很多需求。结果表明，生产领域内“主观因素”的心理学控制作用相当拙劣，而且，最好的情况是，工人们还没有看穿心理学家的
94 花招和诡计。不管怎样，这意味着这一领域的心理学家大多忙于向他们的雇主隐瞒他们的失败，或者解释为什么这些策略实际上是行不通的，并提出据说可以提高成功概率的新方法。类似的心理学实践的发展可以在更多的衍生领域被观察到，例如训练和教育系统。一方面，这里开发的测试诊断提供了科学合理化和控制的证明手段，但另一方面，它很难达到它所要

求的精确标准。这里，通过推理分析缺点——忽略基本的问题，用“软的”标准代替“硬的”标准(例如，基于真实外部标准的有效性测试被更容易实现的内部—测试—可靠性替代)，“解释”或抑制失误等——是心理学家们在该领域使用的日常业务的一部分。

在心理实践中实现自然科学标准的不可能性也反映在理论讨论中，例如，在“统计与临床方法”[克伦巴赫(Cronbach)和格莱赛(Gleser)]口号下的讨论，自从那时起，它就属于没有得出任何结论的基础辩论“长跑者”。在这种情况下，人们一直认为——由于具体生活状况的复杂性和正确处理特殊情况的不现实性——为精准研究而准备的“实验室条件”在实践中根本无法实现。出于同样的原因，涉及分布的统计设计和测试手段也是不适用的，或者只适用于那些实践需要主要处理的“个别案例”。因此，原则上，实验室研究的自然科学精确性在心理学实践中是不可能实现的，这是很明显的。从最好的角度来看，在实际应用中，为了所谓的“精确的”科学方法(“准实验”设计等)，开发了所有类型的替代品或代理品。然而，更常见的是，由于心理学实践“不可避免的”缺陷，人们一如既往地坚持着。

科学心理学对实践的防御性排斥

鉴于心理学在证明和捍卫自己是一门自然科学的身份方面的困难，它与心理实践的关系可被视为一种典型的防御性排斥运动。由于心理学方法在程序上摒弃了与内容相关的问题，因此人们无法从特定实践领域的具体特点和难点中发展出充分的概念性和实践性的办法，并且只能严格地坚持遵循上文所述的“独立的”教条方法。事实上，适合的“自然科学”愿望在基础实验研究中并没有被实现(例如，特别明显地表现在即使在“经典”实验 95
学科中缺乏可复制的结果，在对结果适当的解释无休止的争论中，关于概念的恰当定义无休止的分歧等)，这个事实变得越来越明显了。然而，在这里，曾经(现在也如此)至少有可能将消极的结果错当作科学的知识，或者通过适用改进的方法使失误和失败看起来是可以逐渐克服的，从而把责任推托给“研究状态”。相比较而言，心理学实践的失败并不能以这种方式轻描淡写，因为这里涉及客户对具体问题解决方案的兴趣。相应地，对部分基础研究而言，这似乎是合理的，在实验室和日常情境的不同条件下，在实践中接受较低的“科学”标准是无法避免的，因而人们应该在实践问题面前保护自己有缺陷的科学抱负。通过宣称“开放的”研究视角，维护自身科学身份的理论防御性划界运动的结果，是由雇主付费的以及出于自身对客户的责任的从业者做当下合理的事情，这会使实践者(现仍然认为)对理论产生双重失望：一方面，理论不情愿也无能力为实践的科学性提供合适的思考方式和程序，这使人很失望；另一方面，通过永久地将从业者与基本研究方法的教条对抗，同时让他们知道自己永远无法满足对方的要求，从而使实践降低为科学的次要位置，这也很令人失望。

理论—实践关系(精神分析，人本主义心理学)中替代概念的矛盾

为了正确理解目前理论—实践对立的发展和功能，人们不禁需要考虑“科学的”主流心理学，也需要考虑那些为了反对它而出现的替代方法。首先是精神分析，然后是以不同组合出现的人本主义心理学及其衍生的方法。从最早时期开始，与理论心理学形成对比的是，精神分析发展出一种特殊形式的实践：治疗环境。然而反过来，从一开始，精神分析理论与它所开发的治疗实践相联系的方式也是有问题的。例如，在将精神分析概念化为一门自然科学(由弗洛伊德自己创立)与反复尝试将其与自然科学区别
96 为一门“理解的”或“解释的”学科之间的矛盾也变得明显了。这就产生了一个无法解决的巨大问题，由于它特殊的经验基础，精神分析被证明无法为它反对主流心理学模糊标准的“科学的”主张辩护，并且在这个层次上很容易被逼入一个“不科学”的角落，或者说把自己逼入那个角落。然而另一方面，理解的和解释的方法几乎没有成功地研发出一种替代的科学概念。所以再次，当治疗成功需要“严格的”标准时，主流标准被引入以证明精神分

析的不足。结果是，精神分析(在某种程度上)和人本主义心理学(尤其是)摒弃了心理学在研究和实践中都是科学的这一声明，是不恰当的[参见，萨金特(Sargent)，1965，《美国心理学是否夸大了科学标准》(“Übertreibt die amerikanische Psychologie die Wissenschaftlichkeit”)]。但这一放弃也意味着，精确科学的主流标准的领导地位仍然未受到挑战，而且无论在何地，都产生了影响。在本质上，主流心理学的替代方案也没有克服心理学实践处于科学次要位置的概念，只是表达方式不同而已。反过来，这也为主流心理学提供了一个机会，不仅在实践上，而且在这些替代方法(通常更接近实践)上，强调其所谓的科学优势，通过这种区别来声明它自己的科学威望，回应内部和外部的质疑。因此，尽管或者确切地说是因为它的任意武断和无根无据，无内容的实验统计教条方法正逐渐发展为一种抽象的规范系统，与之对应的替代方案则是永远在“权衡”和(因为他们与内容相关的研究要求被程序性地否定)“发现不合格”。

初看上去，在非主流心理学的背景下，治疗或临床实践的社会功能似乎与直接归入到主流心理学的实践功能形成了对比。而在后期，个人主体性是通过科学的控制屈从于资本主义剥削利益的，对前者的关心在诸如“自我实现”“自发性”等概念中已经表现得很明显了，个人的治疗从受社会环境引起的痛苦和恐惧中解脱出来，从而似乎是支持了主体。不管怎样，在这里，心理学实践的功能被认为是在解决主体问题的同时又不改变引起他们的社会环境。因此，“实用”心理学在主流化身和不同替代版本中同时
出现，作为一种神奇的疗法，使不可能成为可能：在压抑的条件下，实现 97
个体的功能化和实践化。这个暗含的矛盾似乎被雇主和客户两者以及心理学家的**断言**中介了，即凭借他们(无论多么脆弱)科学或专业的素质能力从事这个工作(这个观点，我将稍后论述)。因此，尽管他们处于受压迫的生活条件之中，但仍能消除主观干扰和摩擦损失，给主体带去顿悟般的安慰和释怀。这些任务可以委托给专家——即使人们有相关的疑问——只要他假设客观生活条件的不变性，也几乎没有任何可选性。

因此，主流实践和替代实践同样受到了通过“心理学”手段“自由”改善

主观情况概念的影响，而无须顾及人们的客观社会生活条件的负担和限制。这就解释了，一方面，他们对掌权者的功能，以及他们对于那些寄希望于用“简单”方式摆脱痛苦的人的“引诱”功能。然而，另一方面，正如我们在多种情境下所展示的那样，这个对功能的说明恰恰是失败、“破裂”的，或至少是心理学实践作为“没完没了的故事”的原因。虽然如此，毫无疑问地，它将反复地取得一些暂时的、模糊的“冲突消除”或释放。它正在试图或需要达到某种从长远来看，在大范围内无法完成的事，即为人们努力改变目前制造困难的社会环境提供一种替代，从而为更好的生活创造条件。

心理(专业的)实践自我概念的防御性和“断裂性”

之前的考察已经表明，理论—实践敌对关系的具体外观和功能来自心理学永久的“身份危机”。在这种背景下，我们试图解释这种作为一门自然科学的主张，反复遭到怀疑又重复捍卫的主张，是如何必然导致一项与自身实践相脱离的运动。因此，正如上文所示，“实践”降低到了科学的次要
98 等级，同时看到自己没有适当的科学分析方法，却面临着一种被指派的矛盾的社会功能，即直接“修复”受损的或受折磨的主体的功能，尽管对引起这些伤害和苦难的条件缺乏改变，即缺乏协调社会矛盾和个体的抑制条件。由此可见，现在从实践的角度来看，理论实践关系的功能性，只能适当地被理解为应对这种矛盾局面的一种尝试或一种防御。介于科学孤立的两极和无法满足对他们的需求和期望之间，这(夸张的)是从业者生存策略的一部分。

心理实践关于社会效用方面的内外部怀疑

为了更详细地说明这点，我们从假设出发，假定心理学理论在维护其声称自己作为一门与竞争学科相反的自然学科的永久性防御状态，也能在心理实践中以一种特殊的形式被找到。在与那些诸如医学、社会工作和教

育等其他特殊实践领域已经创建的学科竞争时，实践必须维护自己的自治权和权威性。科学心理学传统上无法定义自身的研究对象，这也表现在实践中，不仅是因为它被排除在理论的科学主张之外，而且也因为人们没有对一种教条方法的辅助身份构建进行处理。由于缺乏科学的准备工作，“实践”几乎不能提出“心理修复秩序”的矛盾和观点，也不能得出它的社会功能的新定义，这个事实被恶化了。相反地，它通常会直接采用这种“授权”来维持其对竞争学科的自主权，因此它也会给自己添加额外不可能完成的负担。简言之，尽管例如医学、社会工作或教育(无论他们也许有怎样的内在困难)的实用性在很大程度上是毋庸置疑的，但心理学实践，类似于对理论科学本质的普遍怀疑，却永远面临着外部和内部对其社会功效的怀疑。换言之，作为其工作的基础，它不能预先确定这种实用性，但作为其活动的一部分，它必须不断地证明和重建翻新：这是传统心理学在心理学实践中表现出来的基本防御特征。

从原则上讲，由此说明的心理实践的防御姿态也体现在实践者典型的利益群中，他们必须权衡(可能是相同的)雇主和客户之间的利益，而这反过来，为了继续他们的工作，又要必须根据他们各自的利益来安排。在这 99
个集群中，他们不仅要处理雇主和客户利益之间的矛盾关系，还要处理客户之间的利益矛盾，因为他们未必从一开始就知道自己的利益是什么。相反地，他们不知道这些利益的事实往往是他们困难的一个本质特征。尽管可以认为，根据他们职业的自我概念，心理学家们首要关注的是保护客户切实的利益，但只要不与客户的利益相抵触，也不危及他们的职业地位，这可能只会不受限制。他们努力设计方式方法来为客户获取尽可能多的资源，如果有必要的话，他们会反对雇主的意图，但是若没有他们的知识，他们的工作往往会产生“颠覆性”的品质。但是即使因为制度的限制，心理学家们不能直接提供帮助，他们也会是客户的最后一点精神慰藉。因为至少在某种程度上，他们可以使情况透明，而这种透明度及基于它的理解一起，可能已经给客户带来某些具体的支持，尽管有一些是被限制和矛盾的。

特殊知识和专业技术，而不是社会—主体连贯性和矛盾性的知识

对这个情况的回顾不仅表明了一种特定的立场和“实用性”，特别是心理学家在实践中的作用，而且说明了，似乎站在社会矛盾和压抑最前沿的工作，并深受其影响的实践者，对在资本主义条件下的人类主体的特殊性、条件和障碍有潜在的见解，而实验室里的科学心理学家却尽可能远离这种条件，看到自己不断被敦促在他们受人支配的功能的不可能中去尝试可能性，从业者必须有一种社会—主体连贯性和矛盾性的知识来将其与医学、社会工作和教育等竞争学科区别开来。为了克服防御性的角色以及使他们的功能做出明确、公开、合理的定义，只需要发展和推广。

然而，在其历史上，心理实践并没有走上“自我决定”的道路，而是试图用其他方式处理这个问题，这并没有使防御姿态变得可以协商，最终，还进一步被证实了：在个体如何“发挥功能”上强调作为心理学家的专业知
100 识或装作一个专家。这是一个(有点悲惨的)事实。首先，一种“技术的”心理学特殊知识被认为是在传统的测试诊断和各种治疗方法中发展起来的。特别是，这暗示了心理学家的某种特殊技术能力要求他们能够单独地合理使用诊断和治疗技术，得出正确的结论并提供适当的措施。这一历史趋势背后的原因是，首先，在资本主义剥削利益的背景下，“专业知识”被赋予心理学家，因为只有这样——而不是(无论多么破碎)上文所提及的“关键的”心理学连贯知识——似乎能确保主体顺利融入技术规划过程中。另一方面，也从客户的观点出发，他们希望心理上的“释怀”，能允许他们规避麻烦的情形和责任，因为改变他们意味着这种“专业知识”和“专家能力”的实体化，这使得心理学能够完成对其他人而言不可能完成的任务。此外，强调这种心理学上的专业技能似乎也能在不那么直接的层面上使之与已提及的其他学科进行竞争。最后，在我看来最重要的是，由于不同的任务和与他们相关的自发观点，以及持续的过度需求，心理实践本身显然无法确

定其潜在的连贯性或矛盾性，更别说表达和传递了。使它成为可辨识和可概括的，进而在一定程度上具有能够适用于发展和主张其实践功能的特有定义。这需要科学心理学(即理论)的帮助。然而，正如所描述的一样，科学心理学不仅脱离了实践和问题，而且，由于它对理论和方法的狭隘理解，它几乎不能胜任为了澄清心理学连贯性知识所要求的合作和准备工作。事实上，理论对实践的影响(由于自身缺乏明确的方法，这个实践是逆向受影响的)倾向于反方向，实践处理特殊专业技能和知识的主张很明显只是反映了理论作为一门自然科学的主张(因此，“在这个视角下”，理论与实践之间可能建立了某种防御联盟)。

当然，心理学家的专家地位，从历史的角度来看，也越来越多地反映在他们的专业机构功能归属上。在他们不同的位置上，心理学家现在发现自己面临着雇主和客户期待他们作为专家角色所发挥的最大价值，不管他 101
们自己是否喜欢以及他们能多大程度地独立地认识到问题的本质。因此，在雇主利益、客户利益和他们自己职业“生存”利益这些矛盾极点之间，要应对这种专业的情况，必不可少的就是不断展示这种专业知识，维护它并且保护它不受质疑。心理学家们客观上面临的核心问题来源于事实的结果，一方面，如上所述，不可能为专家地位提供足够的科学证据；另一方面，从业者对矛盾性的潜在知识和功能的“不可能性”，被归因于心理实践与这种专业知识的矛盾性，从而使结果必须得到压抑和否定。然而，这意味着他们被迫永久地否认他们能提供的最好的服务。所有这一切都解释了建立二级结构或辩护的必要性，通过拒绝或降低科学的标准，“在”心理学“专家”看来，通过他们“技术的”手段，是允许矛盾的、不连贯的、可克服性的假设存在的。然而，这种防御性结构和机制的总体表现，是最初描述的在实践与理论的排他关系中对实践有限的憎恶。目前在此基础上，我们制定了框架，以便进一步阐明之前提出的关于理论—实践对抗功能的问题。

实践与理论的防御性分离

理论心理学专业知识核心素质理论在实践中的不可能性

为了更加详细地解释，我将(利用我们在理论—实践会议上的讨论)首先强调“实践”与“理论”防御性分离的一个确定的、关键的内在维度(反之亦然)：心理学家假定的真正理论和核心心理学专业知识的话语能力缺失，即认为心理实践的“成功”既不是概念上可证明的，也不是可公开讨论的。因此，这一维度不能简单地被讲解，但是作为“从业者人格”的一种素质，只有在发展的或社会的进程中才能获取，却不能进一步被论证。这种社会化成为从业者的基本维度是——循环的——实践本身，特别是心理学家
102 “实践的”活动的事实和持续时间，这就等同于“实践经验”的总量。当我在准备这篇论文时，我的同事乌尔曼(他参与了辅导实践训练)给了我一份笔记。大体内容如下：

> 任何人在实践过程中都积累了经验。经验是由实践活动的范围，也就是持续时间而不是靠其他东西来衡量的。换句话说，如果我花了十个小时咨询，我就有十个小时的经验；如果我在实践中工作了三年，那么我就有三年的(实践的)经验……我们甚至不能仅仅认为，从由抓住某些东西的意义上来说一个人没有获取经验，一个人可以在实践中获取经验(例如因为实践工作是无意识、无思考和无理论的)，因为这根本不会发生……既然经验是由一个人自己实践经验的长度来衡量的，那么人们既不能将它传递下去，也不能从他人身上拿走它。由此可见：1. 对比那些经验较少的人，我的数量较多的经验使我更有优势。他人永远赶不上我。2. 经验不能传递或传授(例如在培训中)。每个人都必须要有自己的经验积累。

这种“实践”的防御性构造建立在一个无可辩驳的事实之上：如果你想要获得某些可掌握的技能，你必须积累经验，不仅仅是谈论某项具体的活动，还需要履行它(就像医生通过实际手术学习如何做手术一样)。然而这并不意味着人们不能理解别人为什么以这样或那样的方式做某件事。相反地：谈论得越详细越清楚，实践活动的学习效果最终就会变得越大。然而，任何这种构成心理学专业知识的论述性解释，都必然正好被上文所讨论的防御性辩护结构所阻碍。因此，在实现一个常见的心理捷径方面，实践经验可验证的品质在这里或多或少与它的持续时间相融合。所以，一方面，关于特殊经验的重要性与否的讨论是禁止的；另一方面，获得一个伪精确的基准是为了“客观化”特殊专业知识的程度并且获取它的先决条件。这种量化的伪标准在教育和培训行业找到了新奇且夸张的表达，即他们特殊治疗方法的课程安排。在那里常见的做法是，各种不同的技术或机构让受训者必须参加一定的治疗，并保证一定时间量(不考虑实际情况)以互相竞争。受训者的参与时间量被理所当然地认为是获得特定证书的先决条 103
件，这也将他们区分为“专家”，并使他们有资格为其他人评分。

即使在这种“量化的”心理学专业知识的层面上，反对理论的辩护是天生的，因为任何来自理论家的反对或主张都可以通过否定他们而遭到拒绝——由于缺少经验，所以没有资格和能力在这个问题上说什么。在心理学教育中，这种防御性运动经常表现为请求学生“忘记”他们之前在基础课程中所学到的一切，要么是对实践无用的，要么阻碍此后的教育活动。对理论批判的免疫就是对学生判断能力和反思能力的免疫。

“有经验的”从业者的榜样功能

实践概念的防御功能的深层次方面来源于经验量的标准，但在某种意义上超越了它，通过指向“有经验的”从业者的榜样功能，这个方面正在被心理学实践问题的公开讨论取代。因为从业者专业知识的素质组成部分是不可解释的，仅仅需要“袖手旁观”。因此，开放给学习者的唯一方法就是看着从业者工作，然后复制和模仿他们，因此从业者不论同意或不同意，都必须多多少少地接受，并无法抵抗这种盲目的事实。这种师生或主从关系在精神分析训练中经历了一场“声名狼藉”的剧烈运动。任何一个没有亲身经历的人的批判观点无论如何都不算数，不管他们的内容如何。另一方面，任何被赐予经验的人都属于“专家”的团体，即都支持必须捍卫精神分析，反对“无经验者”纯粹“理性”的意见。在狭义的心理治疗方法中，有一种“世俗化”的训练分析引起了广泛的关注，即在“有经验的”治疗师的指导下“再加工”治疗的经验。实际上反过来说，这里发生的事情充其量只能部分地被公开解释。它属于心理学家的“实践经验”。从而，在这方面，最终监督的质量在很大程度上是由它的持续时间来衡量的，所以，治疗训练的课程通常包括获得最终证书所需监督时间的详细信息。

利用有经验的从业者的榜样功能，显然可以被看作实践对理论免疫的更深层次，因为以这种方式概念化人们资格的过程是不能拿来公开解释
104 的，而是需要每个个体都亲身“体验”。通过将无论是否受到监督经验量作为心理学专业知识的标准，建立了一套伪客观化的框架。一方面，通过主张理论的无能，使实践能够证实心理学专业知识且独立于理论之外(既不愿意去做，也没有能力去做)。另一方面，如前所述，社会要求实践的矛盾性和断裂性仍然隐藏在成功的、实践的个性化中，即一种“有经验的”从业者的素质背后：通过这种方式获得资格的从业者能够简单地管理它，借用他们的方式去应付，从而稳定地生存下去。就如它的特征一样，在这种个性化的背后，如上所述的雇主利益、客户利益和心理学家利益之间的冲突领域也消失了。由于当前盛行的“直接监督”，从业者掌握他们的专业情况，并以此确保他们的存在，或多或少是毋庸置疑的。首先也是最重要的是，这划分了有经验的从业者，就这个方面的素质来说，初学者不如他们有优势，而且只有通过跟随他们的榜样，才能获取这个资格。在这种直接的行为和模仿的层面上，多大程度上满足了客户的利益，或者在何种程度上和在何种情况下客户的利益会与从业者为了维持他们工作的利益发生冲突的问题，还不能上升为一个“普遍性的”问题。在最好的情况下，这似乎是一个有经验的从业者必须要在精神上掌握的问题，这样才能从他们身上

学到如何去做。任何想要提出这个问题的人，都必须用充分的论据来阐明自己的观点，并且撕下她自己或他自己作为一名“理论家”的面具，否则她/他本身都不知道自己在谈论什么。

从我们之前的解释中可以明显地发现，在传统心理学中提出的反对“理论”的实践防御机制根本就没有激发理论家的反对。正如以上所解释的，证明理论对实践的无能为力同样也符合理论的利益，以防止对其自然科学品质的质疑。在某种程度上，这是一种模拟战斗(例如，在批判心理学中的“理论”从它的自然科学框架中跳出来，并且想要提供分析方法来渗透实践时，这种斗争才会变得真实和致命。见下文)。这种现象在“科学”心理学中很明显，因为它与实践相分离，同时在证明其“技术的”特征方面以及实践心理学工作中话语能力的缺乏方面也符合实践。因此，例如赫尔曼在总结一些相关的观点和倾向时，明确地区分了科学的“理论”和心理学 105
“技术”，试图在不同的方面解释为什么心理学实践的“技术”在原则上不能达到理论的科学标准。根据实践中的免疫策略，虽然这里有另一个权重，他指出，“传统的经验法则，各种类型技术知识的激活，前科学的类比”在实践中是不可缺少的，并提出“大量的客户”已经“成功地接受了并不令人满意的理论解释的心理治疗技术”(1976，p. 91)。通过这种方式，“理论”也可以从任何科学地验证其“成功”的需要中赦免“实践”。但是，正如实践本身一样，它将其作为从业者的资格，以某种方式“知道”如何去做，而不是进一步地解释。

以沉默为代价进行实践

将实践的“话语能力缺失”实体化，是为了建立和捍卫心理学家实质上无法验证的专业知识，然而，以这种方式具体化“话语能力缺失”，引发一种暗示或结果，这与主张心理学实践反对竞争性学科的目的相抵触：实践和从业者在公开场合自我介绍的能力是有限的。基于理论—实践会议的全面分析和相关讨论，汉内洛蕾·瓦克(Hannelore Vathke)提出了“以沉默为代价进行实践”这一简洁的短语(1985，p. 103)。通过考虑是什么原因首先导致了类似于“理论—实践会议”的形成，就可以最好地说明这个意图了。奥斯纳布吕克(Osnabrück)的同事们批判了《批判心理学论坛》这本重要的心理学期刊，因为它缺乏关于心理实践的文章。在针对这一批评的辩论中，我们发现，这类文章的缺失并不是编辑所导致的，而事实上，在很大程度上反映了一个事实，即作者没有提交足够的关于心理学实践问题的文章。进一步概括和说明这种情况时，我们发现，在我们的经验中，关于心理实践的文章很大程度上对心理实践中固有的问题几乎没有实质性的内容探讨。典型的实践报告倾向于在陷入非可概括性的细节中诡辩的具体主义与不言而喻的常识之间徘徊。心理实践中真正的矛盾和问题，在对自己间接的强调中成功地消失了，而默认他们是如何实现批判性分析的，似乎或多或少地体现了从业者的个人价值。这样的书面报告被证明是心理专家
106 “个性化”伪装的一个方面，他们反对质疑心理学专业工作的社会有效性。其中“话语能力缺失”的防御性假设必然暗示了在这样的报告中缺乏深刻的、诚实的和严谨的论证。实际上最令人愤慨的是，在资产阶级的现实生活中对心理实践直接体验的描述让人厌烦至极。考虑到之前的解释，我们可以注意到，由于“沉默”起因于这种防御性应对形式，正如上文所述，对他们外露的和不安全的社会—职业的功能性进行测定时，从业者必须掌握有关连贯性和矛盾性的心理知识，不能用标准的心理实践报告来说明。通过这种方式，大量比“基础科学”更优越的心理学见解仍未被发掘。因此，我们选择“实践的讨论和写作”作为我们“理论—实践会议”的主题，在会议过程中，我们的进展显然证实了上述论题(对我而言)。通常，克服了在初始阶段对理论家和从业者的责备之后，从那些受影响的角度出发，双方对心理学的互相信赖发展起来，密集的讨论会一次又一次召开了，直到今天，从业者们都突然埋头于“桌上”研究连贯的和矛盾的知识，反复地传达经验和见解，时不时还令参会者喘不上气。然而，随着这些新的交流方式的出现，一个新的问题出现了：在理论—实践会议之外，证明和理解我们内部努力结果的效力是有难度的。收到我们在各种会议上所尝试的对立回应之后，我们仍在努力去证明这点(例如，在暑期大学)。不管怎样，一旦

这个“不可言语”的说法被“言语”了，虽然经历了所有挫折，它也许会比最初更容易掌握这种“实践的讨论与写作”水平，但首先要克服的是防御性沉默。

实践的理论折中主义

否认实践的话语可验证性，以及对“理论”的固有辩护，显然不是一种 107
解释学，而是一种为证明和维护心理学专业知识的战略方向。由于从业者们一般都完成了学术研究，而且，他们的实践不可避免地在当代理论这个媒介中发生，所以我们必须更精确地定义他们与理论的关系。这包括如何在防御性倾向的背景下，将实践设计为“不能被理论化”的实践。从业者确实在处理由“理论上”包装的，并由诊断方法和治疗技术提供的理论和方法。

为了找到解决这个问题的途径，我在理论—实践会议上提到了相关的讨论。从他们的不同立场出发，同事们通常强调“从业者”当然会参考理论，寻找信息，并通过这些使他们的工作得出结论。然而，就特定“理论”的可行性和结果，与在同一实践领域工作的同事们作公开的科学讨论而言，这不仅是不常见的，而且几乎是忌讳的。他们之间的讨论可能优先考虑个人问题或是技术问题(例如，如何分配实际案例或分配客户)。任何试图解决在具体情况下所应用的治疗程序的理论可行性和可说明性的人，甚至可能敦促就基本问题做出一致决定的人，看起来似乎是个捣乱者，他的请求就能证明她/他对实践的无能。显然这是不言而喻的，尝试澄清自己实践的基础必定会暴露心理学专家的脆弱和困难，并且通过挑战个性化的数据证明，往往会使心理学家所认为的职业角色的完成变得不可能，甚至会威胁到他们的经济生活。就实践普遍的功能测定而言，人们可以尖锐地指出，理论是从业者的“私人事务”。如果他们能够帮助机构正常运行，且并无恶意，也不会使其陷入或制造麻烦，那么他们是否能够在工作中运用精神分析、行为学甚至批判心理学方法，完全取决于从业者自己。争论特定的理论“信仰”实际上是相互兼容的，争论他们为哪个社会利益服务、争论他们为客户带来了什么结果，这些不仅被认为是有害的和适得其反的，而且确实是鲁莽的和不得体的，侵犯了从业者的私生活以及他们和客户交往的方式(比如，参见，Vathke，1985，p. 105)。从一个更普遍的观点来看，心理学家在实践工作中的“私人化”可以被看作一种“理论的折中主
108 义”，它通常将从业者的行为描述为实践本身所要求的样子。实践的理论折中主义是其与理论分离和自我分离的结果，进而能够明确地从理论中获得支持，以捍卫其在实践中的科学优势。在这里，赫尔曼也可以作为这一观点的代表，在科学理论中他论证了一种不同的心理学技巧，他写道：

> 通常，在心理学中也存在技术问题。创新和技术通常需要许多不同的理论，这些理论在逻辑上是互不兼容的。开发一种特定的治疗技术或者一种独特的诊断方法几乎总是需要同时求助于各种不同的理论概念，这些概念彼此之间是不能比较的，或者逻辑上是不一致的。这一事实是技术的特点是它与“科学”的区别之所在。虽然为技术的目的所参考的理论事实，通常是被选择的，这使得他们是多样化的，但也不能集合成一个整体。人们各取所需，即使它不符合科学的标准。在此，应用的类别也会变得非常有争议。(1976，p. 91)

从实践的角度来看(与它的策略相一致的是，在拒绝理论需求的基础上，证明了自己的专业知识)，以理论的见解批判地提出同样的事实，也明显地回指理论：在实践经验累积的基础上，从业者似乎被授权自由自主地处理理论。这样看来，甚至是关于不同理论的认识论知识的问题，或者是致力于科学进步的尝试以激进地证明自己理论中更好的认识论知识，似乎也成为理论家试图将他们的理论作为唯一有效理论的典型假设。在这种情况下(就像我看来的那样)，努力证明某些理论是分门别类的、逻辑上不兼容的甚至不能同时有效的，往往剥夺了他们的善辩的本质，这会被归因
109 为理论家对实践需求无知的、盲目自信的另一个版本。例如，让精神分析和批判心理学为理论前提和他们不同方法的实践结果是否兼容而较量，基

于实践经验，从业者可以自信地忽略他们，并从这两种方法中采用他们所需要的东西。因此，从业者同时将自己设计为(这也是他们专业知识的另一个方面)开放的、非教条式的和多元化的人。例如，与“自然的”理论相比，即使是批判心理学也有一些有用的和可行的方法供从业者选择并与其他理论方法相结合。然而，在批判心理学的基础上(通过从可行性和有效性方面否定从业者的经验作为终极标准)，反思和重述自己工作的整个理论基础，不仅无可救药地缺乏实际意义，而且，可以说在它教条般的固执中是存在反本质倾向的。

立场：克服实践理论和科学理论的矛盾

根据上文的分析，越来越明显的是，除了已经提及的现实否认的形式之外，**作为双方防御性辩护的支撑点**，**理论—实践二分法的限制性功能**暗示了一种更深层次、更本质的误解：在这里，没有理论的实践是绝对不可能的，这一事实(曾经说过，几乎是不值得怀疑的)被严重地压制了。人类行为必然是“由理论引导的”，因为他们总是发生在对其结果的有意识的预期，以及他们特殊的前提条件和背景考虑的情况下的。实践与理论对立的假设仅仅隐藏了这样一个事实：其实，不是理论和实践相互冲突，而是隐含的私人化和个性化的实践理论与官方明确的科学心理学理论相冲突。这就立即表明了理论与实践相互排斥的不适宜性。实际上，这两种被研究的“理论”的关系，是“实践理论”和“科学理论”的关系。这也清楚地表明，正是这种实践理论决定了从业者与“科学”理论的关系，并且从业者选择的可用理论并不像假定的那样是根据他们的实践经验产生的，而基于对这种“理论的”预先决定。他们不仅决定哪些理论被认为是与实践相关的，还决定他们是如何互相联系的。从业者以削减规模和修正的方式，避免和“压抑”强调实践理论之间不兼容性的分类定义，从而使从业者容易“掌控”他们。这也表明，真正的折中主义，多元化地将不同的理论整合到最原始的形式中，这实际上是不可能的。在现实中，“鉴于”被利用的其他理论，必 110
要的隐含理论只是被抑制了。而所谓的折中主义的具体观点也被隐藏了，这可能使她/他被攻击，而她/他必须为自己辩护。这恰恰与多元主义政治动机要求下的隐性意识形态预先决策相吻合。基于不同理论方法将其与别的认识论价值相比较的事实，一种对真理综合性的方法假设是不可能的。在此，这一假设被教条地强加在不具备这种本质的概念上——这是一种被玛格丽塔·冯·布伦塔诺(Margeritha von Brentano)简洁地称为“单一主义”的实践(1971)。

由此可见，在实践中并没有合理的理由隐瞒其隐含的和私人化的理论。本文阐述了心理实践是如何克服自我防御性局限和孤立的观点，并指出了本文最初提出的更全面的人类社会实践项目。如果人们从政治上将实践理解为任何对人类生活条件发展的积极贡献的化身，那么在这种情况下，在给定的权力关系中，对每个人的监禁都将被视为必要的先决条件。通过以上论述，由于框架变得明显，心理工作作为一种在特定限制条件的实践，可以通过科学手段意识到它的局限性和可能性，并找到一个更全面的方向。实际上，在这个背景下，在澄清心理实践的“理论的”自我概念中，上文所述的实践的道德意义也变得明显起来。显然，由于这种做法必须向受影响的人证明它的“正当性”，从而也证明它的社会责任。因此，在这种广义上讲，它受到道德要求的制约。这也表明，这种责任不能强加于个体从业者及其“私人”的决策，但是它的影响和决定因素必须纳入普遍的“理论的”讨论中。然而，这就意味着证明**实践的“合理性”只不过是它的科学化**，以及防御理论对这种责任的否定。

当前毫无疑问的是，如果人们在这样的语境中讨论“理论”，它就不能是主流心理学术语的“理论”(如上所述，它在很大程度上对心理实践的反
111 科学化和私有化负责)。事实上，对人类问题的理性导向的反思和归纳的综合意义不仅仅要在实践中进行重构，而且在理论上也要如此。只有这样，它才会变得明晰：理论“不应该被简化为一种工具，借用一套无法实现的(且不合理的)”规范系统来排除实践，而应该激活其阐明在实践中人们真正“在做”什么的能力。也只有这样，不证自明的见解才会开始生效，就像没有实践的理论仍然是无关痛痒的，没有“理论场所”的实践必然是盲

目的。也只有这样，我们不可能对最终理论和实践的对立适应统治阶级利益的政治后果视而不见，因为这仅仅意味着中和理论对实践的批判潜力，并使实践尽可能通畅和灵活。或者换句话说，当我们不再把自己(或允许自己被划分为)变成理论家和从业者时，我们才会取得进步。

第三部分

心理学理论和学校中的学习去主体化

7 把学习当作管理计划的幻想

I

1920年，由德国魏玛共和国通过的《基础教育法》被引入义务教育和普及四年制的基础学校，这可被视为通往现代教育之路的重要里程碑。在此之前，家长们只是被迫给孩子一些(可能是私人的)课程。推行义务教育也迫使国家提供足够数量符合质量要求的学校(参见，例如，Nevermann & Schulze-Scharnhorst，1987，p. 82)。普通小学代替了“柱形原则”，从学前教育开始，来自不同社会阶层的小孩通过“分流原则”被分配到不同类型的教育机构，这种分流首先发生在小学四年的共同教育之后。 115

义务教育和小学教育毫无疑问是劳工运动在努力打破教育特权和普及教育方面的胜利。这让全民教育走向更美好的一步，也因此增加了批评和抗议的可能。然而，这样的民主化进程总会产生矛盾，并激起当权者的反制措施。如果人们把教育制度和学校制度的发展看作一个整体，那么可以清楚地看到，教育民主化的尝试仍然根植于制度权力机构的发展中。这种结构控制、引导至少部分地消除了任何真正知识所蕴含的、批判的和解放的潜力。

福柯(1977)在他关于阶级社会(从18世纪中期开始)学校谱系的历史研究中，分析了通过纳入新形成的权力结构面对学校的篡夺，以及由此引起的学校与社会权力关系所带来的根本性变化。在专制主义时期，“君主的 116

权力”从外部直接作用于制度之上。而随着资产阶级民主关系的发展，这已不再可行，在法律宣布之前，人们自己宣称权利和平等。因此，实际上，哪里有权力结构的发展，哪里就自发地(在正式的平等保障下)产生和再发生不平等，正如福柯所说，这是因为“权力经济”存在于诸如监狱、医院、军队、工厂和学校等“纪律体系”中。福柯将这些权力经济结构描述为一种不直接行使权力控制的战略安排。这种安排的作用是，通过符合他们直接利益的个人本身，默许或参与其中，也就是帮助他们精准地维持那些受自己支配的纪律控制技巧。于是，两种不同的、相互矛盾的运动形式可以在学校里被区别开来：一方面是教育的过程，在“相对自治权”(参见，Klafki，1989，p. 22)中，学校力图提供全面的教育，并鼓励形成符合启蒙思想形成的自我概念的心智成熟；另一方面则是“纪律的”过程，在规定的权力关系中同化学校，渗透并塑造所有的教育工作。

为了把学校作为一个具有自身权力经济的纪律机构，我们必须去了解
117 在资产阶级生活条件的发展中所分配给它的核心职能。以前，有权接近特定的商业和职业，以及他们提供的特权，显然是由等级系统预先决定的。现在，学校越来越多地发展成为职业前景和发展机遇的中心切换点：通过规划正式平等和民主正义方面的教育投入，人们期望通过分配不同的等级和权利来指导和证明不平等的职业生涯和生活机会。从外部看来，这需要在教育体系、资格证书和就业体系之间进行具体的协调。然而，在教育经济学中，这种就业制度的有效性是颇具争议的，也是各种讨论的对象。不管怎样，在我这里将把它放在一边。在接近我的主题时，我只会处理来源于综合学校组织机构的“目的”、本质以及随之而来的矛盾。

因为学校为不同的职业提供了不同的接口，它的内部也被各种行政干预和“处方”划分为职业前景，不同的毕业证书与职业生涯相对应。首先，(尽管通过渗透化和个性化的教育原则进行了修改)有不同类型的分支(在我们的案例中，有普通中学、实科中学和完全中学)，或是相关分部。中等教育阶段的完全中学，使学生可以转到高级阶段，从而获得大学入学的一般资格。此外，它还被细分为以年龄为基础的班级，为了获得某一特定

课程的最终资格，或者为了有资格转换为“更高”类型的学校，尽管所有的教育批评都反对这样的“晋升制度”，学生仍必须自下而上地通过这些课程(福柯将其描述为“发展组织”)。在每一门课程中，学生都被一名“教师”教授特定的内容，这种方式符合实现平等机会的需求，以及原则上每个人可以学到同样知识的公平。学生进步的标准是根据学校评分体系对其表现进行量化评估。学校的官方目的在于“公平地”给学生分配不同的职业生涯或生活机会。但是，只有当分数被证明是有严格的可比性或一致性时，才可以达到这个要求。也就是说，作为他们评估的基础，所有学生有相同的教学量。为此，我们采用了一系列的防御措施，如班级同质性、惩戒时间和监督等，正如福柯详细讨论的那样。整个学校纪律的权力经济，只有在这些前提条件下才发挥功能：学生、家长和普通大众也同意和采信学校行政部门和老师做出的策略为合理而公正的。因为只有这样，才有可能使因为落后和失败的惩罚导致没有获取资格和各种权利的后果被接受(因此，学校在生活中公平地分配不平等的机会的目的仍然没有受到质疑)。我不打算在此进一步解释这一点。但是，我将强调我对学习的理解，因为在一所面向规划教育产出的学校的学科结构中，学习在制度上是客观化的。

Ⅱ

既然学校被分配规划学校证书和资格来服务就业体系的任务，那么很
明显，学习必须被视为**可以直接被行政计划的**：只有这样，教育和评分的 118
“发展组织”的战略准备才能是可能的、合理的。相应地，在学校的官方、制度上的固定理解出发，学习通常被认为是教学的直接结果，因为教学被认为是可以行政计划的，所以学生的学习过程也会自动地表现出可计划性。这样看来，学习的对象不是学生，而是老师，老师必须以有计划的方式来完成课堂，使她/他的教学效果可以通过产生在学生身上的影响来直接衡量和控制。我已经把这种对学习的行政化理解为“*Lehrlernen*”(辨析“教”与“学”)。现在需要更详细地考虑这一点。

一方面，为了实现学校输出计划的目的，必须坚持学习是教学产物的概念。而另一方面，必须根据学校纪律的具体战略要求进行调整。在这种情况下，这意味着所获得的学习量与其对应的教学负干扰消耗量相关(即通常在其他条件不变的情况下)。因此，有两种潜在的干扰需要考虑：其一，学校或行政部门有体制上的责任避免干扰，这需要通过确保所有的学生都以同样的或可比的方式接触由教师组织的课堂。这首先就要求所有的学生都如实上课。为了满足这一前提条件，义务教育学校的出勤率从国家的责任转移到了父母的责任。他们必须确保学生亲自出现在学校(例如，不缺席或逃学，不独自离开学校等)。如果家长不履行这一职责，那么学校就会采取一系列不同程度的行政措施，以至于最终让警察把孩子带到学校。除了学生的身体存在之外，他们的“精神”存在也必须得到确保，他们必须给予每一堂课全神贯注的注意力。如果他们在课堂上不请而说、与邻座聊天、盯着窗外发呆、做白日梦等，他们可能会受到教师的一系列惩罚和纪律处分。而这些教师，作为学校行政部门的“工作人员”，有权采取这些措施。当然，在任何个别情况下，教师可以避免使用这些措施，但他们仍然代表着一种不变的纪律威胁。

119 此外，为了确保课堂教学成果的同等性，还需要在深层次的制度上的努力来排除干扰因素，这包括确保所有学生都有相同量的预先知识。举例来说，达到这一目的的方法就是通过把学生调高一级或让学生重修来保持同龄的同质性。此外，作为专业培训的一部分，教师被期待对所有的学生都一视同仁，既不偏袒也不忽视和伤害任何人，并且允许所有人享受其教学成果带来的好处。(尽管每个人都知道这“可能”是不可行的，并且与需要个别化和内部区别教学的教育诉求互相矛盾。如果行政的“学校目的”不被质疑的话，这一观点就不会对官方的学校政策产生任何系统的影响。)

根据这个逻辑，如果人们成功地完全阻止了这些干扰因素(假设是可能的)，并且假设只有这些干扰存在，那么教师的活动应该产生相同的学习效果，并使所有学生获得同样的最理想成绩，即处于相同的年级。然而，事实显然并非如此。而且，如果事实是这样的话，学校就不能根据不同的评级来分配学生去往不同的学校和专业。也就是说，从一开始，作为一种拥有分配生活中不平等机会的权力机构，学校无法满足社会强加给它的功能。第二种干扰在学校行政的组织模式中发挥了作用。一种假设是，即使学校通过同样的教学消耗而按时给了所有学生相似的学习机会，但结果还是会有不同的表现(比如，年级)。然而，根据这一观点，学校并不对这些差异负责；他们是由学生在上学前或校外已经获得的不同成就倾向引起的。在这种思维模式下，这种差异可以追溯到家庭中不同的发展状况(取决于社会阶层)，也就是“社会化”的课外条件，以及成就性格的“自然”差异。由于这样的解读最有效地释放了学校任何可能的责任，所以它通常更受欢迎，就像平时在学校的谈论中反映的那样，学生的“天赋”水平不同(这已经超出了所有的科学反对意见)。虽然这种意识形态认同“天赋”上的真正差异，但事实上，成绩的差异是由学校造成的：教师被迫并且最终不
得不(通过多种机制)在他们特定的班级中利用整个评分量表，并在集中趋 120
势(服从更直观的近似的正态分布)周围分散地给出分数。在柏林，教师需要在每个测试课程中增加一个对分数的概述。

因此，全部有纪律的学校组织都基于这种教学/学习的等式，也就是说，某种教学努力必然会产生相应的学习效果(减去才能上的“自然”差异)，这是一个心照不宣的假设。于是，官方的说法是，人们只需要讨论或争论教学目的、课堂目标或教学任务，并将相应的教学效果视为理所当然即可。例如，相关的学校规章几乎从不涉及学习过程，而通常只涉及教学任务、教育目标、学习目标等，因此也被认为是学习的一部分。相应地，《柏林教育法》第一段关于“学校的任务”中指出：“目标必须是培养能够坚决反对国家社会主义的意识形态和其他所有渴望专政独裁的政治主义的人，以及能在民主、和平、自由、人类尊严和性别平等的基础上组织国家和公民生活的人。”类似的段落也可以在(前)联邦德国政府(FRG)的宪法中找到。在那里，“教育为了”这个备受喜欢的短语占据了中心舞台：教育“为了独立的批判性判断、自主的行动和创造性的活动”，“为了自由和民主”，“为了宽容、尊重人类的尊严和尊重他人的信念”等。含有这种意图

的宣言延伸到分散的专业课程中，当他们表达“教学或课程目标”时，他们总会说成“学习成果”。因此，在柏林学校的一般规则中，“学习目标”经常直接被术语化为“相关的能力”。例如，在中学一年级音乐计划纲要中，我们发现，在“学习目标”的标题下提到：“学生可以——分析和发现不顺畅的、有节奏的和和谐的音乐过程——开发和熟悉音乐结构，以和声安排旋律、歌唱和演奏乐曲。”在文科中学高年级的拉丁文计划纲要中，以下陈述被列为“强制学习目标”：“罗马人对希腊文化采纳的见解……有能力把哲学作为应对生活的这一种手段”等。这些强制学习目标是可以通过以下内容来实现的：“哲学的基本问题(生与死、身体与灵魂、权力与正义)”，伦理与审美辩证法中的“礼仪”与“实用”。

121 举例说明的教学/学习等式因此不仅仅是学校组织的一个无争议的基础。在关于学校教育的公开辩论中，这一问题也被不加鉴别地接受，因此在学校和学校改革的政治争论中也很少出现这样的问题。在这里，关于学校应该实现的教育目标和内容问题的争论几乎是一致的，而左翼和保守派之间的争论也相应地符合这种“教育的目的是……”的问题。与之类似，关于改革学校制度(20 世纪 70 年代以及 20 世纪 80 年代中期以来的复兴形式)的必要性和可能性的辩论基本上集中在课程和对其的修订上。更深层次的问题是关于学校事业组织的社会可及性和渗透性的程度。例如，关于选择三分制学校体系还是综合学校的争论，由此，最近人们对学校与其环境的社会生态关系越来越感兴趣(参见，比如，Braun & Odey，1989)。无论如何，学习过程在行政上是可计划的，也就是说，把政治上实现的教学目标和组织指导方针转变为学生的学习成果的可能性，是所有各方相同倾向的一部分，而不同意见只会从这点之外开始。

接下来，学习作为一种教学产品的意识形态，或者就像我们所提及的，“教学—学习的捷径”，将从根本上受到质疑。原则上，这就要求挑战作为行政上可计划的学习假设的可实现性，这是这一意识形态的基础，也决定了学校的组织和社会功能。教育法案和官方课程的引语意在介绍这一问题领域，并且，从每个人多多少少都知道的学校现实来看，这一事实证明了教育目标的空洞和模糊。如果学校一直在“教育”民主、尊重人类尊严、创造力、和平、性别平等和团结一致，那为什么它还没有培养出它渴望创造的完美之人呢？虽然我们一直以来都是这种教育的对象，但为什么我们仍然不能分析出不顺畅、有节奏和和谐的音乐，协调旋律或者把哲学理解为我们生活的实践指南呢？当然，教育目标、学校、我们或者三方都有一定的问题。因此，为了在这个问题上取得进展，我们必须仔细地研究这个教—学等式，或者更准确地说，研究它对人类学习的内在理解、它的 122
含义和它的局限性。有了这些，我就开始接近我思考的中心点了。

Ⅲ

在这一点上，我们首先需要同意的是，教师并不是(就像学校暗示的那样)学习对象，这个学习对象必须让学生服从他们自己应经历的学习过程。相反，学生学习的对象是学生自己。尽管曾经提到过，这似乎是不言而喻的，但在官方的学校声明中，它还是被系统地忽略了(如上所述)。但这在细节上又意味着什么呢？

首先，我们需要把学习区分为一种有目的的活动和“偶然的”学习，或者我们可以说是，几乎所有行为都涉及的间接学习。在没有“学习”的情况下，人们很难参加任何活动。然而，由于我们已经开始讨论由学校组织的教学/学习的主观方面，即**制度性学习要求**，那么我们将在这里关注的是**有目的的**学习。问题是，正如在教学/学习概念中假设的一样，学校要求学生学习的纯粹事实是否已经确保了他们会乐意接受这些需求呢，也就是说，学生会自愿地**想要**学习所要求的学习内容吗？提这个问题等于就是在否定它。外在要求和主观意图显然是不同的。学习的目的并没有蕴含在学习的需求中，但是如果学习需求将要引起学习活动时，那么就需要学习的主体自主决定。更准确地说，学习的主体需要有理由采用学习的需求作为她/他自己的学习兴趣，或者正如我们所表达的——**学习问题**。

当然，要理解这里的“学习问题”是什么意思，我们必须认识到并不是每个人在生活中遇到的每一个困难都是一个学习问题。日常生活中有许多矛盾、困境和问题，他们都不需要学习，但可以通过直接行动来解决：在这个意义上，他们是不明确的行动问题或是应对问题。他们只在以下两个情况下才会成为一个“学习问题”：第一，主体不能直接控制行动问题；而第二，需要通过插入一个学习阶段来预测克服它的可能性。因此，学习过程从主要的应对活动中分离出来了。实际上它们是一种迂回或是学习循环。当没有掌握好学习便无法克服困难时，学习过程就会达到预期的结
123 果。因此，每个日常学习活动都与一种“参照活动”[佰祖尚德龙(Bezugshandlung)，参见，Dulisch，1986，p. 151]相关联，它决定了特殊学习活动所要求的结构。

由此看来，呼吁行动的实践问题，可能引起学习问题不受客观支配，例如不受学校支配。我可以在没有人给我设置相应的学习任务的情况下，通过在各种各样的环境中学习来体验我想要克服的困难。另一方面，在这里也很关键，我不一定要把学习需求作为我自己的学习问题。我可能同样会忽略或者重新解释它仅仅是一个行为问题，也就是说，通过其他的方式来处理他们而不是通过实际的学习，来管理由别人(学校)设置的学习要求。这就引出了一个决定性问题，那就是我为什么要接受一个需要行动(包括“无关的”学习要求)的问题作为我自己的学习问题。并且我有什么理由不承担学习需求并重新解释它为仅仅是一个可以在不学习的情况下解决的问题呢？为了回答这些问题，我将回到我们对动机和(内在化)强制的范畴区别上（参见，Holzkamp-Osterkamp，1976，p. 65ff & 347ff；Holzkamp，1983，p. 412ff)，并且将指出，原则上有两种学习理由的可能形式或类型，取决于它所承诺的扩大我对生活条件影响的可能性程度，从而提高它的主观品质，或者指出它是否仅仅为了避免更深层次的限制及对这些可能性的威胁。

如果一个从主体立场出发的学习活动是以对生活条件或可实现的生活质量提升的影响为基础的，并在这个意义上作为动机，那么当面对一个特殊的学习问题时，我必须直接经历或能够预见到在通过学习来丰富对世界

的接触、对生活条件的积极影响以及这一问题所加强的主观的品质之间的内在一致性。因此，在我们的理解中，“学习动机”是行为理由的体现。首先，学习动机通常建立在对扩大和增加一个人对生活条件和主观品质的影响的兴趣上，这就使其成为学习的理由，因此对生活质量的影响和提高必须被看作一种学习的暗示。在学习的过程中我将深刻地理解真正有意义的集群，在这个前提下，我被“激发”努力和冒险学习的“积极性”。因此，行动的机会同时允许我期望增加主观生活质量：以这种方式有动机地建立的 124
学习活动必然是具有拓展性的。

从动机的角度来看，回顾我的学习活动总是暗示着，如果没有动机，我就有(或已经有)抑制学习的可能性。然而，这也指出了一个始终存在的替代选择，那就是有充分的理由来实现学习需求，即使并不期待学习对我的生活条件及其质量提升的影响；然而，如果不学习或者拒绝学习，我将不得不预料到为了行动和生活质量，我的实际机会将会进一步减缩。因此，我有充分的理由觉得我是被迫去学习的，即使对我们的学习活动(总是暗示不学习的另一种选择)没有动机性的理由。无论如何，在这种情况下，我同时从共同控制生活条件的角度切断了自己的生活，还受到直接威胁和需求的控制。既然这样，我行动的理由不是拓展性的，而是防御性的。这种拓展性/防御性学习理由的概念，对学习问题和行动之间的关系或解决学习问题之外的问题，提出了新的认识。尽管在以拓展性为基础的学习中，对人们生活或生活质量的正面影响立即被当作通过学习获得深入了解世界的机会(如上所述)，但这种联系在很大程度上消解在防御性学习中。在此，学习主要是通过权力机构来避免当前潜在的威胁。既然通往世界的学习通道并不能立即消除这种威胁，那么管理它是次要的：学习只有指明作用，因为它帮助我在行动范围内避免了即将发生的限制因素。因此，严格来说，基于防御性学习的主要目的实际上不是为了克服学习问题，而是为了应付由于学习需求而导致的先前的行动问题。在这个学习集群中，我只对尽快逃离这种情况感兴趣，而不希望危及我目前行动/生活质量的可能性。

这种不同的理由语境导致了防御性和拓展性学习中存在不同的取向和过程。由于防御性学习的兴趣不在于特定学习需求的内容，而是对规避这些需求可能带来的威胁感兴趣，因此，防御性学习更少地渗透于学习对象之中，而更多的是通过展示学习成果来避免这些威胁。我的兴趣不在于学习某些东西(我看不到它的用途)，而是通过这样的学习方式来应付特殊需求，并尽可能多地学习。在很大程度上我是受人支配的，通过展示性学习
125 和学习的成功，我顺利地适应了第三方强加给我的期望。尽管展示学习可能需要一些学习活动，但他们不是由主体组织和综合的，而是由实际情况的要求所决定的。这种情况的动态性本身就意味着，因为我对这个内容不感兴趣，即在没有学习的情况下应付学习，我也将尽可能地用伪装来取代学习的展示。因此，防御性学习是受人支配的，对学习内容也是冷淡的。

在拓展性学习中，各种理由的集群恰恰是相反的。在这里，我并不是主要根据外在的需求来指导我的学习活动，而是根据存在问题的学习对象渗透过程中出现的实际需求，也就是说，对我来说，还有一部分是无法接近的。在获取学习对象的过程中，每一步都有新的困难，需要重新审视和定位我现在的学习方式。因此，在接近对象时，拓展性学习总是一个避免片面性、固定性和缩减性等的过程。它不能继续进行线性计划或预期的学习目标，因为对象的特殊性可能会在任何时候以不可预测的方式进行干扰。事实上，这种尝试恰恰导致了片面性和固定化等。在拓展性学习中这些是可以被克服的。这就意味着，在真正的生产性—拓展性的学习中，目标导向的学习过程总是被一种几乎完全相反的学习运动所补充：一种(暂时的)去固定化的、获得距离和概述、退缩与沉思的运动。这可以被称为(跟随 Galliker，1990)亲缘学习。考虑到参照集合，(亲缘关系，相似的衡量标准，对过去的引用等)可以有助于识别学习对象所涉及的意义引用的内部组织。在这种亲缘学习的沉思阶段，使我的思绪在深呼吸后漫游，我可以思索整体的联系，这让我克服了目标相关学习的片面性和“狭隘性”。在此之后，在有意识指导的“决定性”学习阶段，我可以在一个新的复杂层次上接近学习对象，直到当我在这个新层次上遇到困难，我才会再次来到

亲缘学习阶段。因此，亲缘学习和决定性学习之间的交替出现不是次要的，而是在以对象为兴趣和导向的拓展性学习过程中接近对象的一个本质构成特征。

Ⅳ

我们已经从主体的立场勾勒出了学习的基本维度，现在可以回到一般 126
的问题上，把这些学习的主观维度与学校输出的行政规划相关联的官方教学/学习概念联系起来。诸如我们跟随福柯阐述的学校和课程组织的纪律结构，给拓展性或防御性学习提供了哪些前提条件呢？在分析这个问题时，实现学校教学/学习概念相当于：在心理捷径的情况下，学习需求被学生接受，学校学习的许多方式都被归为“防御性学习”，从单一的展示学习到完全假装学习成果，这些已经变得十分清楚了。由于我已经在其他地方(1991b)讨论过这个问题，我打算从另一个方面来解决这个问题。因为学校也提供了一些客观有趣且值得了解的问题，我相信学生们(尽管处于正常压力之下)必然会时而受到激励去深入了解问题，并进一步深入到对象领域，即(按我们的术语来说)拓展性学习领域。这就提出了一个问题，即学习如何应对这种拓展性学习的尝试。我的论点(基于我先前的工作)是：由于官方学校教学/学习的捷径，学习只能被看作一种教学因变量。然而，这意味着学生们对学习并没有真正的兴趣：他们自己的学习问题以及随之而来的拓展性学习活动并不是“有计划的”，而在学习方法上与之相关的目标导向型方向、趋势和自我理解过程都是不被认可的。因此，这一事实(或多或少地以教学方法熟知)不得不遭到学校官方纪律的否定，即学校组织课程的方式，并且与之相关的是，人际间的课堂设置会永久性阻碍和干扰学生们可能的与对象相关的/拓展性学习努力。学校忽略了生产性学习的经验世界，因此，它不能尊重学生作为学习者的身份。现在将更详细地说明这一点。

让我们假设一个由教师在课堂上提出的问题令我(作为一名学生)印象

深刻并兴致勃勃，所以我采用它作为我的学习问题：因此，我将试图找出我的困难所在、重新激活我已经有的知识、思考它可能所属的大体环境。所有这些都在考虑特定的可能性并且拒绝其他可能性时进行的，直到我发
127 现问题的切入口，至少目前为止它不会再次消失，而我也可以稍后再讨论它。可是，这意味着我逐渐超越了官方提供的学校教育安排，从而引发了学校/教师的干涉和/或惩罚。

在最浅显的层面上，我在这已经与纪律性的四十五分钟的周期课堂相矛盾。也许休息的铃声会在任何一分钟响起，课程将会被突然中断，休息时间的喧闹开始了，而我最初想要弄清这个问题的尝试在我真正开始之前就已经结束了。如果我决定在休息时间静坐在课桌前思考问题(也许做一些笔记)，那么值班老师将送我去运动场，而下一堂课则会处理完全不同的事情。此外，当我全神贯注地思考自己的学习问题时，在接下来的课程中我难免会不专心。因此，正是因为我确实已经开始学习一些东西，所以我表现不出精神的存在(除了身体的存在)，从学校意义上来说，这是学习的一个主要前提条件。我是“不专心的”，教师通过唤醒我对一个特别问题的兴趣，亲自使我的注意力难以集中。所以，当教师遵循课程的惯例并向我提问时，我将无法作答。(从教师的观点来看)我肯定“没有用心听课”。或许正是因为我略有沉思地望了望窗外片刻而不是紧跟课堂，而教师恰巧发现了这点(这就是为什么她/他“选中”了我)。结果，教师责备了我，并把它记录下来或者(如果我反复地“不专心”的话)将它写入课堂日志。如果我如实回答(当然我不这么认为)：“对不起，但我还在思考之前我们在课堂上讨论的事情，我能告诉你我的疑问是什么吗?”班级可能会把它当作一个无礼的笑话进行嘲笑，而教师则会认为这是“可耻的”或“放肆的”，然后又一次甚至更尖锐地责备我。这可能是在校外共同讨论的开始，双方都可以学到一些东西，而实际上在校内是不可能的，因为它与课程应有的教学方式客观上是不相符的。

现在我们来考虑拓展性学习活动，目的是为了对这个目标有更深入的了解，在特定的时间点难免需要和其他人交流，这样就可以预见在学校中

拓展性学习努力的长期复杂性。如果我被困在这点上且假设其他人可能知道并帮助我，向她/他提问的话，这符合学习的内在逻辑，即是接近学习 128
目标的一个组成部分。然而，如果我(作为一名学生)试图与邻座的同学(尽可能安静地)讨论这个问题，对于教师来说，我就是“在和邻座聊天”，这是我上课不专心的另一种表现，甚至有可能还会被写进课堂日志里。所以，我应该向教师提问吗？即使正如标准实践所要求的那样，我举手等待被提问，教师通常都不会允许提这种问题或是回答它。尽管我提问的方式向她/他表明我对这个问题已经有了更深的理解，同时她/他实际上也愿意帮助我。如果教师允许自己以这样的方式进入一个学生的拓展性学习兴趣中来，那么(因为所有的其他学生也毫无疑问地期待它)她/他就不能满足行政管理的要求来促进学校学科教学过程和学生评估，因为其中首要的是必须维持课堂秩序。

人类学习是通过客观化的集体经验来调节的，当我们现在将这方面包含进来，我们就能进一步了解这种阻碍扩展性、发展目标兴趣学习的学校教育的行政方式。由于主要的学校纪律策略是将学生隔离以保证“可比的”和“标准化的”评估，不仅学生之间的交流(至少在评估相关的方面)是官方禁止的，课程和考试中的资源在很大程度上也减少了，而且最多允许采用有限和统一的方式(例如，每个人都可以携带同样的字典)。这忽略了一个事实，即对象明确的扩展学习不仅需要发展和利用与相关方面知情专家之间的特殊交流机会，而且还需要一个拥有客观手段和资源透明的亲身实践的组织，以实现对这个世界的学习探索。在这种背景下，我们可以清楚地认识到，在课堂上，在组织、利用这种内容和资源的客观化知识方面，学生是如何被严格地、有系统地分隔开来的。即使为所有学生提供平等的手段，也会使对目标的学习探索的要求几乎完全颠倒。这同样也适用于教室里使用的所有教学媒体，从黑板到投影仪和多媒体设备。换言之，在扩展性学习的发展过程中，我**自己**建立了一个适合于学习问题内容的信息和资源结构，同时也允许合理利用我所学到的知识，这是扩展性学习的一部分。在这里，教师们预先决定了要使用的方法、资源和媒体设备。学生们 129

再一次清楚地认识到，**教师**是他们学习的实际对象，而学生自身的学习问题和具备的个人方法/资源组织是不算数的。整体上来说，为了实现可比性和标准化的成绩评估功能，这意味着学校所要接受的条件是：本质上，学生在与世界建立有意义和可理解的关系的学习过程中受到了阻碍。

学校的纪律组织对扩展性学习的预先条件和影响的干扰变得很明显了。一方面，我们需要注意的是，**亲缘学习**正在以一种宽广的通道了解世界，具有重要意义；另一方面，我们也强调了这种可能性在课程组织的方式中是如何被彻底忽视的。

如果为了证实这一点，人们回顾纪律安排和策略的不同层次，时间纪律集群的特别功能在容纳和抑制亲缘学习阶段尤其(广义上来说)明显：他们似乎最有效地促进了监视和控制，不仅仅是学生们可看见的活动，还有他们的思想。即使是作为基本时间单位的课堂，严格的考试时间，以及由老师的提问和召唤/选择的顺序而构成的课堂组织，都是为了确保可用时间的充分利用，也就是学生们持续不断的精神状态。如果在某种程度上，他们“浪费”时间，耗时太久或是错过最后期限，那么由于学校纪律组织的原因，会直接影响他们的表现评估，并导致这种落后带来的威胁。因此，理解和完成任务的速度，完成任务的反应时间的缩短等成为学校的纪律价值，它根本与内容无关，还直接决定了学生的进步或失败。通过增强或减少时间压力(例如，在测试中)，学校的选拔程序是可以任意收紧或放松的。例如，将学生排除在正常课程之外，把他们安排在补习班或是特殊需求的课堂上，通常是因为他们“缓慢”(作为一种标准的时间长度经常在心理学测试中重现，这证实了依据需要来选择或排除学校的措施)。这些措施都不符合学生的学习兴趣，但直接地支持了学校纪律的组织利益，而且还为他们的可评估性和实用性做好准备。

130 除了让学生适应原设定的时间模式外，学校的时间纪律似乎也符合在课堂上学生和教师的活动需要同步化的要求：学生的心理过程必须尽可能完全地吻合教师的特殊兴趣。他们必须时刻保持专注，随时准备回答教师接下来可能的提问，并且只能考虑她/他在想什么，也就是否定了她/他自己的冲动、想法或感受，或者更巧的是，他们根本就没有想法。由于这些纪律时间模式和同步性，学生们被他们应该跟进的课程追赶着。他们不能(至少，在纪律策略的意图上来说)在任何空间或范围内思考其他事情、漫无目的放松自己、退出教室或是逃避课堂身体的和精神的控制，哪怕只是一小会也不行。

从所有这些跟随它的模式来看(并且这是相关联的)，在对目标感兴趣的拓展性学习活动背景下潜在的亲缘学习阶段，同样无疑也是被学校禁止的，它等同于破坏性逃避运动，并且得到相应的惩罚。因为他们也暗示(尽管与学习相关并且只是暂时的)从时间纪律的有组织的学习中脱离，是一种偏离主题和沉湎于自己想法的凝思。更准确地说，从学习纪律的角度来看，抽象的逃避运动和亲缘学习阶段(在他们各种各样的组合和转换中)导致了同样的“不当行为”：分心、做白日梦、闲混、在教室里来回走动、聊天、自闭、执拗等，尽管他们同样没有被官方承认。所有学校纪律的制度安排和措施都在无情地要求学生遵守秩序、塑造学生成才、把学生固定在座位上，并以一副“专心的”面貌面对教师，因此甚至抹杀了学生自己想法和反思的最后一点痕迹。对于学校来说，学生选择退学、暂时无法进入校学。“做白日梦”或离开教室，未必是想要打扰课堂和激怒教师，可能只想独处然后弄明白一些事情但这显然是难以想象的。(如果学校理解并从制度上整合，那么这会为学生自己的生活和学习留下空间，亲缘学习的障碍也可以被清除，并且随之，尽管有教师的计划，选择“抽象地”退出的学生也不会对预设的学习问题有困惑。但这并不是我们实际上在处理这类问题的历史上成熟的学校纪律。)

这凸显了学校纪律的一个核心难题：教学/学习的计划以及关于它的 131
战略，以新的方式产生了与其目的意图的反面，例如学生表现出来的反抗、拒绝和欺骗，作为对纪律组织的一种报复(更恰当地说，是一种学校的生存战略)，因为学生认为这些纪律组织是在否定他们的主体性(同样，更恰当地说，学校为了实现其计划产出的社会功能，必须忽略学生的主体性)。因此，包括试图用时间纪律来同步学生的心理过程在内的学校改进计划，很难确保学生心甘情愿地“跟随”课堂，反而会引导学生做出例如退出、装病、内心放弃、个人或集体耍花招等转移教师的注意力(至少是暂时的)的身体和心理的特殊行为。同时，不管是支持还是反对学校，学生不断受到威胁，他们努力获得思考、距离和概览的空间，即试图逃避纪律控制。所以，教师(尽职尽责地)越是坚持领导学生的思想，学生“不接受的”冲动多样性就越大。这种冲动只有一个共同点：为了坚守自己的立场而想要逃避掌控，或者至少希望不完全受控制。然而，既然是为了能给学生上课，教师不断地尝试(从回顾过去或预防未来方面)阻止这样的逃避并遏制学生(从而提示他们常新的、更精确的规避行为)，他们带来的紧张、疲倦、怀疑、压力、贿赂、怨恨和机会主义这种半意识的混合物，构成了学校日常生活的常态。

以促进亲缘学习阶段为标准，我们可以强调，在一个有计划、管理化、规范化的学校纪律下，我(作为一名学生)在学习上所欠缺的正符合我的自身利益：没有威胁、紧张和压力，也就是信任的可能性，以及最重要的可能性(包括所有这些)，平静与隐私——在这个有计划、管理化、规范化的学校纪律下系统地受到了阻碍。如果我没记错的话，裴斯塔洛齐(Pestalozzi)的教育小说《葛笃德怎样教育她的子女》(“*Wie Gertud ihre Kinder lehrt*”)的第一句话就是“人类的本质只能在平静中发展”。教师、学校措施和设备等的支持，只能被我利用，可首要的是，这些给定的基本条件得到满足，即在我没有长期地被强迫、被包围、被迫防御而因此不得
132 不选择退出、假装和妥协时，但可以自由地关联学校提供的可能性。(如果没有建立在这些基本的先决条件之上，世界上所有的教育科学和教学法仍是徒劳的。)在这种背景下，学校与其说(被认为是)是一个学习的地点，不如说是一个忽视主体间关系和冷落学习文化的地方(参见，Zimmer，1987，p. 376)。然而(如上所述)，改变现状的能力并不在于个别教师或学生。在这里，我们要处理的是恰恰是学校纪律的主观方面，在它复制其社会功能的过程中(“公平地”分配不公平的生活机会)，也必然会滋生其败坏的学习文化。

V

为了对上述问题进行适当的评估，我们需要牢记的是：在这里我只处理“正规学校”的现状，即它的教育使命与纪律组织内部学习“理论”之间的差异。我既没有讨论过从教育科学的进步历史中获得的见解，也没有讨论过由教育改革运动所开创的超越现在学校的多方面的观点。因此，关于这些改革措施对现在的学校有什么影响，他们留下了什么痕迹，或者这些改革努力是如何反复地从行政上被拒绝、逆转和淡化的，这些问题同样被忽略了。出于同样的原因，假设他们实现了理想的最大化，学校改革概念在多大程度上足以令学校发展为一个拓展性学习的空间，或者这需要多大程度上去设想更加激进的改革，我没有解决这个问题。这些话题都超出了本文的讨论范围。在我关于学习那本书(1993)的最后一部分中，我已经详细叙述了我们对制度学习条件的主体—科学分析对学校改革辩论可能会产生的后果。

8　音乐生活实践和学校的音乐学习

133 从儿童和青少年的角度出发看校外音乐实践

序言

很显然，学校教育并不是学生接触音乐的最初与唯一途径。入学前，每个人就已经对音乐有各自独特的经验并形成自己接受音乐的方法；当然，对音乐的这种经验不会随着音乐课的开设，也即音乐成为外界要求学习的东西而停止。因此，从学习主体来讲，她/他(时空上更全面)的早期音乐经验实际上形成了一种背景与参考，影响了她/他以后接受学校音乐课的方式、对人生重要性的认知以及投入其中的能力与意愿程度。为了更细致阐述，下面我将首先更“还原真相”地详述日常生活中有关音乐的各个维度，在此基础上详细讨论这对接受学校音乐教育的意义。

音乐在生活中的独特经验和重要意义

以我零散的生活经历为背景，所能提取出的音乐经验的最主要维度应该归结为一种**音乐的自我指认**：大声地或只是“内在地”对自己唱歌、吹哨、低哼、节律性运动、轻拍、摇动等。(这可以被看作维果斯基之后被
134 称为“内心语言”的一种音乐强化。参见，Holzkamp，1993，p. 258 ff)。但是，由于音乐并非纯“内在”的现象，而是与外界相关联，因此，音乐的自

我指认与音乐环境相互依存着。现在，音乐的生活世界是最重要的——在与音乐直接接触之前，与之平行——一种作用于声音载体、收音机与电视上的音乐“媒体”景观。大部分儿童与年轻人，从早期开始就接触了各式各样音乐，这些取决于与收音机与电视开着的程度，或多或少形成了他们日常活动的延续性背景。但是，这并非意味着他们只是被动地接触这连续不断的音乐流。诸如此类的认知会通过选择性注意与各种辅助性行为，随着特定的环境做出调整与定位。因此，这种选择性行为在聆听音乐时也有所体现。

最基本的“内在”知觉活动将特定的音乐单位作为“图形”与“背景”来设定，可以定义为注意：**这是什么**？**我知道**！**它听起来不一样**！这种无意识的接触形成的印象将令我要么失去兴趣、要么开始“**倾听**”——**这很有趣**，**我喜欢**！——从而让我自己某种程度上被音乐特定的韵律所吸引，并且不需停下当前的活动，即音乐仅仅作为暂时的额外活动。只有当我自己为音乐如此“着迷”时，它才开始构建我的经验，让我从新的角度看待他们。而且当音乐特定的暂时性压过了当前其他活动零散的暂时性时，才能说我已**投入**到音乐中：因为我此时正专心地倾听音乐、不理会其他事情，并且因为我依赖于不被干扰，某种意义上我又是“可干扰”的——这一点我后面会讲到。

但是，如果我们只考虑它的心理因素，这“注意—倾听—投入”的连续体就仍不完整。在媒介世界中，内在的意图只能通过与辅助性行为连接才能实现，比如调试收音机或电视。因此，听收音机时，“注意”会使我停止不断换台。我会根据当时所听的节目决定继续换台或停下来听。如果我投入其中，便需要进一步的辅助性行为：针对他人的质疑为所选的电台做辩护。

所有这些限定意味着，尽管在这些实际的情境下，音乐对我来说仍是 135
有意义的。音乐经验“对我很重要”，“它给了我一些东西”，它是“我所需要的”。否则，就无法解释为何我会让它以各种形式占据我的时间——比如通过与自我的交流，程度不同地集中倾听与媒介的选择——也无法解释为何我还会就自己接触音乐的方式与他人辩论。很显然，音乐除了狭义上提供美感之外，对生命还有着某种重要价值。但如何详细阐述它呢？下面我将引用埃克哈特·诺伊曼(Eckhard Neumann，1996)的书来解释一二。这本书将我们的理论框架应用到艺术创作的社会功能和起源的分析中(它从宽泛的生活实践角度阐述，比如艺术对日常生活的重要性)。诺伊曼首先从人类学的角度指出，为了“走出”自然并开始社会性地创造生存环境，人类不仅需要找到自己的生产方式、发展社会关系，还需要建立处理自身情绪的方式。先于人类的动物都或多或少与其物种所在的特定环境融为一体，但人类将自身的生命与生存掌握在手上，因此将面临许多新的陌生情境。这些新情境也让他们意识到新的风险与威胁，所以为了避免面临险境时感到恐惧与慌乱，他们必须创造新的方式来处理与控制他们对自己所创造社会生存环境的敏感性。这就解释了诺伊曼所阐述的艺术的起源。而且，我想试探性地补充一句，它也有助于在理解音乐创作对日常生活意义时，明白其起源与功能。

从这个角度来看，控制、构建与加强个人情绪的可能性都随着音乐在历史中累积下来。在进行音乐性活动时，我感受中重要的、延续性的、典型的部分就会从其他偶然的、不连贯的部分中凸显出来。但是，尽管这种社会性累积下来的情感经验只是感召与构建了我自己的情感，情感同时也因这些经验而升华。在音乐中我体验到一种“更高”、更普遍化和凝练的情感形式，而不需损失它的感官—生理关联性。基于具体的音乐活动结构，我的情感投入——没有“偶然的”紧张与痛苦的干扰——就能够强化、深化，及升华至极乐。

136 但是，音乐也能够创造一种与及时情绪的新距离，这种距离不仅仅是“认知”上的，而且有自己独特的性质：作为“内在平和”、全面的视角、平静或完全的专注，或作为音乐极乐的反面。任何一种情况下，通过音乐我得以避开并独立于外界的干扰、模糊与混乱。音乐是一种任何人都不能从我身上带走的或通过与我谈话而消失的感觉，受它感召，我能感受到自己、感受到自己正活着，感受到自己以纯粹的强化形式抵抗性地存在着。因此，我至少暂时不容易脆弱或被吓倒。

此外，由于有客观性关联，音乐经验的社会普遍性让人们能够理解它所构造的人与人之间的关系。我即时的音乐经验说明了我并不是唯一被某种特定音乐结构“感化”或吸引的人。如果没有干扰与障碍，其他人同样会被“感化”和吸引。但是，按此种定义，音乐的社会性不仅指听音乐或创造音乐时与他人的社会联系。基于特定的音乐类型与倾听者的心理状态，体验音乐时“孤立”的听众同样与其他人相连，如某些专家、亚文化群体，或整个人类。

规范音乐表达与“青年音乐”的社会排斥

通过强调音乐生活实践的社会性，我们面临一个需要新的思维水平来妥善解决的新问题。人际关系并不单单指个体间的联系，实际上他们是一个微观的社会权力关系，把人们分为享有不同社会影响力与生活机会的阶级或(亚)文化群落。因此个体间的关系，如果不是敌对，也至少是矛盾的。这些矛盾性会以间接或被中介的形式存在，比如存在于相互控制、引
导、规范与压制对生活的表达时形成的人际关系中——或者也存在于音乐 137
生活实践的社会关系中。当我们意识到以上所讲的音乐经验的各方面——比如，即时的感官自信，增强的生命意识，避开并独立于当前的贿赂与恐吓——我们就能明显地知道这种行为在该社会情境下很难被“全盘”接受。相反的，这种行为会受各种形式的控制、驯化与规范的影响，其目的是避免脱离已建立的竞争与相互制约的情境。

一旦大家开始意识到这种规范音乐表达的倾向，就能够轻易找到许多例子。从家庭开始，大人一般只允许小孩用文明的、“得体的”方式演奏音乐。比如，当一个女孩无比愉悦地沉浸在自己的歌声中时，周围所有人都会让她停止，并对她说：“早晨唱歌的女孩到晚上就会成为猫食(cat-food)。”或更野蛮地说：“不停唱歌的女孩脖子会被扭断。”但是更多情况下小孩子的歌声或许只吸引了父母或兄弟姐妹的“纵容式幽默”。唱歌的人是

用一种感官—生理的方式展示自己，如果有人鄙夷或批评小孩的歌声，她/他就会受影响或怀疑整个自我。当小孩长大了通过收音机或电视寻找音乐，大人就会批评小孩所选的音乐或音量。“为什么你总听这些垃圾？太吵了，实在难以忍受。”而且，尤其会说：“太大声了！把它调低！”当单独批评“音量”时，这种规范性的行为很显然主要在于压制儿童与年轻人的感官—生理的表达：并非是音乐太吵，而是我太吵，我将自己与自己的存在强加于他人，因此如果我想被接受，我必须控制自己、不出声，保持内敛，让自己不显眼。

儿童将不同程度地把家庭情境转移、与同伴接触、长成青少年，并且（或多或少基于特定情形）他们将在一个更广泛、社会预先设好的框架中成长，在这个框架里，他们对限制自己音乐表达的反叛将被提起、普遍化，并且同时被用来满足商业与政治目的：比如提供某种“青年音乐”，即在世界范围内被称之为“流行乐”或“摇滚乐”的音乐，而且随着流行趋势不同，还会根据特定时期的风格、人群与演奏家进一步定义它。这些音乐可以从唱片、磁带与CD中获得，大部分购买者是儿童与年轻人，而且一般来说，获取渠道也仅限于有年轻演奏者的节目或视频等。能让它释放全部能量的是迪斯科，特别是热情四射的青少年观众的摇滚与流行音乐会。

138 虽然一方面青年音乐可以再细分为不同的而且部分互斥的喜恶类型，另一方面它也是一致性的，因为“我们的”音乐是一种朝气蓬勃的、反叛的青年音乐，成人贬低它为“粗糙的”“不成熟的”和“令人生厌的”，这令它的整体性更加凸显。作为回击，儿童/青年反过来又拒绝“成人”音乐，认为它与他们毫无关联。特别是作为一种特殊成人音乐的“古典”音乐，被认为是非常冷淡的、难懂的和“无聊的”。在这里“古典”不是指音乐历史上一种特定风格，而是指所有“严肃的”“有挑战性的”和“难懂的”音乐——这种对“古典”的广义理解又被媒体采用，比如他们（迎合性地）播放“古典的碰撞”“早餐古典音乐”等。但因为我无法想到其他更合适的表达，我将继续采用这个术语，也就是它包括从带有轻蔑性标签的音乐到人类普遍伟大音乐的所有音乐。

自此，由于儿童与青年采用这个评价框架，他们的选择性见解与对音乐媒介的选择会由这些一般的分类所决定。在这个意义上，引起他们兴趣的、使他们聆听或感召他们使之投入的就不偏向于任何一种音乐，而是带有“我们”特征的音乐。相应地，他们也只会在从收音机或电视上听到这种普遍的熟悉性时才会停下来。可以肯定地说，儿童/青年同样了解一些其他的音乐，比如被称为“古典”的音乐，但他认为那是不想听的，因为它“无聊”。因此，当它出现时，儿童/青年会立即关掉或继续换台。但是，如上所述，我们别忘了这种对值得倾听的音乐的选择只是对成人的回击，当成人听到类似典型的青年音乐或“无聊”的音乐时，也会关掉或换台：因为他们要听的是“得体”的音乐。

这种“青年”与“成人”音乐的相互歧视明显存在于文化和代沟造成的冲突叠加的领域中。诚然，我们不能很明确地将一种风格或音乐归为青年或成人音乐。比如某些青年音乐作品也被引入“成人”音乐——或者说被其统治——而且，也有音乐家或音乐团体被两种“文化”接受，虽然这种情况不经常出现。但这也无法否定一个事实，就这里所讲的青年对成人文化反叛 139
的结果最终也只是由儿童/年轻人承担(参见 Zinnecker，1981，或者如 Renate Muller，1992)来说，我们所说的是成人看待和评价青年时的优越感，用一个本质上的、“存在性的”词语来诽谤嘲笑青年音乐。

基于以上的描述，只要没有人反对，对青年音乐造成社会排斥与发展限制的社会结构也存在于音乐生活实践的社会结构中(不论是否加以中介)。伴随着人类整体的发展潜能，历史上累积下来的音乐生活价值也只能以一种或多或少零碎的、削弱的、“被分类的”、平和的和稀释的形式传递给相应的主体。这当然也不是说，在有着规范和排斥的社会体制下，完全没有可能强化我们对生活或音乐固有世界的独特认识。如果真是如此，我也无法在此描述这些可能性了。但我们也要明白，在这种情形下，能够真正实现并“完成”音乐经验并非“唾手可得”，它仅仅属于那些“被运气眷顾的人”，在他们身上，有利的条件累积起来、障碍被中和掉，成就了这“巅峰的经验”。此外，我们要记住，就算是这种“偶然性”感受巅峰音乐经验的机会也都不是每个人能拥有的。社会结构和障碍，以及由此产生的自我设限和音乐表达上的不自信，基于具体的社会和客观的生活环境，都会不同程度地影响不同的个体。极端地讲(并且很可能不在少数)，这些障碍和恐吓的累积会深深扼杀一个人与音乐产生共鸣的能力，残存的只有对音乐还有从中“获取某种东西”的人的贬损和质疑。这种由社会带来的接触音乐的不同形式也被归因于主体本身的音乐才能，最终得出一个“毁灭性”的评价：**好吧**，**你就是完全与音乐绝缘**。

学校音乐能提供给学生什么

序言

说了这么多关于学校之前与学校之外音乐生活实践的主要特征和矛
140 盾，我们现在需要解决一个问题，学校本身应该如何与学生的音乐生活实践相连，还有它何种程度上接受、否定或忽略它。为此，我将首先引用西柏林教育上议院在 20 世纪 70 年代后半期及 80 年代初期公布的官方文件：关于“音乐”学科的学校教育“计划纲要”，和小学的补充“教导信息”，还有中学 I(7—10 班)和**文科中学**(语法学校)高年级的计划纲要。

因为据我了解，这些课程没有经过任何大的审查修改，所以原则上来讲这些课程至今在柏林仍是有效的。虽然我没有系统地研究柏林的音乐课程多大程度上与德国其他州不同，但也暂时假设两者几乎不会有大的差别，因为西柏林所在州的教育政策最为激进。

当然，这些课程本身并没有直接说明音乐教育中相关的争论，也没有说明当前音乐课程的经验现实。但是，他们告诉我们国家对学校音乐教育的兴趣，还有这和儿童、年轻人音乐生活利益的关联。

学校在结构性规范和边缘化音乐中扮演的角色

以上某些关于课程的初步评论给我们一种印象，学生在学校外的经验，连同它的活力与矛盾性，都应该被承认并引入课堂。因此，比如说，小学的音乐课程大纲强调“学生聆听音乐的经验和行为习惯”应成为学校音乐学习的基础(p. 1)。中学Ⅰ级大纲的第一句话强调了音乐课的目的是发展“体验音乐的能力”并鼓励“多方面地有创造性地接触音乐”(p. 2)。

但是，大纲的余下部分出现了一种不同的景象。里面没有一点是关于学生在课上表达自己音乐兴趣的，更别说教师在组织和设计课程时采纳或考虑这些兴趣。相反，课程的设置像是把学生当作在学校第一次严肃地接触音乐。典型的是，音乐教学大纲的各种系统学都是从教学对象的科学分类法中衍生出来的。因此，比如说，我们能看到：“音乐课程区分了声 141
学—感官、认知、情感和心理运动学习目标”(小学，p. 1)。此外，小学音乐课的“教学信息”如下：

1. 声音的性质与种类
    1.1 音量
    1.2 音高
    1.3 音长与节奏
    1.4 音质
2. 技术性媒介
3. 声音过程与成形原理，等等。

这种分类方法很显然基于一种认识，认为在学校里能够将这些转化为学生的系统音乐知识，并一点一滴地将它像白纸一样植入学生的头脑，或是像在未成型的雕塑黏土上标记一样根据预设的教学目标来标记学生。但是基于此目标，学校外的经验因为显然不符合这些分类法，因此会被认为是干扰性的而被忽略或排除。这个假设不仅从以上证据得到佐证，还可以从一些直接的尽管比较偶然的评论得到证明。比如说，前面所讲的“教学信息”指出“从事音乐要求学生有很高的专注力并能够被任何**已公认的倾听习惯所阻断**”(p. 1，强调为霍兹坎普标示)。因此，学生会忘记之前所听过的音乐并对学校不开设的“异类”音乐充耳不闻：只有学校教的才是音乐！

通过阻止并贬低学校外的音乐生活实践，学校不仅忽视了重要的背景知识并将它排除在学校教育之外，而且也对以上所述社会对青年音乐的排斥熟视无睹：即对“青年音乐”的贬损及青年对“成人音乐”相对应的贬损视而不见。因此，国家课程设计者根本不知道(或根本不关心)学校所教、所倡导的正是学生可能拒绝的“无聊的”“古典的”，他们所不关心的音乐。当
142 我们分析上议院对小学教育的教学信息所倡导的“音乐示例”时，能够更清楚地看出这一点。比如为了说明音长和拍子的一些参数，它会列出以下例子：贝多芬的《埃格蒙特序曲》，罗西尼的《塞维利亚的理发师》(雷雨的一幕)，还有阿图尔·奥涅格《太平洋 231》(p. 12)。为了说明不同木管乐器的不同音质，会列出莫扎特的《单簧管五重奏》，斯托克豪森的《旋涡独奏曲》(双簧管)，莫扎特的《低音管协奏曲》，和贝里奥的《长号序曲 V》。根据课程设计者的喜好，学生们被迫面对“古典”音乐，那种他们在收音机或电视上听到会马上转台或在“学校外”生活实践中听到会马上跑开的音乐。诚然音乐示例有时也会提到“民谣”或“流行”音乐(p. 21)，甚至一首披头士的歌(《生命中的一天》；p. 10)，但这些非常少，只是为了使系统完整而添加的，而且仅仅在对音乐感兴趣的成人音乐思维框架里提及。儿童/年轻人从自己的随身听中吸收自己的音乐，他们狂热地全神贯注地投入摇滚及流行音乐会的演奏团体及演奏家中，都受到漠视的惩罚。

从学生兴趣的角度来看，学校根据课程设计者的想象来操作，显然是带有偏见的。他们站在权威的一方，而学生认为这些权威为难并无视他们对生活的音乐表达，即从根本上漠视他们的人格修为。面对学校机构的权力，学生的防卫与抵抗也到了一个新的维度。逃向青年音乐文化本质上就是逃离学校、逃离它的控制和管制。因此，儿童/年轻人通往“我们的音乐”及其他音乐世界的渠道就会更加宽阔。在他们看来，这两个领域就像两个平行的经验层级一样毫无关联地共存着。基于这些前提，决定他们生活经历和与世界联系的发展的，是“他们自己”的音乐、学校所忽视的音乐。学校所提供和传播的音乐最多也就是看起来比较“高级”和“更严肃”的

而已，就像我们不(想)接触的那些跟我们生活中的或赖以生存的音乐无关的音乐(关于这点，详见，让·莱芙对学校数学与日常数学差别的分析，Lave，1992，p. 76 ff)。

学校测评对音乐重要性的否定与颠覆

然而，通过发展学生各自的生活实践来培养学生在音乐课上获得音乐体验的机会，不仅被社会排斥青年及其音乐的再生产所浪费。实际上，整 143
个教育机制都有这个倾向，因为它反映了公共课程大纲的导向和规定。这一点在学生表现的测评和控制的规章与提案中能够明显地看出来。

因为用课程设计者的话来讲，音乐课是为了挖掘学生“音乐体验的能力”和他们“与音乐的创造性关系”，又因为儿童与年轻人最感兴趣的应该是生活可能性及体验能力的强化——所以我们就能想象得到，至少在音乐课上管理和控制学生学习成效的标准方式就被认为多余的而忽略掉。当我们看到课程大纲里的“学习目标”并不指向学生自己的音乐诉求，而是外在的要求时，该做何感想呢？更明显的还在于诸如“学生有能力”或“学生能够”这样的表达，这些表达贯穿了整个学习目标。比如，在小学课程大纲中，“学生能够从乐器中和声音本身体会到不同声音的特质——演示不同声音的特质——用自己的符号将这些特质归类——分辨并说出声音的类别”(p. 4)。在中学 7—10 班课程大纲中，“学生能够分析并演示齿音、韵律及和声过程——再现并熟悉音乐结构——将音乐根据类型和历史归类”(p. 9)。文科中学的高年级班级课程大纲指出，“学生通过分析，能够辨别和判断时间结构、声音事件、结构成分、原理与过程等的重要性”(p. 21)。

首先，大家可能会反对如此定义的学习目标，或认为诸如“能够”这样的词犯了范畴性错误：音乐经验能力的发展——至少在专业性情境之外——不大适合被归为“能力”的增长，而更适合被归为对音乐时间结构主观性接触的深度和强度。比如说，音乐的风格与形式只有在解读这个整体经验的过程中才有主体上的意义。只是依照这点，我们很容易忽视一个事实，就是课程制定者几乎不能够参与到这种讨论与质疑中，因为在制定学

习目标时，他们必须考虑管理方的需求，也就是所有学生的音乐表达必须
144 以学习成效的形式被测评和控制——这就要求学校基于“有能力”来判断学习过程的合格性。比如，在以上提过几次的小学课程“教学信息”中，每一小点的结尾都是一种特定的控制方法。为了使控制的结果可量化，还会附上特定的图解或表格——比如让学生排出某个音乐示例的音量（从 *pp* 到 *ff*）的图表(p. 3 f)。实际上，大家甚至会佩服课程设计者能够将音乐现象分割成独立的、可分级的单位。此外，关于如何控制所学知识的说明也出现在课程大纲很显眼的位置。因此，例如，文科学校高年级的音乐课程大纲的主要部分提到：“所有课程都有学习成效的控制与测评——比如通过书面考试——通过非正式测试——或通过口头展示”，然后大纲再加以细致说明(p. 4)。

现在让我们从学生的角度思考这个问题：很显然，根据个体的生活利益所采取的行为，应该依靠自己来完成，所以这里外在的控制与测评，就算没有起反作用，也是多余的。因此，如果我在课上对音乐的反应被定义为一种“学习成效”，并不断受到外界的控制与测评，那我认为，在校方看来，学音乐就不是发自我内心的兴趣。因为在我生活中的其他活动中，我能够持久地并立即感受到音乐使人感到愉悦与富足的特质，相比之下“学校音乐”就是另一种缺乏这些核心特质的“异类”音乐。这就不仅证明了为何青年会把学校音乐设定为毫无兴趣的、“无聊”的成人音乐，也印证了“我们的音乐”和“古典音乐”的二分法，同时音乐课程本身与其相对应的生活经验也有着内在鸿沟。先不论我的预设性判断，就算我（作为一个学生）偶尔从学校所教的音乐中感受到一丁点音乐的核心特质，频繁的控制也会让我怀疑自己情绪的真实性。教师用无止境的压力与控制将音乐强加给我，又怎么能让我感受到音乐的意义？这种“心理上的逻辑”不仅仅在给予我负面评价时存在，正面的评价以及外来的表扬也会使我怀疑并减少对音
145 乐的真诚信念。若我真正喜欢做一件事，又何须额外的夸奖？就因为学校认为应该嘉奖我，音乐就变得不那么有趣了。因此，比如，心理学研究发现，相比起没被嘉奖的儿童，当儿童因他们本来喜欢做的事情被奖励高分

时，他们就**不再那么频繁地**做这些事情了，——这种现象被称为“过度合理化”效应。

根据官方所述，音乐课的目标是发展学生的音乐经验，鼓励“接触音乐的创造性方式”，人们可能会认为这无处不在的对音乐课的控制与考评机制是一个极大的“专业错误”，因为它不知不觉地忽略学生可能失去音乐兴趣的可能性、损害了教育的初衷。进一步看，可能有人会怀疑这只是无意疏忽或是有意为之。

在其他学科中这种无止境的测评与控制可能一开始看来是合理的，因为需要选出最适于社会竞争的人。但音乐表达不需要符合这些要求。为什么也需要被测评和控制呢？为了传承文化遗产的说辞显然不足够有说服力，因为学生与音乐的联系正是被这些控制机制所破坏的。因此，从某种意义上说，音乐本身可能是这种行政管控的对象，这真的太牵强了吗？毕竟，在过去，权威当局也或多或少与音乐和音乐家有过矛盾。一方面，音乐是用来进行自我启迪和自我强化的；但另一方面，它也从未完全摆脱放纵与自由化的光环。诚然，随着时间的推移，在大众中给音乐家和随从们编号，并依此对待他们的传统已经渐渐过时。但总体上讲，音乐仅以传统的形式和依附的角色被接受，一旦它为自我发声并选择不服从，就会失宠。大家只需要想想巴赫与莱比锡城议会的矛盾，或莫扎特与萨尔茨堡采邑主教科洛雷多之间的问题，或只要想想人们有多经常喜欢平庸的音乐家多过先锋音乐作者就能证实以上说法。或许当下的机制也正孕育了对音乐革命力量的质疑。这也解释了课程大纲的内在矛盾。一方面，音乐的确以一种“科学”重塑后的形式被列为与其他课程平行的学科；但另一方面，把
音乐的性质变为一种“表现”并官僚地对它进行测评和控制，就难以培养感 146
官上的自信与通过音乐接触世界的内在独立性。这有另外一个好处，就是这阻止了不仅学生之间，而且是学生与老师之间可能形成的、在音乐经验上的联盟与共鸣，毕竟后者基于与学生共同的对音乐的热情，可能会忘记自己作为学校管理方的执行者应该与儿童/年轻人保持的距离。教师被迫施加永久性的成效控制，令学生无法享受他们本身喜爱的音乐的乐趣，教

师也知道自己与自己的音乐是学生们不乐意接触的。

“自我反思式学校”与音乐经验新可能性的展望

当我们试图找出音乐生活实践与学校音乐隔阂的反例时，似乎以“开放性学校”为题的现代学校改革是一个明显的例子，它将儿童的“生活世界”融入学校，等等(参见，比如，von Hentig，1991)。但通过进一步分析可得出，不加甄别地让“青年音乐”进入课堂的理由是不充分的，或在某些情况下是有问题的。成人对青年音乐的排斥和青年对成人音乐的排斥不仅是一个不同群体间的问题，而且不论如何掩饰，还是社会权力关系的意识形态表达。如果，比如说，流行音乐被用作教学(不论这一尝试有多么值得)，这不一定能够消除青年音乐与成人音乐间的隔阂，可能只是“学校恰当地”包装它、神秘化它。如果其他一切都没有改变，教师们几乎只能根据管理方的标准“系统地”归类、分析和“细分”学生所建议的音乐。此外，因为一般来说，课堂要求教师为达到评价性教学目标设定并管理活动安排和指令的体系不会被完全废除，将青年音乐，比如摇滚或流行乐设为学习对象实际上意味着将它植入一个外来的环境中。因此，学生们会有这么一个印象，认为“他们的”音乐不属于课堂。也正因为音乐脱离了真实的生活情境，它就无法被真正体验，而只能被“展示”。学生可能也会怀疑——这
147 种怀疑有时不是错的——成人的“宽容”和他们所表现出的理解只是一种通过巴结他们，跟以往一样将他们与他们的音乐“分隔开”的策略。

相比之下，比如克拉夫基(Woltgang Klafki，1989，p. 31)所说的“自我反思式学校”，可能会提供更多有希望的可能性。在自我反思的过程中，学校可能必须提出一种立场，即音乐经验的相互“分离”将不再被推行，但可以被理解为社会权力关系的变体，学生将“自愿地”限制或自我限制其生活经验与潜力，即延续自己的隶属性。但这要求学校通过行政压力明确自己的倾向，即贬低或否认真正意义上的学生音乐：一种服从体系的对个人体验音乐可能性的限制。基于此，学生可能也会明白他们有意地脱离“成人”音乐，而“古典”音乐只会盲目地让他们复制“陈词滥调”，并使自己脱

离音乐经验的核心内容。也就是说，那只是表面上的“抗争”，实际上是对普遍存在的生活机会不平等的和解。

进一步讲解这个概念，一方面，我们不难发现，在各种各样相互交织的生活情境下，不同音乐的特定功能和由此带来的不同音乐经验，都是本来存在的并且合理的。但另一方面，通过分析由此而来的矛盾，会发现音乐经验现象不符合历史的与情境的相对主义：如果一个人真的被音乐迷住，他对生活价值的每一次体验都是独一无二的。不同的只是与音乐经验产生时间相关的我的音乐情感形式(还有品质)，一方面是在我的具体环境和需要中直接感受的两极，另一方面是浓缩和概括人类基本生存取向的全面历史维度。

因此，音乐课程的目标不能是以某种更有价值音乐的名义将学生与他们自己的音乐分割开。相反，对学生来讲，应该让他们相信他们不仅不会丢失原有的东西，如果他们好好利用学校提供的音乐发展机会，他们还能大大获益，也要让他们相信学校音乐永远不会取代他们校外的音乐经验 148
(比如迪斯科与流行音乐会)，只会提供相对来说“远离日常生活”体验的可能性：比如共同获取差异、懂得除了平日“习以为常”的还有其他体验音乐的可能性，只要不排斥这些可能性，就不仅能够极大地丰富个人的生活，还能够帮助克服普遍存在的社会排他性机制与关于社会生命价值的偏见。

基于这个理论框架，我们也能够更具说服力地从学生角度证明**音乐课的要求**。当实现音乐经验的机会取决于它发挥功能的具体生活情境，那么——如果一个人想要实现由于之前拒绝古典音乐而失去的可能性——他就需要在可能的情况下建立情境以及个人的预设。这首先要求接受接触音乐的不同时间框架。虽然，比如我只要听过几次摇滚或流行乐，就能选择继续聆听哪一种，但选择“古典”音乐**常常**需要重**复地**聆听一整首乐曲。但是，除非我(作为一个学生)改变选台与选频道的习惯，我将几乎无法意识到，将它归为“无聊”实际上是我的行为已经决定了的。接触古典音乐——从参与到聆听再到参与，它首先要求准备好并有足够定力，耐心地参与其中。因此，如果一个人想探索新的经验可能性，那么在音乐课上同样需要这种宁静。只有这样，他才能全面接触到历史上伟大音乐的各个方面。就如教育学家与社会改革家裴斯塔洛齐所说：“人类的本质只能在平静中发展”(Pestalozzi，1976，p. 63)。

在这种集中注意力的环境中，学生们很容易就能体会到占有的感觉，例如，音乐的形成原则。虽然了解摇滚或流行音乐结构原理(如序曲、小节、副歌、间奏、衔接、结尾)有利于欣赏此类音乐，但识别出诸如古典奏鸣曲乐章的结构原则，对于将其结构恰当地转换为有机的内在“乐章”也是必不可少的。否则，音乐时间结构的宽度与复杂性、部分与整体的联系，还有自我音乐情感经验的强度与广度都会丢失，留下来的仅是失去了
149 音乐特性的拼接物。音乐课要如此解释迄今为止无法想象的音乐经验可能性和音乐形式主观上可实现性的关系，就不能以上面所说的课程大纲为指引，因为它以迂腐的、可测量和可控制的“体系”让学生感到无聊与压力。

由此可见——如果由此建构的课程期望有一丁点的机会得到学生的认可——测评与控制一定是不合适的。如果校方认为外在的测试与控制是必需的，即否定学生们的兴趣，学生们如何相信他们能够凭借自己的兴趣接触到音乐经验新的维度？如果学生们想知道自己是否已经具备足够的音乐才能或已经足够理解音乐的连贯性，他们就会请教老师——假设他们能够确信自己的提问不会被理解为缺乏能力或知识而被打低分。但是，把卷面分数改为口头的并不足够。任何形式的测评都会将教师和学生分隔开，这破坏了他们共同接触音乐的前提条件。

总体而言，随着大家渐渐接受一个观点，也即测评与评分(还有学校规范教师与学生社会关系的策略)不仅决定性地妨碍了音乐课堂的学习，还妨碍了学校其他生产性活动，那么实现没有测评的音乐课堂的可能性就会提高。在我对学习的研究中，曾试着指出学校与学生“测评”式的关系就如学校隐性地向学生宣战(参见，Holzkamp，1993，chap. 4)。大家一定很难想象，学生自己会对学习感兴趣，并因此拒绝任何想与他们共同创建有意义、有效课程的尝试。与“寄生虫”或“害虫”理论一样——如果假设学生原则上需要通过规范与控制才能被迫学习，我们就只能得到反抗、不情愿

与逃避，从而证明他们本质上没有意愿学习。从学生的角度来讲，这意味着必须不断地将他们的努力和动机以接近学习目标的尝试转向避开可能被教师负面评价的危险。在这种情境下，就算最初对这学习目标有真实的兴趣，学习也将不断地被重新定位为以最小的努力、仅凭学习技巧与技能来 150
应对这种评价系统。我将这个过程解释为**防御性学习**的常态化——而不是生产性、拓展性的学习。防御性学习主要只是以学生所理解的教师期待为指引来**演示**知识——其中暗含着仅仅模仿学习效果或故意作弊的倾向，只要他认为自己不会被抓到。因此，基于测评的普遍性，教师与学生的关系就被视为相互猜疑、模糊、不真诚、不尊重对方的兴趣与关注点，这就是我所说的学校学习文化贫瘠之处的一种内在特征。

事实上，由于课堂基于测评构建，它将持续地"教育"学生拒绝它所提供的发展的可能性，这一点似乎已经很荒谬了。当考虑以下情况时，荒谬程度就更加凸显了，即儿童与年轻人在自我否定中被"教育"，拒绝本来能够从体验伟大音乐中获得的、他们难以想象的关于生活的清晰、强烈的基本感受。

第四部分

构建他者

9　反种族主义教育的概念：对其功能的批判性分析及主体科学替代大纲

I

在这篇文章中，我想要讨论并且试图消除歧义的是我在阅读中关于 153 “反种族主义教育”方面偶然碰见的问题。为此，我想先问问教育活动中被教学法中介的对象是如何分离或建构的似乎比较有用，也就是说，在何种程度上可以通过学习获取的问题。这在很大程度上决定了，从学生的角度来看，他们为自己的学习问题积极接受教学法。对于学习的需求是基于自己的终身利益，还是仅仅是因为他们是被迫的，（如果是后者）将导致他们尽可能尝试规避或是反抗，从而引起一种“学习（中的）障碍”。因为这一“学习障碍”是基于学习对象本身，所以不能被任何教学方法予以解决（参见，Holzkamp，1993，chap. 3，4）。那么，作为教学方法指导学习中可能的对象，“种族主义”或“反种族主义”在“反种族主义教育”问题域内该如何被理解呢？

在这个领域中，“种族主义”概念是诽谤或排斥少数族裔的个人态度的总称，“陌生人”或者是“他者”（这种术语）是普遍的；因此，从这个概念语境下使用的术语如“偏见”“刻板印象”“态度”“信念”和“民族优越感”也一样普遍。然而，这些术语不可避免地引向传统社会心理学的核心。这些概念是与一系列社会心理研究和命题有关的，与相关的矛盾的研究结果、在他 154 们的学科普及后无休止的争论命题缺乏基本反思和澄清的特征都是有关的。然而，在目前的情况下，没有必要进行进一步理论—方法的讨论(参见，马卡德对态度概念的批判，Markard，1984)。相反，我将尝试集中于我的问题——批判性地分析将种族主义“态度”“偏见”“信仰”等作为反种族主义教育一个可能主题的功能。

Ⅱ

从更倾向于社会科学或社会学的研究者那里听到的，是反对将“种族主义”归为“态度”“偏见”之类，在这种观点中，种族歧视的社会维度被心理化和个性化。比如说，乔治·奥恩海默(Georg Auernheimer)将“由忽视社会条件把问题主观化”看作“关于‘偏见’的心理研究的主要缺陷”(Auernheimer，1990，p. 146)。从英国反种族主义教育的立场出发，对“多元文化教育”的概念提出了类似的批评。根据吉塔·斯泰纳-卡米斯(Gita Steiner-Khamsi)的说法，从这个角度来看，“多元文化范式”从一开始就并没有把现有的种族主义当作一种体制或社会问题来看待，而是当作一种偏见和偏狭。通过限制对个人及其文化的看法，黑人和白人之间的不平等和不平等现象仍然存在(1992，p. 98)。但是，随之而来的问题是，种族主义的“态度”和社会条件的关系是如何被概念化的？或者，更彻底地说，种族主义作为一种个人偏见和态度的包容性概念，是否允许反种族主义教育充分纳入社会层面？

为了深入研究这个问题(这是功能性批判思维的核心方式)，我们需要将语境中所持**立场**的关键点主体化。与态度概念有关的种族歧视问题中的“个性化”和“主观化”和以**当事人的主体立场**完全不同，这一点在实际情况中便瞬间明朗。在这里，发声的并不是那些经受这样的偏见(比如，少数民族)，也不是持有偏见的人(比如，被归类为“种族主义者”的个体)，而是讨论这两个实体之间相互关系的第三方。这个第三方的立场可以从多方
155 面被具体化。在关于上述态度和偏见的社会心理学研究中，研究者将他人的“偏见”作为研究对象，因此无形中将主体性“客观化”。然而，第三人称

观点不仅在这种情况下被采纳，还在任何一种谈论种族主义态度或类似的观点时被采纳，或者类似于这样的情形：没有人认为自己是“种族主义者”，却总是被“他者”构造成偏见和种族主义者，因此他们自己也不作为科学话语的主体出现。

种族偏见的概念、态度在学习过程中受到家庭、媒体、政治等因素的影响时隐含了对**个性化和对象化的双向运动**，而从中，社会对于种族主义的影响与中介，以此种理解方式，是如何相对中肯地被认识的？这个概念的构思框架是**社会化**的社会学观念，这在任何相关的讨论中都很少被遗漏。根据这一概念，种族主义的态度在社会化进程中是理所当然的。这意味着接受这样一个精神分析观念也是理所当然的，即将成年人的种族主义观念起因于其儿童早期所接受的冲突解决方案的匮乏，因此，“种族主义”被视为一种社会化条件人格障碍。这种观点的经典模型是阿多诺对“威权人格”的研究（Adornor，1950），著名的《民族中心主义量表》就是在那时发展起来的，用来衡量不同统计群体的态度。在投射测验的基础上，对于在“民族中心主义”测量中得分高的个体，精神分析的解释是：被社会化所破坏；由于儿童早期刚性和惩罚式的教育，他们已经无法应付俄狄浦斯式欲望的挫败，现在也无法再去缓解少数族裔（例如，黑人和犹太人）的紧张气氛。由于这一成因，这样形成的人格中的种族主义态度被假定为不正确的和非理性的：任何态度的变化将会威胁到驱动力因素的控制，进而威胁到威权人格的二次稳定性。从一开始，威权人格理论就受到了各种各样的批评，但这并没有削弱它作为实证社会研究的“经典”之意。然而，由于这一批评所涉及的不同方面与我目前的论点无关，我将不在此深入讨论。

在我们关于作为种族态度理由的“社会化”功能性批判中，社会对于种族主义的影响与中介被当作“受社会化制约”，这一分析的含蓄性是我们首先要质疑的。当然，从表面上看来，种族偏见一定是在个人历史发展过程 156
中形成的。然而，例如对于成人的偏见和早期童年经历之间明显的、因果的、遗传性的假设，并不是对经验事实的描述，而是在理论上的。即便不是在意识形态上，**建构**这样一个确定性的联系也并不是从主体生命中“被解读”

的，而是“被植入”的。因此，朱丽娅·克里斯蒂娃(Julia Kristeva，1981)从后现代的观点出发认为，精神分析的一个原始场景在儿童早期的俄狄浦斯情结理论可以被视为一种普遍性的“大爆炸”理论，其解决方案和其他现代性的“宏大叙事”一样被摆在重要位置(参见，Steiner Khamsi，1992，p. 81)。

当在第二个层面做进一步分析时，从某种意义上讲，以上立场将变得更加清晰：从社会化过程中解释种族主义态度发展的立场，以及这些态度形成和主体因此客观化的第三人称视角。如果以我为人父母的经验建立一个维度，“社会化”并不是一个我会用在自己身上的词，但却是之于我之上，由第三方(例如学者或专家)应用于我的生活中的词。在这里，条件是既定的，尤其是在儿童早期，在专家看来，我除了成为现在这样一个带有种族歧视态度的人之外别无选择。我本人对于我这一生的诠释做不了任何努力。如果我被问到，那么我就不是一个被赋予实际可能性去质疑或者拒绝专家的解读的主体，我的评论仅仅用来“验证”或“丰富”我的种族主义偏见的“社会化”解释。这是由第三方强加给我的，而当他们不符合理论预期时，就会被理解为无意识的“防御”“压制”之类。例如，精神分析学说认为，我在处理婴儿时期俄狄浦斯情结本能挫折的不足，是从阿多诺的“威权人格”产生的，并把实体化的社会化过程当作种族主义铁律产生的原因。在我身上发生了一些比我自己更强大的事情，即一些专家可以理解但对我来说是隐藏的事情，而我可能充其量只能在治疗中部分地意识到这些事情。而专家和治疗师代表理性，我的行为是由表现出被压抑的本能欲望的非理性因素决定的。

最后，我们在第三个分析层面提出问题，即在科学话语中，以什么方法可能看出一个人的社会化是形成她/他的种族主义行为的理由。这是一
157 种通常被视为典型心理学方法的论证。虽然在“前科学”的阶段，人们与具体的个人争论他们对其他民族的看法，而当科学化解释的工作开始进行，人们便突然不和他人争论了，甚至不会提及关于他人的话题。取而代之的是，人们会谈论自己身上的“孩子气”、与父母的冲突、无法应对本能的挫折等。这意味着一种双重的规避运动：一方面，尽管种族主义一直是人们

当前人际关系的难题，但是其起源的背景看起来是被时间阻绝的；当前的社会环境从视野中消失了，而关注点充其量只是转移到了儿童社会化的先前社会条件，也就是，已然不可改变的条件。这样一来，理论就从任何积极参与批判和改变当前社会环境的需要中先验地解脱出来，这既可以避免采取某种立场，又能为与掌权者规避冲突提供科学依据（参见，Osterkamp，1986，p. 75）。另一方面，根据社会化来解释种族主义确实打破了主体间的关系：几乎没剩下任何人来争论这个问题。通过将话语转移到儿童早期的其他问题上，我把我的解释框架强加在他们身上，用他们自己人生中的立场和观点来否定他们，并从某种意义上，使他们疏远他们自己。然而，以这种方式忽视人际关系的主体间性，也否定了一个人对普遍盛行的种族主义和促使其发展的社会条件可能担负的**共同责任**。

Ⅲ

到目前为止，我对当前的种族主义概念提出了批评，种族主义是受社会化制约的态度的一般术语。现在，我来探讨上述思考的目的：亦即其对反种族主义教育的影响。“种族主义”观念的性质和意义总是取决于在何种程度上它适合作为相关教学法的理论依据的。但正是在这里，种族主义态度/社会化模式的决定性弱点变得明显，这是接下来我想要阐明的。

在一开始我主张，学生可以在校自觉接受或选择逃避学习要求的程度，应当取决于这一学习对象相关的维度是如何从教学中分离出来的。现 158
在当我们问什么样的学习对象要根据态度/社会化模式被分离，很明显，这个问题将落空。“种族主义”态度不是属于学习对象的，而是归因于学生本身。学生们从一开始就不能基于自己的利益选择是否要获取它的学习对象，但他们自己却变成了对象：他们的偏见和态度都将发生变化，即他们自己要发生改变。然而，这意味着，不顾反种族主义教育的进步意图，紧随态度/社会化模式而来的教学理念不可避免地延续并巩固了这样一种保守假设，即作为行动主体的全知教师与在道德和智力上需要被完善的未成年学生之间地位的非对称性假设。这只是将上述提到的态度/社会化模式中固有的主观性客观化后的结果。在这种观点下，“教育”遵循了由来已久的奖惩原则。“种族”偏见，以及可能由其产生的行为，将被惩罚，而“反种族主义”或类似的态度和行为将被奖励——由作为学校行政代表的教师(惩罚/奖励)，这些教师们先验地、毫无疑问地“知道”(也必须确实知道)“种族主义”和“反种族主义”之间的区别(因此必须超越任何形式的种族主义本身)。

这种教学方法以一种极端的形式体现了我在关于学习的书中(Holzkamp，1993)所提到的将学生作为“学习对象”的这一看法。从一开始，学校在教学过程中并没有试图有计划地获得学生的支持和参与；相反，学校却将学生当作有害人物来分析，置他们在学习过程中重要的需求和兴趣于不顾，且实际上根本没有注意到他们的学习需求和兴趣，并未将他们视作会根据预先设定的教育目标被有序塑造的人。对于学生，这就导致了我所说的“防御性学习常态化”：学生以不表达任何自己学习诉求的方式避免与学校之间的摩擦，从而使学习并不以与内容相关的标准为目标，而主要是为了达到拥有制裁和惩戒权的老师的期望。这同时包括学生在可能的情况下尽量回避学校的学习要求，例如仅仅是“做做样子”或假造学习成果、作弊或完全拒绝学习。这个集群意味着老师和学生之间的一个长期的
159 潜在斗争。这些老师必须清除掉他的学生们的种族偏见，而学生尝试通过告诉老师他们认为老师想要听到的东西来“糊弄”老师。但是只要有可能，学生会通过保持自己的真实想法来“重塑”作为人的自我。

因此，我从态度/社会化模式的角度对反种族主义教育概念的批评，其主旨不是它必然具有专制性和规训性，而是指它在实际上是无效的，甚至是适得其反的。如果有人试图“消除”学生的种族主义态度，而不顾其主体性，即学生自己的世界观和完整性，那么毫无疑问，学生会拒绝合作，并且通过表现反种族主义教育所要求的效果，来使学生自己的事务免受干扰。

这样的教育结果导致“学校”和“日常实践”的分离，这也是有纪律体制

的学校的一般特征。而且这也被让·莱芙等论证过(Lave，1993，p.8)，甚至是在数学课程中。虽然这种反种族主义教育可能会在学校达到一些同化运动的预期目的，但是在日常生活中，学校中对被归类为外国人的厌恶和攻击性依然没有变化，甚至可能加强了对反种族主义教育态度的调查操控的抵制。菲尔·科恩(Phil Cohen)已经明显表现出在学校“要把学生实践分裂成两种类型”的倾向，“一方属于社会行为领域，学生是可以被监督和被当成体制性制裁的对象。还有另一方属于私人态度领域，这是与社会领域相反的”(Cohen，1992，p.46)。

这个大纲应该表明了，反种族主义教育首先要求存在使我们能够克服态度/社会化模式的矛盾和不足的种族主义的概念，去挑选出这样的学习对象：能让学生成为自己学习过程中的主体并且和教导他们的人成为盟友。但是如何才能发展出这样的一个概念呢？

Ⅳ

避免上面提到的不足和矛盾的一个显而易见的方法就是改变方向，即不分析个人“种族主义态度”，而是分析在态度/社会化模式当中被指责和忽略的社会和体制上的先决条件。在这种重新定位中，“体制性”或“结构性”种族主义的概念本身就是一个关键术语，自20世纪60年代以来就被用 160
于相关讨论中。这一概念指的是一种不会(不再)被公开和明确表达的“种族主义”，而是在政治、社会、法律和媒体话语中有效地被隐藏起来了(参见，Miles，1989，p.50 ff，84 ff)。

然而，“结构性种族主义”这个纯粹的术语并不能真正地帮助阐明我们的问题。是否取得进展取决于结构化种族主义与个人生活活动之间的关系是如何被概念化的——对这一问题的回答似乎仍然存在着大量含糊不清的地方。显然，结构性种族主义和个人生活活动这两者往往只是并列的。欧斯特坎普指出：

> 虽然体制上或结构上的种族主义概念至少在理论上包含反映一个人自己的行为参与到种族主义结构的可能性。但是在具体的阐述中，通常是以一种非常抽象的方式处理这个术语的，即远离具体情况和个人。这使这种种族主义至少在责任方面很大程度上丧失了与个人行为的联系。(Osterkamp，1992a，p. 141)

但是，如果提供更多关于中介结构性和个人层面的种族主义细节，那么就又有了一种倾向，就是重新回到与“社会化”这个传统概念有关的看法上来。因此，例如，齐格弗里德·贾格尔(Siegfried Jäger)在提到托伊恩·梵·迪克(Teun van Dijk)时指出，个人“使用学术上的和固定的框架、模型或原型(‘框架’和‘脚本’)，这些不是个人的，而是社会的和‘给定的’；人们在社会化过程当中学习并且习得它们”(Jäger，1992，p. 18)。在这样的方式中，我们突然就涉及了我们想要克服的态度/社会化模式的那些困难和矛盾。因此，为了使“结构性种族主义”概念在我们的论证中富有成效，我们需要进一步阐明结构性种族主义与个人行为之间的中介关系。为此，我将首先仔细研究在这种讨论中常用的“话语”概念。

当“话语”这个术语被用在这样的语境时，就不仅指的是个人和群体说话的方式，而且指语言和阅读“支配性”的、正式授权的和强制的形式。这些形式通常也在表达和引导着特定形式的实践。福柯在各种体制的安排(精神病学、监狱、学校)上分析了话语和权力的交织。正如福柯所强调的
161 那样，话语的权力方面包括有权定义什么样的语言会被授权为恰当和真实的回答，用以谈论特定的问题。福柯通过创造某些实际可能性来谈论也许在此之前不可能被表达的问题，来排除其他可能的但并不恰当和不真实的谈话。因此，例如，关于少数民族、难民、外国人或其他群体(他们的“性质”、社会地位、法律地位等)的话语包含了如何(用什么样的词汇和关联)来使预料之中必然发生的事情可以被谈论，以及在什么样的观点、疑问和问题之下，预料之中必然发生的事情会与普遍的共识相违背，即不能被提出来讨论。

欧斯特坎普与柏林自由大学种族主义和歧视项目的其他成员在一篇题为《船已满员》(1993)的论文中，分析了在正在进行的庇护辩论中通过何种手段建立起这种不言自明的解读。而这种手段就是政客和新闻工作者的典型说辞，例如：“庇护权对当地人是一种过度的压力”“难民滥用庇护权是德国对他们不满的原因”“只要给他们提供了足够的食物和住宿，他们就没有理由抱怨”“民主的宪法也应当考虑到当地人对陌生人的敌意”等。这种话语导致其他思考和说话方式被排除在外，这偶然在公然的侮辱当中表现出来。因此，例如，当提到种族歧视现象的政治责任被认为是荒谬的而不予以理会的时候，为保留个人庇护权而争辩的行为则会被诽谤为一种“信念—道德谵妄”。同时，对“敌视外国人”这一观点是政治性的，而并非自然产生的，则被诋毁为一种“幻象”(Osterkamp，1992b，p. 96)。

在这一点上，我想试探性地引入“主观行为动机”这个关键的心理学词组(参见，Holzkamp，1983，chap. 7)，以便能够更精确地概念化这样一个问题：以这种方式被强调的主导性话语是如何作为结构性种族主义的体现介入到个人的日常活动当中的。根据这种认识，上面讨论到的体制性种族主义话语形式，和所有社会集群一样，首先被认为是面对个体的“社会意义结构”的一面，即被认为是某种行为具体普遍的可能性和对个体可以接受的这些可能性的限制，但是个体也可以通过有意识地关联这些可能性来反思和改变。因此，参照这些意义结构的个体生活活动可以被看作是以个体为基础的**合理行为**。从这个角度来看，社会泛化的行动可能性和对他们的限制均作为“前提”变成个人的主观行为动机。因此，从他们的角度来看，考虑到他们的生活利益，个人总是以“有充足理由的”，即“合理”的方 162
式行事。然而，在事实上，他们能够在多大程度上根据个人利益行事，或者多大程度上会无意间侵犯到自身利益，取决于包含在特定意义结构里的具体前提状态。在紧急情况下，人们根据自己的利益在特定的条件或前提下能否“合理地”行事，或者主导条件是否必须被质疑和改变的问题，始终是开放的。而且这些问题不可避免地会导致人们在有意维持现状时，与当权者的冲突。因此，在这种紧急的情况下，我必须去了解和思考隐含前提和权力集群的给定状态，以便我能找到最符合我利益的选择，也就是说在不会伤害到我采取行动的能力的情况下，为生存开辟新的可能性。

那么问题是如何将这种主观行为动机的中介层次整合到体制和个人种族主义的概念化当中，而不会再现其他方法存在的困难和矛盾呢？在我们的动机—理论方法背景下，个人的种族主义是那些对行动系统单向度解释的特征之一。在这里，暗含在结构性种族主义话语中的前提不会被质疑，而会被认为是人们行为的不言自明的先决条件：在官方读物的正面定义中，那些对思考自由或质询自由的隐性限制，构成了这种话语形式的体制性种族主义特征，对一个人自身行动也起到决定性作用。人们出于自身的利益，必须使隐含在种族主义结构本身的行动前提被质疑并改变它，这种选择依然是隐性的。因此(正如欧斯特坎普在各种情况下解释的那样)，个体行动在这里具有矛盾集群的特征，即基于个人生活利益的行动同时可能会侵犯到这些利益。根据动机—理论论证，个体不像是在态度/社会化模式的背景下那样被概念化为在社会化过程中中介外部影响的总和，而是作为有着合乎情理的行动的人。这里没有必要通过对个人种族主义的诊断来预先把或多或少大部分人视为“非理性的”，从而将其排除在主体间关系的模式之外，比如，作为潜在对话伙伴。实际上，**即使在对种族主义表现形式的批判中，个体从概念上讲仍然是共同主体，完全要对自己的行为**
163 **负责**。

确实，按照我们的方法，体制性种族主义话语可以成为个人动机模式的前提，因为它们在维系特定权力关系上的作用是建立在整个社会的意义结构上的。然而，它们以不同的方式出现，这取决于具体生活世界中的特定安排，它们既是种族主义的一个方面，同时反过来又以种族主义的方式塑造。菲尔·科恩在他对英国无产阶级公共领域某些结构的研究中简洁地说明了这样的区别：

> 专注于领土斗争的纯粹种族主义者会感觉到他们自己受到了犹太人、爱尔兰人或黑人侵犯他们神圣领土的威胁。这主要是男性青年的

> 种族主义。除此之外，还有一种“体面的”种族主义，通过宣称少数民族违反了得体的公共行为准则来煽动道德恐慌的火焰。这主要是女性和老人的种族主义(Cohen，1991，p. 107)。

科恩用一种广义的方式谈到这种种族主义立场与“主导话语”多方面的关系，表明“实际地位分配的权重转移……取决于当地和周边条件”(Ibid.，p. 108)。

基于一种对特定生命世界意义语境的具体体制性种族主义的再认识以及所“提供”的前提的隐含状态，如果我不自觉地“与之相关”，就会出现不同的动机模式，并在此建立起不同的个人种族主义行为：种族主义的幻想、故意的沉默，放眼望去，还有口头“戏弄”(名字叫喊)、发牢骚和抱怨，甚至还有各种暴力行为。特别是在种族主义暴力方面，动机—理论的方法并不(如在态度—社会化模式的范围内)依赖于在特定情况下发生的种族主义对暴力态度“突然变化”的补充假设(这里留下一个开放性问题，即这样的变化是如何产生的，以及什么样的条件会使它产生，以便解释在众所周知的社会心理学，从“态度”到“行动”过渡的困难。参见，例如，Markard，1984)。相反，在这里，根据鼓励种族主义暴力的具体情况去分析具体生活世界的集群成为可能：因此，例如，将在像酒吧、青年俱乐部和政党会议等的集合点联合起来，甚至使在(类似有阴谋地)私人住宅，对暴力和实施对象的意图达成共识，然后以团伙或者个人为单位用暴力行为 164
去实现这种意图。这当中包括分析这里所涉及的体制性种族主义话语的不同层次的任务，这种话语以种族主义的方式阐明并形成特定的意义集群，以便我们可以从种族主义肇事者的角度去认识到一种典型的动机模式。这种动机模式导致他们认为，就官方的种族主义而言，在自身和大众的利益上暴力是合乎情理的。

通过将主导性话语中有关种族主义的部分作为他们自身行动的前提，例如，右翼集团可能会在所谓的民主社会中意识到种族主义立场的根本困境。由于民主国家假定所有公民在法律面前人人平等且机会平等，因此否认“外国人”的权利和对他们的歧视基本上与以上民主原则相矛盾。因此，在民主国家内，种族主义不能直接被宣布为官方政策，而必须被各种国事的、政治的、经济的、伪人类学的代替物或虚假论证所掩盖。这当中也包括了对公然为被剥夺公民权和受迫害的“外国人”辩护行为的一些限制。考虑到这些政治上的制约因素，“右翼”年青一代可能会觉得他们应该去解决这个困境。就(事实上或假定的)体制性种族主义话语的意义而言，通过以某种直接合作的方式对“外国人”采取迫害和排斥，“右翼”的年青一代认为尽管这不是被强制要求的，但却是被普遍希望的。从这个角度来看，暴力和杀人行为不仅仅是个人侵略性或一种人类学上“仇外心理”的表现，还是间接地对外国人剥夺公民权和使其去人性化的官方政策的实施，这些行为一点也不顾及体面。因此，在这个背景下，暴力和杀人行为在主观上被合理化了。

这样看来，某些右翼青年对“外国人”采取这种暴力行为的独特动机和偶然因素，可能被他们认为，在我们的社会当中这种行为是符合整个国家政治力量的想法的，他们想象自己把这些真实的社会想法间接地转化成为行动。他们因此所引发的反作用力可能会被归结为“暴力的”，或者被其政治盟友当作实际上短暂的民主模仿。与此同时，一个人甚至可以从反对所有琐碎的顾虑和妥协，并且不顾一切地为国家奋斗中，衍生出一种独特的先锋意识。人们可能会把自己看作精英的一员，愿意战斗至死并且敢于挑
165 战“闻所未闻的事”，以此从群众中脱颖而出。这使这个人不仅会引起其他人的恐惧和钦佩，而且可能会进入国家**主权**运动的历史，不惜以危及自身自由和生命的方式[正如里奥·史拉格特(Leo Schlageter)或霍斯特·威塞尔(Horst Wessel)①所做的那样]。

在具体生活世界中，不同的意义结构会有不同的个人种族主义行动表现，在这些表现形式中，人们现在也可以相信通常所说的种族主义“态

① 作者注：里奥·史拉格特(1884—1923)是魏玛共和国的成员，他因为对法国占领鲁尔地区进行间谍和破坏活动被法国军事法庭判处死刑；霍斯特·威塞尔(1907—1930)是纳粹党内最早成员之一。他在被杀后，被追授为纳粹运动的英雄。

度”。由于这种结构所暗含的前提条件，在许多集群中，不是通过其冷漠、默许、显性侵略或暴力行为，而是通过对其性质、特征等的“态度”表述来指向这些少数群体的，这在主观上可能是合理的。在关于生活世界结构的科学调查中，情况尤其如此。我被要求填写一份调查表，并说明各种上述品质适用于某个种族或其他少数群体成员的程度。结合我们的概念，我们可以假设，少数群体(诸如“犹太人”或“黑人”等)拥有一些预定的、可概括的特性或特征，从而相较多数群体而言它容许对其评估和贬低，这种概念本身就是体制性种族主义话语的一个方面，并被收录上述问卷中。当我作为一个测试对象根据指示填写这些清单或量表，从而产生所需的“态度”时，这种问答话语结构中的体制性种族主义方面将变成我行为动机的前提之一。由于这些种族主义的话语暗示，我只能通过故意拒绝参与这样的调查与问答来避免落入这些具有种族主义暗示的陷阱。但是，一方面，研究人员作为专家的权威性和有关暗示使这一点变得困难(例如，普遍建议不要长时间地思考答案，因为他们对“自发”的反应特别感兴趣，诸如此类)。 166
另一方面，研究人员通常不会将不符合规律的行为及其原因列入其调查结果，而是将其视为“与指示相违背的行为”。因此，调查结果中所积累的数据可以被视为测试情况的一种假象，即认识到这一问题的可能性——种族主义与种族主义态度的等式——通常会被忽略。因此，这些想法的主要精髓在于，在对种族主义的研究中，人们也必须将自己的方法标准看作不同的(随历史发展的)意义结构之一(如果不自觉地与他们相关)，这些不同的意义结构可能会产生由主观建立的多种个人种族主义表现。这样一来，我们就不太可能被这样的错觉所骗：我们在测试和调查世界中所取得的成果，总的来说就是人们普遍存在的“种族主义”。

V

基于这个种族主义概念的动机—理论版本，现在应该有可能就**反种族主义教育**更稳固的理论基础得出结论。但是，这具体会是什么样的呢？动机—理论语境下的第一个重要后果显然是对教学过程的不同理解：它不再旨在改变学生的种族主义态度，从而将其视为纯粹的教育对象。相反，从他们最初陷入的主观情感来看，学习的对象必须在学习过程中被分离出来，这从学生自己的角度来看是很重要的，因为他们可能把体制性种族主义话语作为他们个人种族主义行动的动机。在这种情况下，接近学习对象的相关维度并不像传统教育那样仅仅是获得有关体制性种族主义（最好是可测试的）知识及其发展的政治、历史条件。相反，学习对象与体制性种族主义话语的具体关系必须体现在教育过程的每个阶段。可以这么说，我们必须始终认识到，这些话语不是自给自足的政治社会现象，而是面向个人的。由于学生的权力，他们通过指定和限制前提来发挥作用，以便根据统治利益来影响和调节个人的动机模式。换句话说，我们必须明白，我（也）总是必须实施体制性种族主义的，无论是在政治、司法的领域里，还是在媒体和教学过程中。因此，通过种族主义话语影响（或者针对）自己的行为，主导利益有多大程度上是符合人们自己的利益或者多大程度上与之矛盾的问题，将永远存在争议。

167 考虑到这些因素，我们已经接近一个更深的、不稳定的层次，即用我们的方式去使反种族主义教育概念化可能带来的后果的层次。如果教育的要求不是简单地在其初期采取上述所有规避行动，从而导致防御性学习的话，那么就必须建立教学关系，以免学生受制于压力、制裁或谴责等外部控制，而被迫学习。相反，他们必须能够接受把从他们自己兴趣角度出发的学习要求作为他们本身的学习问题。但是，他们对学习对象会有什么兴趣呢？这个学习对象是需要他们去洞察体制性种族主义话语，以便认识到自己与学习对象是有潜在联系的。通过歧视和迫害少数群体，他们明确地站在胜利者一边，证明自己是强大的而其他人是弱小的，并且通过牺牲其他人，他们能够把自己和其他人区分开来并且获取利益。只要学生们这样认为，其学习兴趣肯定不会发展起来。根据这样一个动机模式，只有在强权的压迫下，人们才会避免实施权力管理少数群体。因此，反种族主义教育的特定观念——对学生种族主义态度的压抑的具体概念——会再次被认为是唯一有效的补救措施。

但是，如果要用我们的思路来对抗这种观念，就需要对体制性种族主义话语进行理论上的初步澄清，这远远超出了我迄今为止所阐明的范围。这里必须说明，种族主义话语只是划分人群的主要话语形式的*一个*方面，它通过构建各种少数群体，使不同的群体相互制约，从而通过反抗压制给自己的权力，“自愿地”形成霸权主义结构。构建哪些特定的少数群体，他们如何与多数群体相互联系？这两个问题在很大程度上都取决于历史性的变化。不仅“种族”群体被建构为少数群体，还被建构为历史上最稳定的少数群体——“女人”，或“疯子”“同性恋者”“残疾人”“老年人”“年轻人”“穷人”“失业者”“无家可归者”“罪犯”等。以这种思维方式，例如，在整个父权制结构背景下被边缘化的“土著”妇女，在涉及其他少数群体的时候，可能属于强烈排外的多数群体。同样，在这种权力机制的范围内，有残疾的白人是相对非残疾人而言的少数群体，但与“女性”和“黑人”相比，仍属于多数群体。在这样的理论概念基础上，体制性种族主义话语作为研究的对象，在当代社会历史条件下，必须被置于具体语境中去研究或分析，并具体化为少数群体—多数群体公共话语的一部分。在这个过程中，一方面，人们不应该忽略少数群体—多数群体话语的历史维度和相关性，另一方 168
面，人们也不能忽视这样一个事实，即*从特定的少数群体的角度来看*，遭受社会排斥以及与此相关的生活可能性的降低和削减，在不同情况下，都是“独特的”和彻底的，比较得出哪个少数群体遭受的痛苦程度最深（即不同少数群体的个人叠加起来的痛苦）的做法忽略了这个现象（参见，Osterkamp，1989，p. 35 ff）。

通过这种方式来接近反种族主义的学习对象，学生应该有可能（至少在理论上）认识到，他们不仅是排斥和诋毁少数群体运动的潜在*主体*，而且他们自己，作为年轻人、妇女、残疾人等也可能成为歧视的*受害者*。因此，如果他们找不到工作，偷窃被抓住，感染艾滋病等，就会不断地或多或少地遭受被排斥、诽谤的风险。

在学习过程中，我（作为一个学生）应该认识到：如果我要摆脱掉我积极参与其中的少数—多数群体话语的复杂系统，我只能将自己想象为“当地人”，比“外来者”的地位更高。但是，在这样的复杂系统下，从一个更为普遍的观点出发——作为一个女人、年轻人或者是残疾人中的一分子——我贬低、中伤了自己。从这个角度看，通过采取种族主义的方式，我正帮助编织着一个相互排斥、歧视的网络，而我自己也被这个网络给困住了。通过这种互相排斥和歧视，我们在特定权力关系的利益下，相互劝阻，相互剥夺权利。至少在原则上，这应该包括这样的见解：学习这种连贯性对我自己有利，这样我就可以把学习要求作为我主观的学习问题。

Ⅵ

综上所述，可以清楚地看出，以这种概念化教育的方式，“反种族主义”目标是如何被理解的：不是为了追查、界定和改变“种族主义者”，从而以克服种族主义的名义对其进行排斥，而是作为一种认知和（在可能的情况下）实践的结合，对最广义的体制性种族主义话语进行解构，即解除对自己在这种话语中的思想和行为的自我监禁。

169 这也意味着揭露体制性种族主义的历史变化，一方面它似乎适应具体的反动运动，另一方面排斥和剥夺“真相制造”旧的“自我证据”以一种新的形式继续存在。琳达·阿尔科夫（Linda Alcoff）和劳拉·格雷（Laura Gray）（1993）展示了这样的“复原”（主流话语的恢复），通过分析妇女们的（关于性暴力经历的）公众演讲被父权话语所吸收的不同形式，讨论超越父权话语的合理对策。同样，反种族主义教育（实际上是反种族主义的工作）作为公开解构体制性种族主义话语的尝试，尽管这些话语有明显的变化，也必须正视各种试图“恢复”这种话语的策略，并尝试制定对策。

在这种背景下，吉塔·斯泰纳-卡米斯（Gita Steiner-Khamsi，1992）分析了美国民权运动中应运而生的“种族主义”概念的历史变化，她的分析是有启发性的。正如她所说的，直到 20 世纪 20 年代中期，美国的社会研究仍然假定“黑人”和女性等在生物学和遗传学的劣势，这之后，特别是受罗伯特·帕克(Robert Park)代表的芝加哥学派的影响，这个想法被文化和种族差异的概念所取代。正如她所指出的，这种“种族范式”在包括欧洲在内的许多地方仍然普遍存在。有了它，一方面，粗糙的种族主义观念已经被抛弃了；另一方面，种族主义话语继续以一种新的形式存在：暗地里，种族差异或多或少明确地包含了(研究人员自己的)西方“先进文明”和异国文化之间的现代性差别，由此，种族主义通过迂回的方式，用种族差异建立起自己的优越性。

从这个角度看，教学工作的问题性在“多文化”和“跨文化”的方法(通过对其他文化产生“理解”来抵消学生“种族主义”的方法)中变得明显(参见，Auernheimer，1990)。由于种族主义一再反对较为激进的立场，这不仅通过加剧文化差异(即接受种族主义话语所暗示的外国“他者”这一概念作为教学工作的基础)使问题种族化，从而证实了这种社会排斥的方式就是要克服它。而且，这种“跨文化”的方式，依靠把对其他文化的熟悉度作为改变对“种族主义态度”的一种手段，这恰恰属于我们批判分析的态度/社会化模式的设定。异国文化知识仅仅是作为学生自身学习兴趣的一个可 170
能的维度而被引进，实际上，其目的是在学生自己没有意识到的情况下，作为一种减少种族主义偏见的手段的。因为学生没有理由把对“外国人”文化熟悉度的缺失当作一个主观上相关的学习问题，在上述的学习过程中就会出现典型的防御性行为集群。因此，可以预料到，学生不太可能会根据要求(获得可测试的知识，例如土耳其人的习俗和规范)做出个人的学习承诺。相反，他们对此更可能会有冷漠、愤怒和潜在抵抗的反应。这些反应不会减少他们对土耳其同学的保留意见，相反，会进一步强化它。

由此可见，在制定具体的系统教学观念时，人们还必须针对体制性种族主义话语提出各种防御和辩护，例如，使“种族”生物化，以及不再使差异“种族化”。在这种情况下还应该考虑到，通过否定学生的主体性和忽视作为学习先决条件的主观学习兴趣，由某些特别“激进”的“反种族主义”表现形式提出的对“多元文化主义”的批判，如制裁和惩罚学生种族主义言论的想法(参见，Steiner-khamsi，1992，p. 118 ff)，可能本身不是体制性种族主义变相恢复的一个特定版本。当然，我们不能简单地预料到对种族主义话语这样反射性辨识的结果；相反，我们要根据学生的实际问题和看法来进行讨论。根据讨论的特定领域，学习的对象可能是，例如，使少数—多数群体话语生物化的系统稳定功能，或是从多数群体话语的角度来看，尝试“唤醒或提高对少数群体的理解”的矛盾性质，又或者是，少数群体对多数群体采取“反对”立场的矛盾倾向，例如再现种族主义特有的个人化视角。

因此，体制性种族主义的一般本质应该以一种不能被任何恢复性策略再次混淆的方式逐步变得更加可辨识：少数群体成员的——不管多么根深蒂固——污名化，**作为拥有较低价值和权利的人**，不被视为共同主体，但却会被要求以多数群体的名义接受命令。因为每个人都可以认为她/他属于某些“多数群体”，对相应由此产生的特定少数群体是有优越性或有特权
171 的。所以这是一种最有效的方式，可以使人们成为特定权力关系的工具，并贿赂他们捍卫这些身份。因此，反种族主义教育的总体目标必须传达这样一种见解，即任何为了获得某种好处或至少为了保护而允许自己以这种方式受贿的人，都有助于再现使她/他受到制裁或剥夺其权力的外部控制和威胁的内化网络。

如果教育过程已经达到了能够反射性地辨识体制性种族主义或多数—少数群体话语的阶段，那么便可以克服“增进”对“外国人”的“认识”和禁止说任何诋毁他们的话这两者的矛盾性质。显而易见，虽然对“外国人”的同情、友善，以及不诽谤他们的做法，在普遍意义上肯定是可取的，但他们并没有深入到问题的根源。毕竟，没有人可以被强迫去喜欢每个人，而且，在日常生活中，人们总会有被别人惹恼的时候。因此，要求喜欢“外国人”或“黑人”和要求绝不对他们心怀愤恨或显露攻击性的教育要求，不仅是不现实的，而且可能本身就隐含了某种种族主义。至关重要的是，如果我不想损害自己的利益，我必须小心谨慎，避免支持或容忍对任何价值较低、权利较低的人的侮辱。欧斯特坎普曾这样表示：“这不是我们要不要喜欢所有外国人的问题，而是我们要和这样一个社会政治现状做斗争：

他们已经不再依赖于我们的善意与同情了。”(Osterkamp，1991，p.146)因此，反种族主义的斗争(包括反种族主义教育)最终将成为争取真正民主关系的一种特殊形式。

10 从精神分析和批判心理学理解种族主义与无意识

172

序言

在关于种族主义、政治影响、社会条件等社会基础的公开辩论中，一个共同的缺陷经常被人们指出：主观、心理和情感层面被剔除在外。在这种情况下，伊丽莎白·罗尔(Elisabeth Rohr)似乎表达了一种在社会科学家间广泛流传的观点，当时她写道，所有关于“显性和潜在种族主义，阶级利益以及多元文化社会的现实和愿景”的讨论肯定会解决问题的大部分，“甚至可能是问题的那些主要部分……然而，在我看来，他们仅仅在忽略情绪方面这一点上就失败了。毕竟，关于仇外心理，对外国人的敌视和对他们仇恨的讨论，显然也涉及对情绪的讨论，即恐惧、敌视和仇恨”(1993年，p. 133)。

我很难反对——特别是作为一个心理学家——在分析事件时要考虑到主观的、情感的方面。然而，这种说法是值得探讨的，因为人们通常以预设好的方式来预先确定**如何处理**种族主义的主观方面；这不仅包括那些呼吁关注这一方面的作者，而且包括整个社会科学家群体(狭义上的理论心理学除外)。看起来似乎很明显，这应该属于心理学的范畴，这在本文指的是**精神分析**。

当然，如果只考虑总体趋势的话，通过精神分析来确定这一任务是具
173 有充分理由的。理论心理学作为一门独立的学科具有自我孤立性，这几乎

不存在于一般的社会和政治科学辩论中，也几乎不包含任何关于态度和偏见的心理学研究或其在理论上空洞的学习和认知（参见，Holzkamp，1993）。因此，精神分析仍然是辩论中显而易见的参考内容，并且从整体上代表心理学。当然，这样的垄断并不意味着不应批评精神分析的贡献。相反，正是因为这个原因，我们更要尽可能详细地分析关于种族主义出现条件下的精神分析假设，“种族主义者”的个性或行为的特征，且“种族主义者”与“非种族主义者”的关系都是重要的。同时最重要的是，我们应去讨论关于（一致承认的）种族主义的社会特征和条件，及其个人主观层面间如何被中介的概念。从本质上讲，这也涉及精神分析思维方式对种族主义作为普遍现象的科学概念化所产生的后果，以及如何设想反对种族主义政治斗争的性质和观点。这包括“种族主义”作为一种主观现象是否真的需要被视为精神分析所能够解决的问题。另外，在理论心理学与精神分析的选择之外，对这些问题的讨论也许还有其他的一些可能性来理论化人的主体性，并可能有助于避免对种族主义进行精神分析的可疑的概念性后果——也就是既实践的又政治性的后果。下面，我想介绍一下，批判心理学作为一种可能的选择，对于种族主义科学的理解。

种族主义作为个体病理学的精神分析解释

精神分析的普遍理解（也得到其机构和协会政策的支持）反映在其临床治疗理论和技术的定义中，主要涉及心理障碍、“神经病”症状及其相应治疗，以及在治疗师—患者关系中的基本经验领域。然而，虽然精神分析学家们将自己定义为治疗师，但与其他治疗方向的代表人物相比，他们却一再被认为对特别突出和有争议的政治和社会话题的解释做出了贡献——例如，法西斯主义、学生运动或者特定的年轻人问题（比如自恋作为一种“新”的社会化类型）。因此，精神分析学家们也参与了当前关于“种族主 174
义”的争论，这并不奇怪，这可参见艾妮塔·埃克斯代德（Anita Eckstaedt）的一篇题为《奇怪的敌人还是自己的诡异》（“Der fremde Feind oder das

eigene Unheimliche”, 1993)的文章。

埃克斯代德首先承认，作为精神分析师，她不能在“群体关系”和“群众现象”层面上对“陌生人的恐惧主题”和“群体现象”进行评论，只能说明“基本心理群体和发展”的问题。但她强调，“把人类能够自觉地或无意识地生活和行动的基本结构知识”作为“发展成人”的先决条件，这对于真正理解“当今社会的变化”是非常必要的。她认为，“成年”与学习忍受人生的矛盾是相同的(p. 105)。她把这个成熟过程的失败定义为倒退的“对口腔或肛门自恋世界的坚持”，她认为这是“不健康的人格结构”(p. 118)的典型特征。她通过两个案例研究来说明这一点，“在一个例子中，最早的童年时代是被剥夺的，另一个是被过分放纵的”。在这两种情况下，埃克斯代德认为：“不良的发展不可避免地发生，这不仅对于人格本身是徒劳的，而且在对象关系中也是徒劳的，并以破坏、暴力和滥用权力——抵抗生命的行动——的爆发而告终。”(p. 105)第一个案例通过“放纵注意力”被标注为“幻想性自大狂”(p. 111)；第二个案例是“缺乏关注”(p. 124)为起因的“反应性怨恨的自大狂”。

埃克斯代德的生活—历史分析和解释意味着——在传统的精神分析词汇的基础上解释“对陌生人的仇恨”等概念，虽然有着不同的侧重点，却是这个问题的精神分析观点。这种观念是：与母亲早期共生所产生的**无所不能的幻想**，“只有属于我的是好的，而不属于我的是被驱逐的……为了自我的宽慰，以这种方式演变的结构总是需要一个所谓的敌人形象；仇外心理是预定的”(p. 122)。自我情感的“神秘性”，对于熟悉事物的陌生，源于
175 对性欲和侵略性冲动的压抑(明确引用自弗洛伊德)。因此，通过分离，所有不被接受的冲动将仇外心理置于最适合作为投射材料接受者的真正的外国人身上。埃克斯代德继续说：“在这种新的情况下，陌生人不仅不怀疑对偏见的保留和认同，而且也无助于他们应对偏见……贪婪、嫉妒等不属于自己的感受……变为现实……一个人自己不想要的情感现在在外人、陌生人中显然是可识别、可反抗的。”(p. 129)

然而，从最广泛的意义上来说，将“种族主义”解释为由于童年时期所

获得的个体人格或性格结构的紊乱而产生的这种“临床”观点，不仅可以使自己与客户治疗工作普遍化，而且也进入了对种族主义现象的更普遍的精神分析概念化中。最后，甚至阿多诺对“威权主义人格”(Adorno，1950)的著名研究作为反种族主义和种族主义偏见的个人倾向也可以被看作这种趋向的一个例子(另见，chap. 7，pp. 155-156)。然而，对于目前的讨论来说，更重要和更有意义的是精神分析的解释模型，比如种族主义研究者利昂·波利亚科夫(Leon Poliakov，巴黎国家科学研究中心)，我也希望在这里进行简要介绍。

根据波利亚科夫等人(Poliakov，1979)的历史和社会学分析不足以充分理解“种族主义”现象。他们不能解释为什么种族主义能够如此强硬地控制人民，并且对理性争论如此抗拒。这将表明种族主义“在人类的无意识中发现了一个强烈的回声”(p. 175)，这只有通过弗洛伊德的精神分析才能使其被理解。

波利亚科夫试图解释种族主义主观共鸣的核心是**全能理论**和(尽管不那么明显)埃克斯代德用来解释“仇外心理”的**投射理论**。波利亚科夫声称，在发育初期，孩子仍然与母亲保持着原始的共生关系，并且在分化为男孩或女孩之前，将自己看作一个同质的双性恋者。随后：

> 一个分化的过程开始，孩子越来越与母亲分离；这是一种被认为是剥夺的分离，这是一个不可替代的损失，它解释了一系列分离和损失的理由，而这些都构成了这个人的历史。因此，原初的无所不能、即刻实现的满足已经结束……俄狄浦斯情结不可避免地标志着一个人不仅能够获得象征性，即法律、文化和语言，而且也获得“自我”。孩 176
> 子必须接受你不再属于母亲的事实，才能与其父亲相识，这个父亲表明了他们“成年”的道路。孩子发觉自己被阉割，因为他没有阴茎。
>
> 阴茎不仅仅是阴茎的替代表达，阉割也不仅仅意味着那个被叫作母亲的人否定了孩子作为被需要的对象。由于阴茎实际上是属于这个原本双性恋的全能象征——孩子——无论小男孩和小女孩必须失去

> 它。无论是男孩还是女孩，孩子发现它不完整，不是全能的，不可能男人和女人同时存在，也就是说，由于它是双性恋，所以传奇和神话自相矛盾，两者不分男女。简而言之，它不是无意识中想要成为的东西(p. 177)。

根据波利亚科夫的说法，“种族主义者”的特征是人们在成年后，无意识地幻想自己回到全能的原始状态。

> 因此，我们可以说，种族主义者痴迷于否认他的被阉割、他的极限和他的死亡。然而，他同时也类似一个严重的神经症患者，这个神经症患者无意识地渴望回到了那个与他母亲在一起时自我形成之前的原始状态(p. 179)。

因此，“其他种族”的人作为与自己最大不同的人的体现，正是为了维持其无意识的全部统一的幻想而复活了种族主义者竭尽全力压制的观念：“自己的阉割”。因此，我(作为一个种族主义者)“把自己的愿望重新投入母亲的子宫，这最终使我有意识地想要摧毁另一个人。”(p. 179)正是这样，由于“其他种族的人”通过投射来体现自己无意识的欲望，那么“种族主义者”总会将其视为“威胁……因此，这种神秘的感觉，使种族主义者产生一种焦虑，即他只能通过摧毁其受害者而摆脱困境”(p. 180，这里也参考了弗洛伊德的《不可思议》一文)。

当我们比较埃克斯代德和波利亚科夫的种族主义概念时，首先显而易见的是，尽管他们的解释逻辑不同(这大概要归功于波利亚科夫对精神分析的拉康主义理解)，但这两种方法都参照了全能理论和投影理论解释种族主义的中心模式。然而，最重要的是，“种族主义”在“精神分析”的“治
177 疗性”理解的背景下，被确定地认为是一种包容性的精神“障碍”概念，比如，*个别的病理现象*。这不仅被埃克斯代德发现(由于她的临床经验而可以理解)，并且还有波利亚科夫，他明确地思考了更普遍的社会和文化背

景，例如，在他指出种族主义者“类似严重的神经症”(见上文)的时候，或者在其他地方强调“无意识的性——尤其是神经质的、病理的——是种族主义的性质”的时候(p. 182)。波利亚科夫的这种极具个性化语言中经常提到的“种族主义”，可以被看作埃克斯代德所说的“不健康的人格结构”的一个特殊变种(尽管这在细节上并没有得到病理证实)。

很明显，“种族主义者”这样一种令人不安的人格概念，在试图理解这种个人主义的早期儿童发病机制与种族主义作为一种社会运动之间的中介时，就会产生严重的问题。怎样才能解释种族主义者经常在特定的历史、社会条件下出现呢？个体病理学方法不需要对每一个种族主义者的童年时代(多年前)都给出相对荒谬的病态家庭群体的答案吗？即使我们假设，为了避免这个问题的后果，在一定的社会条件下，激活潜在的种族主义(以这种个人的病态获得的)并使之爆发，但我们不会发现自己在说明理由时面临严重的困难吗？所有这些“潜伏的”种族主义者从哪里突然冒出来？什么样的条件促使每个种族主义者“神经质的”出现，他们不仅仅是(像“光头党”一样)对非德国人实施暴力，而且也在其中获得了在媒体和政治中的影响力？那么，为什么这些政治家们被那么多其他(神经质的)人投票呢？精神分析学家似乎不愿回答这些棘手的问题，而是像埃克斯代德所说的那样，这些问题不在他们的责任之内，或者像波利亚科夫一样，把注意力放在“基本理论的必要性”上，例如：“为了理解种族主义的大规模爆发，精神分析研究总是要从历史的角度来考虑外部条件的权重”(p. 194f)——尽管他没有说如何做到这一点。

那么，我们是否应该试图通过讨论其含义和后果，为我们对种族主义 178
进行精神分析解释的批评奠定基础，从而加深对这些困难的分析呢？如果治疗性个体心理学方法构成精神分析的话，这肯定是合理的，所以它的批判将适用于整个种族主义的精神分析观点。然而，整个研究领域都明确地拒绝了这样的治疗方法，但却坚决地将自己视为精神分析。“民族主义精神分析”[可追溯到乔治·德弗罗(Georges Devereux)，以及由弗里茨·摩根泰勒(Fritz Morgenthaler)和保罗·帕林(Paul Parin)在德语国家创立的理论]

就是这种情况，其目的是通过跨文化的比较，在精神分析理论和研究中建立一个历史特定的社会现实(参见，比如，Parin，1976)。因此，苏黎世学派的代表人物玛雅·纳迪格(Maya Nadig)和马里奥·埃尔德海姆(Mario Erdheim)系统地谈论了精神分析的“治疗性自我误解”：

> 如今，如果有人还想探索弗洛伊德与无意识相关联的治疗方法，那他就必须放弃它。这意味着这种治疗方法中无意识探索不再是治疗师和病人之间的关系，而是研究者和知情者之间的关系(Erdheim，1988，p. 66)。

相应地，埃尔德海姆明确强调，社会制度条件与个人生活活动之间的关系不应该被解释成“个体—病理”(例如，1988，p. 271，p. 276)。这种理论背景也适用于对种族主义的精神分析方法，比如伊丽莎白·罗尔(Ilisabeth Rohr)说，她不会“冒险进行个人心理学甚至诊断性仇外心理学的假设”，而是打算：

> 专注于社会心理，尤其是民族精神分析的考量。首先，仇外心理似乎更多的是一种社会心理学群体和大众现象，而不是一个人的命运。另一方面，民族主义精神分析天生就是研究不熟悉的文化现象，因此特别适合提供关于他人经验的无意识维度的信息(Roher，1993，p. 134)。

因此，如果我们将对种族主义精神分析解释的讨论局限于上述种族主
179 义的个人病态和社会维度之间的不相容性，那么这将是我们采取的最简单的办法。我们要承认民族精神分析是一个理论概念，意在克服经典精神分析临床治疗的自我局限性，并探索和概念化《社会无意识的生产》(埃尔德海姆的主要著作之一，“*Die gesellschaftliche Produktion von Unbewusstheit*”，1984)。当然，我不能在这里讨论整个民族精神分析方法，

而是直接阐释对种族主义的解释，以便在进一步的论证发展中考虑它们的其他相关方面。

种族主义的民族精神分析概念

民族精神分析对当前关于种族主义的讨论做出最广泛贡献的可能是马里奥·埃尔德海姆于1993年发表的文章：《自我与未知：族群认同》(“*Das Eigene und das Fremde*：*Über ethnische Identität*”)。他以前曾经发表过(1988，1992)类似的文章，但相关内容阐释较少。特定的民族精神分析方法凸显和发展了“他者”的方式(正如标题已经指出的那样)，在这种方法中，埃尔德海姆通过提出“为什么奇怪的人如此容易受到攻击?”来展开“种族主义”的问题(Erdheim，1993，p. 166)。他首先在家庭层面上提出这个问题。因此，他写道：

> 奇怪事物的形象很早就在主体中形成，几乎与我们最熟悉的形象，即母亲的形象同时发生。在其最原始的形式中，陌生人是除了母亲外的人，母亲的威胁性缺席而引起人们恐惧的人。

然而，这种恐惧可以被克服，并且“多亏了陌生人奇怪的魅力”。我们与陌生的关系总是矛盾的：我们害怕它，同时它也能吸引我们。由于这种迷恋，“陌生人的形象，陌生人的表现”为孩子提供了一个“允许其与非母亲的人建立关系的选项”(p. 166)。然而，为了实现这种提高生活质量的机会，儿童总是需要克服一个新的发展障碍，而这个障碍正是由于陌生人所代表的在解决家庭冲突中所起的作用而产生(埃尔德海姆关于“心理—卫生功能”的讨论)：把所有威胁母亲、父亲、兄弟姐妹和(首先)关于自己的东 180
西都投射到陌生人的表象上：

> 母亲是不邪恶的，因为从她的眼睛里看不到愤怒和仇恨，而陌生

> 人是邪恶的，因为能从陌生人身上看到仇恨。同样的事情发生在自己的禁忌欲望上：一个人自己本身没有欲望，只有其他人拥有。这样，陌生人的表现可能会发展成一种被自我拒绝的恐怖之屋(p. 167)。

这种无意识策略的明显优点已被证明在以下范围内是无效的：

> 一个人的自我不再提供发展的可能性，并且无法接触陌生人，这都会使自己逐渐枯竭。而且，这是一个最有可能变成暴力的时刻。暴力的使用是企图减轻自己的恐惧——毕竟，一个人是积极的，反对邪恶的，却没有注意到邪恶不在别人身上，而是在自己身上。因此，这种斗争永远是徒劳的，因为攻击性从来没有达到摧毁邪恶的目的，而是一次又一次地重新创造邪恶，并始终给自己设置新的迫害对象(p. 167)。

通过这种“陌生人表征”的婴儿动态，基本的*个体—遗传集群*被概念化，这是埃尔德海姆用来模拟个人与仇外心理或种族主义的社会维度之间的进一步中介层次。

他首先假定了陌生人在个人家庭层面的表征与*种族或文化*层面的表征之间的同构性。他解释说，自己与陌生人之间的矛盾和可能的对抗，在*家庭与文化*层面上反复出现两者之间的矛盾/对立。整个文化的发展，也就是个人超越家庭的界限而进入文化，是“乱伦禁忌”的[在这里，埃尔德海姆提到了列维-施特劳斯(Lévy-Strauss)的结构民族学的基本概念，这是构成民族精神分析的基本概念]；埃尔德海姆概述了“将个人与亲属系统分离并劝告他与不属于她/他的家庭的个人联系”的“禁令”(p. 169)。根据这个观点，文化一般在种族层面上通过自己与陌生人之间的冲突发展起来：陌
181 生人在这里被同化，可以成为发展自己的动力。然而，由于文化是从与未知的相遇中发展而来的，它总是暗示着“*奇怪而神秘的东西*”(p. 170)。离奇的经验可能会被有效地处理，但也可以通过否定这种矛盾心理来对这个

陌生人进行封锁和攻击："从这个角度来看，仇外心理表现为一种威胁整个文化的倾向。对陌生人的暴力就成了一种表明文化变革潜力耗尽的症状。"(p. 170)

在这篇文章中，家庭与文化之间的生产性矛盾也给个人发展提供了特殊的挑战和危机的理由。其中，从(民族)精神分析的角度来看，这些危机必须要被克服的生活阶段是青春期，过了潜伏期后，随着俄狄浦斯情结的衰落而压抑的冲突迫使人们回到自我意识中，并需要在一个新的层面上加以处理：

> 在幼儿时期，可把本我发起的运动归结为适应家庭，发展相应的自我功能；在青少年时期，这种本我运动将被转移到社会和文化中。青春期本能的彻底爆发，放松了家庭框架中建立的自我结构，促成了不再与原有家庭完全相关的新的人格结构(p. 179)。

这个概念也解释了为什么青春期被认为是一个阶段，如果这种整合失败，种族主义会爆发得特别剧烈。因此，在马里奥·埃尔德海姆的亲密同事玛雅·纳迪格的《仪式化仇恨和种族主义暴力》("*Ritualisierung von Hass und Gewalt im Rassismus*")中，尤其侧重于对"青春期"的分析：

> 在下面的思考中，我将根据民族精神分析的角度构建，并打算展示……就从皮肤和他们的群体开始……青春期的心理动力学过程如何使青年对社会紧张局势特别敏感。我的论点是，在青春期发挥重要作用的投射、分裂和理想化的倒退应对机制也是广泛的公民和政治阶层之间应对的频繁形式。(p. 264f)
>
> 自恋自我导致的自大狂和与现实原则相对的全能幻想。发生**超我**的周期性**弱化**……在限制性或分裂性条件下，超我的全能幻想和解体 182
> 可能成为代偿失调的危险时刻。(p. 267)
>
> **投射**、**分裂**和**认同**以及**贬低**或**理想化**，**仇恨**和**侵略**是日常生活中

> 处理这些冲突的最重要的功能原则；他们以偏见的形式出现。因此，暴力的程度也可以被理解为企图消除自恋的伤害和耻辱。(p. 268)

在家庭中发展起来的陌生人表征动态，在族群层面上塑造了家庭与文化之间的矛盾，也就是埃尔德海姆所看到的自我与另一个人之间关系的特征，也就是(民族)国家。这在很大程度上是由于只有上层权威才能解决民族之间永无止境的冲突：

> 然而，国家认同的构成与民族认同的破坏是同时发生的。公民们不再认同他们的部落群体或宗教，并从中得到自信，而与自己的国家相得益彰。一种“身份真空”被开发出来，被一套国家认同所渗透。然而，这一直是脆弱的，因为它首先试图通过贬低(国家)反对者来证明自己的价值。(Erdheim，1988，p. 172f)

埃德曼(Erdmann)以列维-施特劳斯对“热”和“冷”文化的区分为基础指出：“随着民族的形成，文化的日益升温，加速了它的变化；文化稳定难以维系，社会动荡则在失控的边缘。”(p. 173)

据此，埃尔德海姆提出了一个新的仇外心理发展趋势，他的特点如下：①文化加速变迁之后，身份形式的解体释放了焦虑：迷失方向，不安全感和无力感增长。②这种焦虑使个体发生不良反应，使已证实的心理卫生方法发生倒退。通过分裂机制，自己的负面部分被投射到另一方面，仇
183 外心理增加；其他人需对一切不幸负责。③这种仇外心理将个人推向僵化的身份形式，如右翼激进主义(p. 174)。

在这种情况下，像“民族主义”这样的“种族主义”现在可以被看作“种族身份失败的产物”：

> 种族主义构成了整个民族共同体(*Volksgemeinschaft*)，作为一个家族，文化的极端对抗性消失，民族主义成为家族进入权力失落状态

> 的幻象恢复。在这两种情况下，任何不属于这里的人都会受到迫害。对奇怪事物的矛盾心理消失了，只有它的消极意义才被体验到。因此，不同文化之间的不兼容性是由于家庭和文化之间未被消除的矛盾所导致的：对于个人而言，自己的文化萎缩到家庭中，而其他文化则表现为相反的威胁。(p. 178f)

正如玛雅·纳迪格(Maya Nadig)所强调的那样，“投射和分裂”是个人向文化层面回归过程的中介，“资本主义和新生国家在危机时期使用的民族主义和种族主义思想的核心，以建立秩序和一个虚构的团结”(Nadig, 1993, p. 265)。

在精神分析和精神分析话语中把概念转化为现实

将这些解释拉回到我们最初的问题：在种族主义的民族精神分析概念中引入的解释大体上是否不同于“临床”精神分析的“个体病理”方法中的解释？如果是这样，那么这些分歧是否足以克服上述在个人与社会层级的种族主义之间进行中介的困难呢？显然，在民族精神分析文本中，比起其他精神分析著作的影响，更加细致和有区别地考虑了种族主义现象的社会预设和框架条件，不仅来自结构民族学的影响，而且来自马克思主义理论的影响。然而，仔细一看，这些理论清楚地表明，在所有概念中都会使用明确的解释模式——当要表明什么是“种族主义”的具体标志时——在所有的概念中出现，也就是说，总体来看，无论是在民族**精神**心理分析规范中还 184
是在其他方面，它们似乎都表征了关于**种族主义**的精神分析观点。

因此，种族主义的**投射理论**似乎是几乎所有对种族主义的精神分析解释中的常识。该理论假定，不可调和和被禁止的部分经验被转移到“他者”身上，并在“他者”身上进行斗争。这种解释模式或多或少可以在埃克斯代德和波利亚科夫身上找到，也可以在埃尔德海姆、纳迪格和罗尔的分析中找到。假设人们再往前看，也会经常碰到它。因此，1944 年在旧金山举行的反犹太主义研讨会上，奥托·费尼谢尔(Otto Fenichel，弗洛伊德之后的精神分析学家领袖)发表的关于“反犹主义精神分析理论元素”的著名演讲中，我们发现：

> 杀戮的欲望、肮脏的爱欲、低迷的性欲——都是人们试图刻意隐藏在无意识中的东西。一种防御无意识斗争的方法是投射，也就是说，在别人身上看到自己不想意识到的东西……对反犹主义者来说，犹太人似乎是凶残、肮脏和堕落的；所以前者可以避免自己意识到这些倾向。对他来说，犹太人是杀戮欲望和性欲低下的典型。(Fenichel，1946，p. 19f)

众所周知，多次站在反对社会镇压和迫害立场的精神分析学家玛格丽特·米切利希(Margarete Mitscherlich)，也用“投射”理论的一个特定变体来解释反犹太主义和对陌生人的“仇恨”。例如，1929 年的大萧条，“犹太人作为一个具有其他宗教价值观的少数派帮助德国人寻找他们的剥夺和羞辱的罪魁祸首，把他们的仇恨、报复和嫉妒的潜在情感投射到他们身上”(Mitscherlich，1983，p. 31)。

其他基本的解释模式也或多或少由种族主义的精神分析和民族分析概念共享。因此，例如，在埃克斯代德对种族主义的解释中起重要作用的全能理论，是波利亚科夫版本的重点，但在埃尔德海姆关于种族主义的著作中可能不会如此详细地表达，但是在他其他的各种分析中被称为全能的自恋幻想和狂妄自大。另一方面，对于纳迪格来说，在青春期的“全能幻想”中诉诸“蓬勃发展的自恋”，正如所阐述的那样，直接关系到种族主义的解
185 释框架。就“弗洛伊德主义”的意义来说，把“怪”描述为“神秘的”——无论是否明确提及他在 1919 年写的论文——不仅在这里引用的大部分文本中都能找到，而且在费尼谢尔(Fenichel)这样的例子中也有相似的记载：自己的无意识也是外来的。异质性是犹太人和自己本能的共同品质。这是弗洛伊德解释“心理上神秘”的普遍现象的特例。(Fenichel，1946，p. 20)

解释模式中的这种相似性——这对于我们的论证来说是必不可少的——造成了民族精神分析无效的目标计划，即克服解释种族主义时经典精神分析的“治疗性自我误解”和“个体病理性”预测。当然，民族精神分析内容不使用诸如“有缺陷的人格结构”“严重的神经病”，或类似的术语来表征种族主义者。此外，更多地借助影响种族主义的社会条件，如“限制性或分裂性条件”（纳迪格）或“加速的文化变化”（埃尔德海姆），使童年发病机制的原因得到了更加明确的补充。相应地，我们不应把单个的个体作为“种族主义者”，而应试图将种族主义理解为“社会心理学群体和大众现象”（罗尔）。尽管如此，民族精神分析——这似乎是相当明显的——也无法从个人伤害和责任感减弱等方面来表现种族主义的特征。“焦虑”与“回归”之间相互关系的假设在这里被普遍分享，例如被称为“婴儿化”（埃尔德海姆）或不稳定的“代偿失调”（纳迪格）。在这种观点中，种族主义的全能幻想被解释为成年人行为中婴儿自恋的倒退突破口。类似的回归过程假设“投射”和“分裂”解释为将自己被禁止的冲动转移到他人上面，如上所述，埃尔德海姆等人将其描述为“向经验证实的心理卫生技术求助”的一种无用的手段。然而，由于不是所有人都通过倒退地采取种族主义行为来回应繁杂和迷茫的社会状况，所以假设有更多的不利条件来解释为什么有些人比其他人更容易倾向种族主义，似乎是自然而然的。诚然，这并不排除在某些情况下将退化现象看作仅仅依赖于情境和暂时的现象（例如，罗尔在描述民族学领域研究者与其他文化的相遇时）。然而，实际上关于种族主义的问题，解释框架通常提供了将其视为缺陷、幼稚的个人问题的可能性。民族 186
精神分析与经典临床精神分析的“个体病理学”之间有明显的平稳过渡：显然，民族精神分析无法实现自己的目标，无摆脱传统精神分析的“治疗性自我误解”。尽管它有重要的努力和富有成效的新方法，其概念核心依然停留在它试图克服的那些基本的精神分析模式中。

这种失败的深层原因似乎在于一种特殊的精神分析倾向（Begriffsrealismus），即把关于现实的理论建构与现实本身混为一谈。因此，举例来说，埃尔德海姆和纳迪格简单地概括说：“众所周知的事实是，精神分析学的对象是个人无意识。”(Erdheim，1984，p.61)在这里，我们可以假设这不仅仅是一个理论的表达，而是一个现象被指出，“无意识”倾向于在一系列类似的“现实”概念中被解释和语境化，例如“驱力”“自恋”“本我”“自我”“超我”“俄狄浦斯情结”“阉割情结”“移情”“反移情”以及各种防御机制(见下文)。通过歪曲弗洛伊德的高度理论(而且非常重要)的概念来描述给定的现实，实际上仍然处于一个反思前的空间，同时被认为是一个不言而喻的和不容置疑的现实，因此不可能成为科学批评潜在的问题。(一则逸事叙述了一位著名的维也纳精神分析学家关于升华的讨论，他回答了这样的疑问——是否可以把它当作真正存在的东西：“当然存在！毕竟，我每天升华!”)

这样的概念指向一个特定的程序语境，它也被简单地实体化为“真实的”：假设原始的非社会“本能”(无论是性的还是攻击性的)作为人类生命的不可终止的最终主题，然而，公开的行动只在幼儿时期才能公开行动(作为组成部分的本能，等等)。这些本能的未来“命运”将逐渐在个体发展中“社会化”，即与社会文化需要和/或限制相协调——尤其是在家族俄狄浦斯情结的两个危机集群及其解散过程中，以及“性本能的彻底爆发”和他们在青春期文化冲突中的重新整合。在这些核心危机集群以及每一次派生冲突(比如对阉割的恐惧)中出现的焦虑，需要多方面的改变和伪装，即积极努力保持或使原初的本能力量(本我的)通过“回归”或其他防御机制之一
187 的无意识，使自己成为自觉对付现实的代理人——超我从而作为社会的诫命和禁令在主体中的代表(通过“父亲”中介)。个体内部的本能、现实需求和社会限制之间的矛盾是个性化的，当自我尝试去找到本我和超我之间的平衡时。就这种平衡的尝试仅仅是在所谓“正常”的范围内是失败的而言，根据这个观点，个人的行动能力仍然可以通过压制本能冲动或者他们的“代表”进入无意识；但是，如果失败过于广泛以至于这种能力被破坏，就必须避免它，并在“神经质”症状形成(原发性和继发性疾病)中发挥作用。

在精神分析中，把概念当作现实一定需要在日常思维的背景下看待，在这种日常思维中，概念与现实之间的差异通常是平衡的，而“这是这样

说的”被认为是“这是如此”。尽管如此，除了对自己概念地位缺乏反思以外，还有其他原因。因此，例如，可能值得考虑的是，仅仅出于技术原因，精神分析治疗师和患者之间的沟通本身需要这样一个“把概念当作现实”的概念，因为要解释患者超我的要求与本我一致，这些中介仅仅是理论上的结构。而且同样值得一提的是，训练分析的奇怪仪式在大多程度上也可能会将行家与这种具有治疗功能的“把概念当现实”联系起来，使他们渴求作为专家的地位，这一地位中也将包含对精神分析概念现实的认定，然后傲慢地反对外行的“伪批评行动”和“合理化”。

这样看来，经典精神分析和种族主义民族精神分析解释之间相似性的深层原因显然在于，当涉及特定的解释或理论时，两种方法都用基本的精神分析概念和程序概念的术语来表述，民族精神分析当然也是——尽管在更普遍的文本中它可以使用批判社会科学的语言——回到概念的具体化中的，这也解释了为什么对“治疗性自我误解”和经典精神分析“个体化病理学”进行民族精神分析的批判仍然是无效的。既然“不言而喻”地用同样的语言说话，就不能将其批评延伸到传统心理学的基本概念上。它已经回避了这种治疗和病理化是否不可避免地由这些基本概念产生的问题，并且只 188
能通过对这些概念的基本批判来克服以上这个问题了。

因此，精神分析的前理论概念和过程建模变成了一个特殊的*话语*，通过构成积极的“真实”功能，隐含地预先确定了人们如何“不言而喻”地谈论它，什么是“不言而喻”的，什么是不可能谈论的。与以往一样，当话语成为讨论的对象时，这就提出了思维和谈话方式中所包含的*权力集群*问题，而这反过来又引出了一个问题，即在一个特定的情况下，一个特定的(而不是其他的)方式说话的人，是*为了谁的利益*，以及那些特定的想法和问题因此被排除在不言而喻的、毫无意义的和“不真实的”之外。因此，尽管在我们的进一步解释中，不应该忘记民族精神分析的社会科学倾向和它与临床精神分析的“治疗性自我误解”的分离，但我们仍认为他们不过是整体精神分析话语的变种，我们现在将不得不讨论先前引入对种族主义所解释的含义和后果。

精神分析话语中的“自我证据”

为了能够在自己的概念框架内处理种族主义，精神分析首先必须把它作为一个对象，同时它可以根据自己的术语来把握：作为某种个人异常的、反感的和不受欢迎的行为，无论是单独行动还是集体行动。它只能运用其解释模式来解决这个问题——找出个人明显种族主义行为的“背后原因”。精神分析话语中的“解释”只能展开个体—遗传维度：这里令人反感的行为是表象，而深层的个体—遗传事件是“基础”或“本质”。这个论述也预先决定了个体—遗传维度是如何被合理地讨论的，即回归两个重大的冲突集群的“停止点”：青春期作为中途停留，俄狄浦斯情结（连同先前的母—子共生关系的中止）作为最后的停止。这就解释了回归的概念在所有种族主义的精神分析解释中所具有的核心重要性：在种族主义行为中，个人不自觉地回归到早期的个体—遗传应对形式上，这种形式已经不适合成
189 年人解决问题的需求，因此也就是种族主义失调和“恼人”的本质。在这个论述的背景下，原始应对形式的再现意味着在俄狄浦斯情结解体中获得的塑造和控制本能驱动的无意识机制变得脆弱。因此，回归，以及最终的分析也可以追溯到俄狄浦斯情结之前未经开发的、自恋的、侵略性的本能冲动。虽然临床精神分析解释试图揭示婴儿本能发展的障碍，但民族精神分析方法以回归概念作为理解隐藏在实际种族主义行为中的“婴儿”本能集群的概念工具。无论如何，当精神分析学家提供种族主义的解释时，在关键时刻，他们都理所当然地谈论“小孩子”。

有些人可能会反对，这些解释并不意味着批评。当然，精神分析必须回到“小孩”身上，因为这是对成年人种族主义行为进行深入而全面解释的唯一途径！但是真的是这样吗？要理解种族主义，理论分析真的需要将种族主义作为一种概念、态度或行为方式发生的当代历史—社会矛盾和冲突集群，仅仅作为一种表面现象而边缘化吗？还是反而仅仅将无意识的婴幼儿应对方式凸显为“出现”的本质？假设只要我们对“种族主义”者进行足够

深入地研究，我们就会发现，这些人本身是隐匿在焦虑的孩子之后的，这个焦虑的孩子正积极地试图克服他的无助感，这是否真的增加了科学知识？在处理种族歧视时，是否真的要剥夺他人在主体间关系中作为潜在合作伙伴的地位，反而宣称他们是“幼稚”和不成熟的，因此(在分析情境中)“科学地”确认合理的等级，“成熟的”研究者和孩童的本能驱动的研究对象，并且(尽管偶尔口头上相反)系统地避免种族主义理论的任何自我应用？是否确实不可避免地否认那些以种族主义方式行事的人因其假定的幼稚而对其行为承担任何责任，从而免除他们对此“负责”的任何必要性。(不是法律意义上的，而是为了主体间的理解)？怎样才能避免种族主义治疗、教育和定罪的三位一体，或者至多要求种族主义者承担家长式的后果呢？即如何避免由于种族主义的社会状况显然不能被那些被他们“幼稚”的人所改变，因此“长大了”的非种族主义精英(当然研究者自己也属于)必须要被代替呢？ 190

在讨论(关于种族主义的)精神分析话语中的“自我证据”时，用来解释种族主义的**投射**或**全能**理论也必须受到质疑。当那些以“种族主义”方式行事的人被假定为，他们将被禁止的本能偷偷地且盲目地投射到陌生人身上时，以上讨论是否真的毫无疑问地有助于确定事实真相？甚至更多的是，他们在不知情的情况下，是否受到自恋的自大狂的影响，通过试图摧毁那些不适合这个形象的“陌生人”来捍卫他们无意识的、幼稚的整体统一幻想？再者，这样一个“冒犯听众”[编者注：彼得·汉德克戏剧的标题]是否同时排除了所有我可以讨论他们可能的“种族主义”立场和行为的潜在对话伙伴呢？我对种族主义的分析，如果不是针对那些因此被我排除在主体间交流之外的人，又该针对谁呢？或者更加简洁地说：为了对种族主义有深刻的理解，我是否真的需要建立一个为数不多的、人类地位更低的少数群体，比如，幼稚的、不成熟的“种族主义者”，也就是说，冒险地以原始种族主义者的方式争论？

当我们考虑对“种族主义”及其概念设定的**解释**和**再解释**所涉及的**主观性/情感性**进行特殊理解时，关于种族主义精神分析话语中的自我证据的可疑性变得更加明显。当(同样)在上面引用的段落中显而易见时，“种族主义”作为一个被指定为直接关心人的情绪问题，被不言而喻地称为“对陌生人的恐惧”“对陌生人的敌意”和“对陌生人的仇恨”，从而在心理上支持官方和媒体否认种族主义作为社会和政治权力结构的含义时，是否这也是理论上的进步呢？(参见，比如，Osterkamp，1995；1996，p. 158 ff)难道真的没有必要担心：把“敌对”和“仇恨”作为所谓的种族主义行为的核心，遵守普遍的政治和法律倾向，即组织善意的大多数对少数暴力的种族主义肇事者(正在损害德国的形象)的仇恨狂欢表示共同的愤慨，从而减轻了“我们的社会”及其民主代表的任何责任吗？更笼统地说：在单一个体的逐
191 步实现的无意识愿望中，比起找到“仇恨”和“敌对”等情感反应的起因，在考虑种族主义的主观—情感层面上真的没有别的选择吗？所以“理性”的原因和“非理性”的情感组成的这一主导意识形态的并置，从论述中排除任何“不可言说”的，试图导致仇恨和敌意等情感间的互动，是否可作为个人与自己社会生活条件联系的能力以及由此产生的对这些关系的责任呢？而且，这是否真的导致更深刻的洞察力，将陌生人的“怪异”情感体验解释为自己潜意识中出现的“神秘”情感，这难道不只是给那些自己几乎不想碰上的人一个妖魔化和神话化所有非德国人的“科学”理由吗？相反，人们是否坚持认为“陌生感”几乎不可能为一个人的神秘感(或矛盾)最终负责，而是由普遍存在的种族主义所负责，所以“陌生”不被理解为原因，而是种族主义的后果？

在更基础的层面上，关于种族主义和涉及权力利益的精神分析论述的包含项和排除项可能变得更加清晰，即把这个问题纳入我们如何介入社会—历史和个人—主观的种族主义的二十个问题中。为此，我们越过种族主义临床精神分析对种族主义解释的特定困境，再次解决所有种族主义理论(包括民族精神分析)中的精神分析话语的相关含义。那么，这些问题包括：是否有必要在通过回归被假定为行动决定因素的俄狄浦斯情结之前，为了更“深入”的解释，最初从社会条件转变为原始的基本结构？如何处理这个问题，即假定最终由其本能所控制的种族主义行为主体在某种程度上

与种族主义的社会状况有关(人们既不想，也不能否认)？在这里，社会条件只能被视为可能促进倒退的过程(例如，由于文化变化导致的方向丧失)主体可能不仅仅是受害者，还是生产者和潜在的变革者，这是否无关紧要，或者这是不可避免的为他们的生活条件转移到“不可言说”或“幻想”的境地负责呢？究竟是事物本质还是以分工为基础——心理学家/精神分析学家——的特殊任务是“心理化”，例如，主体的抵制只能被看作针对被禁止的本能欲望的揭示，而不是反对统治权威对人类可能性的压制，还是不 192
得不剥夺它的特殊含义，把它贬低为无意识的本能呢？更笼统地说：人们真的不得不以这样的方式概念化所有解释种族主义的“个人”和“社会”之间存在的冲突，使个人的、准私人的、本能的欲望形成与社会命令和禁止相反的极端，而无忧无虑地实现自身潜力的发展和完成和对社会条件产生影响(介入自己的生活世界)的前提条件，并不被认为是与当权者冲突的社会中心话题吗？因此，为了科学的缘故，我是否必须接受这样的命运：在精神分析话语中，我只能说种族主义是个人或团体的**不当行为**(如流行的光头青年观念，错误地表现出青春期危机)，将种族主义从**社会制度权力结构**中脱离开，正如在我的语言所不能表达的那样，也就是说，**对个别主体可能参与的种族主义结构的再现**，**以及我自己的参与和共同责任**保持沉默？

到目前为止，在讨论精神分析话语时所采用的询问形式(经过一些努力)，是为了强调这种话语所**排除**的思考和谈话的可能性，以及这种排除背后的权力利益。这些问题只是用来挑起抗议的修辞：当然你不能以这种方式限制对问题的看法；你不能简单地忽略这些层面！但是，由此我们讨论的下一步是相当严格地被预先确定的：引入另一种种族主义的理论概念化，这种理论概念化不受精神分析话语的预示和倒置的影响，但却**引出了种族主义在主体方面所有与内容相关的复杂性和矛盾性**。只有反对这样一种选择，我们对种族主义精神分析结构的批判才能获得真知，只有这样我们才能够以一种保留他们所包含的潜在知识的方式，在这种可选择的理论背景下重新阐释精神分析解释的不同方面。

国家种族主义和多数—少数话语的建构是一种权力剥夺的策略

通常情况下，分析可能达不到最终目的，仅仅是因为从错误的观点出
193 发所导致的。因此，尽管它具有明显的合理性，但为了理解种族主义的主体层面，就不应该从主体出发。可能出现的种族主义行为的原因当然不在于主体(就其本身而言，不会有人将黑人、犹太人或土耳其人列为劣等种族并迫害他们)。事实上，恰恰是社会—政治种族主义进入个人生活世界的中介，可以为了解他们的种族主义行为提供关键部分。因此，为了阐明种族主义的科学概念，我们将不得不从现在常被称为“体制的”或“结构性的种族主义”(参见，Miles，1989，p. 50ff，84ff)，以及米歇尔·福柯以尖锐的方式(在我看来)提到的“国家种族主义”开始进行探讨(1976 年 3 月在法兰西学院举行的关于种族主义谱系的演讲中使用，Foucault，2003，p. 261)。

理解国家种族主义现象的最好方法，正如福柯(Foucault，2003)所说的那样，可能就是把它看作国家用来把各种社会群体分隔开来的权力技术。有了这样一个强大的技术战略，某些“多数—少数话语”的构成就是将他者视为价值和权力较低的人而加以分离、包容和排斥，或者至少历史上发展起来的这种分裂是在“战略上”被使用和确认的(这里的“策略”不是完全地或主要指蓄意的整体国家规划，而是某种纵容，采取和调整各种地方战略)。这种维持权力功能的划界通常可以从这样的事实看出来，当群体中的小群体活动与其他群体活动对立时，贬抑、镇压和迫害就可以被“侧面化”，因此占主导地位的“屈辱、镇压和迫害”从视线中消失；对他们的普遍意识变得模糊，由于权力的分裂，对已建立的权力结构的抵制被削弱。在资产阶级民主国家中，这些分裂还具有阻碍(通过强调交叉的多数—少数话语的安排)承认在自由平等表象之下的阶级剥削关系的功能，并因此而破坏“人民主权”，即只要还没有完全民主，其目的就是为了保护国家免受其人民的伤害，因为社会权力实际上来自人民，是不受限制的。

(功能性而不是数量上的)少数群体由现行多数—少数安排，可以是各种类型；这取决于具体的历史—社会群体：他们不仅涉及“种族”或少数民族，还包括“女性”“疯子”“同性恋”“残疾人”“少年”“老人”“穷人”“失业者”“荒 194
淫者”“罪犯”等。同时，“种族”的“经典”建构——真正的生物劣势——如今发展为“种族化”(同样的效果；参见，Gita Steiner-Khamsi，1992)。然而，另一方面，对于非少数族群来说，这也是一个明显的隐性“生物”时刻，因为只有这样，那些被排斥的人的“自卑”才可能，他们的差异性——也就是所谓的不正常现象证明了他们遭受的特殊待遇和与“我们”(大多数人)相比之下的较低地位的理由——被固定在个人身上，它是与生俱来的，所以也是不可改变的。因此，为了强调这些相似之处，我们似乎有理由将**所有**少数群体的权力缺乏和“价值”排斥作为“种族主义”(从更广泛的意义上)并——以福柯(Foucault，2003)的理论——将国家种族主义看作按照人民生命价值的大小，把“生命权力”作为对人口的调节干预。

为了更好地理解国家种族主义，我们必须认识到，它绝不可能通过直接行使权力或操纵的手段而强加于人(这会对其权力的维持产生不利影响)。相反，它必须被内在地建构起来，才能获得人们的**承认**，并**愿意加入多数—少数的游戏**。因此，国家种族主义的战略核心是不言自明的“统治”的种种立场(参见，Osterkamp，1991b)。这基于这样的信念：不属于自己群体的其他人的生存权取决于他们证明对自己的利益有多大作用。这意味着，一方面，大多数成员对小众成员的承诺是：“你是那个对我们很重要的、我们感兴趣的人，当然，你有权以(劣等)少数人为代价追求你的利益。”然而，这个承诺却拥有另外一面：它要求你表现出你自己的价值，表现得体面、不突兀且忠诚——总之，不要质疑已有的权力关系。这种隐含的威胁由于这样的经验获得了可信度：考虑多数—少数群体安排混乱和变化的网络，每个人都或多或少地处于少数立场的危险之中，从而失去了她/他的特权并被歧视。这反过来又加强了以特定的服从来将自己与少数群体区分开的主观需要，这也要求识别和超越竞争对手。只有当国家种族主义的固有策略获得尽可能多的人去遵守时(通过两个群体在充满贿赂和 195

威胁的织网中斗争)，我们便可以充分理解种族主义在保护特定权力关系方面的功能。

因此，国家种族主义不仅限于被视为一种客观的制度或结构现象——因为只有当大多数人能够加入进来时，它才能起作用——因为它是直接针对主体的。然而，尤其是因为这些主体本身是被规划和安排到国家权力策略中的，因此很难将社会—政治状况视为——正如在精神分析话语中——“完全不同”的“种族主义”主体，作为其行为的边缘条件和限制。但是，如果把这个“中介问题”提升到一个新水平，这意味着机会不会被浪费掉。我们就必须小心，不要把普遍的片面认识的主体仅仅看作国家种族主义战略的受害者，相反，在概念上，从统治的角度来全面看待每个主体立场和观点的特殊性。

国家种族主义的主观行动替代：主体科学认识中的“防御”和“无意识”

为了在此继续阐述，我们将不得不整合基于个人对自主生活兴趣上的“主观行动理由的批判心理学中介范畴”(参见，Holzkamp，1993，p. 21ff)。既然这样的“理由”总是“个人自己的”理由——也就是“第一人称”——询问这些理由中必然包括主体的立场和角度的问题。由于环境的特殊性，个体面对的制度—社会条件在这里被概念化为“意义群”——也就是说，行动的普遍可能性——个体可以通过接受或拒绝他们作为其主观行为的基础“前提”而有意识地与之联系起来。行为的“基础”意味着其假设的前提，也意味着其对其他行为的“可理解性”。在这种概念化的“主体间关系模式”中，即使在冲突的情况下，其他人也不因“不可理解的”“非理性的”等而被拒绝，但他们的立场被承认(原则上)是可理解的—合理的，尽管前提是我可能不知道或不同意他们的立场。在此，试图解决冲突具有澄清行动前提的特点(尽可能通过相互说服或协商一致的方式陈述他们的不相容性，尽可能来匹配他们)。

在这个理论框架内，即使是“种族主义者”的行为，也应视为以个人的生活利益为基础，正如从他们的角度所认识到的；他们的“种族主义”特征是从特定的“前提状态”开始的——在此，从国家种族主义战略作为社会意义的具体方式来看，意义群成了主体行动的基础前提。因此，原则上，甚至把种族主义行为的可理解性预设为合理的，以特定的前提为基础的这种“主体间关系”也是可以实现的。在这个概念基础上，我们从一开始就可以避免对个人种族主义进行治疗、教育或定罪的精神分析话语所固有的危险。相反，即使批评种族主义行为——因为这个论点指的是将种族主义行为视为基于个人不同利益的前提——所涉及的问题仍然被认为是共同主体而完全为他们正在做的事情负责。与主体科学方法所暗示的可能性一致——为了避免以种族主义方式行事的非理性化、病态化和丧失行为能力的可能影响——我们可以期望我们的种族主义理论从根本上抵制任何试图将个别种族主义解释为不合理的、婴儿式的、病态的、“情绪化的”、困惑的，或不正常的诱惑。相反，在相关的前提情况下，我们将不得不假设，每个“正常人”(没有失去她/他的某些正常性)，即“每一个我”展示或将展示种族主义的想法和行为。但是，有了这个假设，意味着我们正挑战更精确的概述：在这个假设的前提下，如何将一个理论概念化，并不能忽视种族主义的残酷现实。 196

让我们从以下认识开始：国家种族主义意义结构所包含的对人民生活利益的“质疑”本质上是存在矛盾的。一方面，国家种族主义鼓励我把自己定义为多数人中的一部分，被列为有特权的、被青睐的和被保护的那一部分，允许以牺牲一个不太有价值的少数人为代价而活着。另一方面，由于交叉的多数—少数安排的多样性、模糊性和可变性，我必须遵守既定的权力关系，否则，就会丧失我的特权，被边缘化成为“少数”群体。在这“一方面/另一方面”的背后，是国家种族主义的战略层面，而不是“对我来说”，即通过向人民行贿特权和威胁失去这些特权以确保人民遵守既定权力关系的隐含意图。既然我享有的特权一定是以牺牲别人的利益为代价的，我同时参与加强了国家种族主义的监管网络，这种监管网络鼓励一般的诽谤和通过其权力战略排除异己。但是从中，我不仅以实践/支持也许 197

会成为“种族主义”歧视受害者的关系来损害我的普遍生活利益——比如，青年、妇女、残疾人、同性恋者或失业者——并且也巩固了我自己对无所不在的权力结构感到无能为力的状态。

以这种方式强调有意识地主体(比如，“立足于”他们自己的利益立场上)“联系”社会意义集群的可能性，同时推翻了个人除了遵守国家种族主义战略外没有其他选择的可能性。实际上(正如欧斯特坎普在各种情况下所表明的那样)，只有在“他们直接需求的压力下”，个人才能被特权的直接“好处”贿赂，从而损害他人利益，从而违背更好的判断，从而损害普遍的生活利益。他们也有可能渗透到少数—多数话语的体制中，更清楚地认识他们的利益，从而抵制不同程度上的国家种族主义安排(作为主体科学“限制性/普遍性代理”的范畴匹配“即时性/超越即时性”的范畴)。因此，由于在这种情况下，我的生活利益并非明确无误，既可以被看作有利于他人的利益，也可以被看作对生命可能性条件下普遍权力的兴趣，我的主观合理行为所基于的利益前提条件也是矛盾的。采取国家所提供的种族主义贿赂手段和个人种族主义活动的实现方式，可以被视为是符合自己的利益/合理性的，反对国家对人口进行分割以及剥夺权力的国家种族主义战略也是如此。

对个人与社会之间存在冲突的理解完全不同于对精神分析的理解。冲突不是由我个人本能的冲动或本能的代表与预期的社会制裁之间的矛盾所产生的，但这其中存在着(更为“亲密的”)冲突，即试图通过牺牲他人来调整给定的权力关系来保障自己生活的主观根据，以及以这种方式丧失了扩大生活可能性和影响这些可能性的机会。为了直接的个人利益而积极参与压制他人时，我也在破坏为实现生活发展更全面利益的、反对屈服于权力
198 的基础。正如欧斯特坎普所说的那样、“任何试图在依附关系中相处的人，不仅是受害者，而且是当权者的帮凶，归根结底是她/他的敌人。”(Osterkamp，1979，p. 166)

对以上所提到的基本冲突的这种理解也使我们能够将对无意识压抑概念的不同理解纳入我们的“种族主义”概念中。我们认为，压抑更多地基于

“自我敌意”，与有意识的、以利益为基础的生活行为不相容，而不只是与性侵犯的“本能代表”的不相容。在这个概念之下，实际上难以忍受和羞辱的事情，更多的是立足于迫切需要，而不是来自阻挠和惩罚当局的外部威胁，使我自己被那些“提议”腐蚀，例如，我积极参与压制他人，这也意味着背叛了我自己的生活利益。因此，我必须以牺牲他人的利益来“压制”对这种安排所造成的自我伤害影响的任何意识，以便能够认识到我的行为是基于我的利益/合理的。这也意味着我不得不忍受这对我情绪上的不利所造成的“后续代价”。我不得不隐瞒自己，也应对“主观生活质量的损害，疏远、恐惧、痛苦和社会孤立的经历，等等”进行负责，这一切都是由于“对自我压制的参与”(Holzkamp，1983，p. 379)。因此，在对“种族主义”理解的背景下，我们应该已经清楚地认识到，我们关于基本主体冲突的观念，即“无意识”等，在原则上与精神分析话语相关的“不证自明”不同。然而，我们的主体科学方法——与基于社会心理学、学习和认知理论的种族主义的理论心理学概念相反——实际上也有一个基本的主体冲突和无意识“动态”的详细概念。此外，尽管对冲突的对立两极和起源有不同的看法，但与弗洛伊德的定义有着独特的形式上或结构上的密切关系。通过重新解释弗洛伊德的重要见解扬弃它们，这符合批判心理学主体科学的自我概念——欧斯特坎普先在关于动机的著作中(Holzkamp-Osterkamp，1976，chap. 5)尽力阐述，并从那时起不断发展。在对“种族主义”理论的讨论中，我们描述了相关的概念，在此基础上，提出了重新解释本文所提出的种族主义精神分析解释中所使用的解释模式的先决条件。

主体科学对种族主义基本精神分析概念的重新解读 199

当我们清楚这点之后，转向投射理论时——解释种族主义的精神分析普遍概念——我们最初面临的是由于它被包含在“防御机制”中而产生的问题，这些防御机制一般被解读成可以孤立的实体，并且在任何适当的时候可以被选择性地加以限定[安娜·弗洛伊德(Anna Freud)在《本我和防御机制》中列出了十多个“机制”，Freud，1937]。例如，米切利希在上面提到的关于对陌生人仇恨的文章中(1983)，列举了“压抑”“投射”“换位”“自我攻击”(p. 33)及“认同攻击者”(p. 34)等防御机制。毫无疑问，这种形式的“防御机制”无疑是精神分析话语中“迫于—现实—接受—概念”的典型例子。然而，这并没有排除这样一种事实，即阐述不同的防御机制在主体科学的背景下可能是有用的(比如，参见，Holzkamp-Osterkamp，1976，p. 288ff)。对防御机制这种清晰的概念性说明对以下两者一定有效：一个是每种情境中被具体分析的意义群，另一个是涉及这些防御机制的典型理由模型[例如，参见，Osterkamp，1976，p. 288ff；另见，**种族主义/歧视项目**对难民营中社会工作者使用的应对和防御的主观策略的分析(Osterkamp，1990)，以及对外国人的歧视/仇恨的心理学解释中的科学辩护的分析(Osterkamp，1993)]。有了这些条件，正如欧斯特坎普牵涉到米切利希版本的投射理论(Osterkamp，1993)时所证明的一样，试图重新解释精神分析的投射理论确实是有道理的。他首先批评了典型的精神分析回归到幼儿时期的家庭冲突，并评论道：

> 这种将社会问题先验性地降低到家庭冲突水平的做法，排除了“这些应对攻击的投射或者换位不是对过去所经历的不公平及无能为力的反应”的可能性，而具有补偿现在的顺从和失礼的功能。这就提出了这样一个问题，即这种投射理论的代表们自己在多大程度上没有
> 200 被这种辩护所接受。过去的问题没有被投射到现在，而是相反：当前情境中发生的攻击被投射到过去。这样做有助于掩盖当前存在的不安全感的原因以及“无意识”的产生和巩固，即对社会批判冲动的压抑。通过这些方法，人们试图“解决”这个问题——就像投射的特征一样——以一种与既定的权力关系保持和谐一致且自己的存在不会受到威胁的方式。(p. 191f；参见，Osterkamp，1996，p. 89f)

将防御机制应用于精神分析本身的可能性——在将他们按照主体科学

重新解释为与那些掌权者之间避免冲突之后——被欧斯特坎普在讨论“认同攻击者”时进一步说明；“认同攻击者”是一种防御机制，比如，米切利希将它用于对仇外心理进行精神分析的解释。尽管在讨论种族主义的精神分析解释时，我没有专门处理“认同攻击者”，但是由于其清晰性和多元性，我仍然会引用这一段。欧斯特坎普(Osterkamp，1993)首先强调了“认同攻击者”对分析种族主义现象的潜在解释力，但是他注释道，由于米切利希在标准的精神分析解释框架中使用了这个术语，“它的关键内容被剥离了”：

> 在这里，胜利者、侵犯者以及攻击者变成“理想化的”了，被构建成一个“角色模型”，即使一个人被控制去反对她/他自己或者她/他所属的群体时，这个角色模型的价值观也会被采纳。在这个定义中，个人也只是作为一个内化了她/他的受害者身份的受害者，以至于在没有外部约束的情况下，她/他放弃了任何批评和反抗，相反，她/他崇拜攻击者的权力和至高的地位。然而，“认同攻击者”本质上抑制的方面仍然被系统地包括在内：也就是说，为了迎合当权者的利益，不仅要压制自己的反对，也要压制别人的反对，以避免“阉割”，也就是说，一个人如果违背执政者的利益，那么，她/他期望的生活和行为的重要可能性就会被削弱。(p. 192f)——因此，“认同攻击者”并不像米切利希所说的那样，是由于受虐狂倾向，而是具有通过向当权者提供服务来预测他们的攻击功能，即帮助他们加强违背他人得来的利益。从属于那些发号施令或者掌握满足需求手段的人，总是需要主动与“格格不入的人”，即“他者”隔离开来。一方面，排斥他人的做法在自己处于经济不安全的情境时会自然而然表现出来，另一方面，这种
> 排斥——也通过传统的心理学——系统地提供了一种保护屏障，用于 201
> 防范那些对统治制度构成永久性威胁的人，而他们反对统治制度正是因为他们被广泛地排斥在社会生活可能性之外。(p. 192f；参见，Osterkamp，1996，p. 89f)

当我试图用类似的办法重新理解全能理论时发现——对种族主义的第二大精神分析解释——把它看作种族主义者“**统治立场**”的神秘表现似乎是合理的。因此，我试图探究——通过回溯到童年集群的逃避理论运动(在这里指的是假定的“前俄狄浦斯的再现”及“母子共生的全能幻想”)——“人们以牺牲他人为代价的‘赋权’是因为自己与当权者勾结并造成了自我伤害的结果”这种可能性，在多大程度上能被理论及相关者接受，并由此保持一致的意见。在这一点上，我偶然看到菲尔·科恩的一篇题为《我们憎恨人类：关于反/种族主义和反/人道主义的论文》的文章(Cohen，1991；这个题目取自一首在许多英国大型足球俱乐部看台上流行一时的歌曲)。除此之外，在这篇文章中，科恩分析了在英国工人阶级地区通过领土仪式建立种族的条件，其中包括：

> 社区的准生物形象的命运与起源相联系，而劳动力的血是由起源决定的源关系与亲属的约束感联系在一起。当有人说“生于东区，长于东区”或者“他们骨头里有煤炭”时，他们谈的正是这样一种学徒制的继承情况。你通过从字面上或者隐喻上证明东区属于你——而不是别人，那么你就是一个东区的人。这可能涉及城市社会主义的得体展现，或与对手帮派的街头巷战，但是这种对所有权骄傲的维护，总是需要某种社会封闭的策略，以将其他帮派驱逐。这种策略使得即使最无力的群体也可以将他们自己称作地方统治阶级，在不采取或挑战政府霸权事业的情况下，对彼此行使管辖权和反制权。
>
> 移民或新定居者进入并渗透到当地的住房和劳动力市场中，还威胁说要揭露他们的伪装，即这些结构几近疯狂地否定真实的附属条件的功能，在这种情况下，这些结构被种族化了。你可能会觉得你属于
> 202 东区，但是东区的政治和经济条款属于一系列完全不同的机构，而你对这些机构有很少或者根本没有控制权。移民的存在是无法被容忍的……由于这种存在无意识地代表着——一种被否认的资本或国家的真正权力，这种生产力被作为一种外来的、破坏性的力量投射到移民身

> 上。因此，移民的存在就意味着一种负面的流通权力，一种被一只隐藏的手控制的蔓延原则，他们正在毁坏或消除社会再生产。(p. 11f)因此，理解到种族主义话语具有积极的作用是很重要的。他们创造出想象中的社区来取代已经解体的真正社区。他们提供了一种对失去的遗产的神奇追溯，重新启动领土和公共礼仪的仪式，并向自己注入一种全能的、与社会组合的实际权力相联系的无限威力。是的，我们在这里确实还处于统治地位。(p. 13)

关键是，科恩的这段话可以被解读成(尽管这样的解读显然还没有被接受)我们的种族主义概念的一个例证，而他对精神分析术语的引用是对他们的重新解读：通过以牺牲他人为代价无意识地构建一个地区的全能性，压制一个人对资本和国家的实际依赖，而“陌生人”以自己受迫害来“取代”与统治阶级发生冲突。通过这种替代仍然涉及一个人在其依赖的、稳定化的权力中通过自我伤害性参与其中所受到的压抑；反过来，需要通过保持这种压抑的“无意识”，将自己的“强大权力”视为神话并将“他者”视为妖魔。与此同时，科恩描述的种族主义话语的“积极作用”可能被看作(在我看来，相当容易)一种指示，即从他的视角来看，所牵涉的东区人当然有“充分的理由”按照东区的方式行事。一旦考虑到他们具体的具有阶级特性的生活环境以及这个世界——还有他们传递的作为他们行动前提的自我构建，那么，这点就会变得清晰起来。总的来说，科恩的解释肯定了这样一个观点，即个人的种族主义只能在她/他在具体历史中的主观参与及当地的社会矛盾中理解，因为他们被中介为一个人的生活世界。

现在让我们退回到我们对主体科学的重新解读的方法中，并思考对“外人”的“敌意”或“憎恨”这些包含在精神分析投射理论和全能理论中的概念。从这个较远的观点可以很清楚地看到，我们以前对种族主义概念的 203
“情绪化的”重构和稀释的批评，但这显然并不意味着我们否认“情绪性”在理论上恰当理解种族主义的重要性。但是，我们不能认同将精神分析中情绪的概念，比如“憎恨”看作准前—传记体的终极实体的观点——这些实体滋生于儿童早期的基本冲突中，而这些冲突在“晚年”只能被引导或“攻破”。在我们看来，情绪是对一个人的——按照对她/他的生活/影响的利益来衡量的——实际情况及情绪倾向的整体“评价”。他们是积极进入具有潜在“知识指导”功能的世界的体现——他们不仅指导对世界的探索，而且通过实现积极改变一个人现状的可能性而改变自身。因此，当一个人自己有情绪时，总可以选择盲目地让自己的行为受情绪控制，或者通过有意识地与情绪联系起来从而了解情绪的内在知识。虽然第一种选择实际上是在社会隔离的条件下及紧急需要的情况下提出的，但第二种选择只能在对相关的生活条件产生影响的过程中实现——也就是说，通过对决定限制发展我/我们的生活利益或潜在的社会条件承担共同责任中实现。从这个角度来看，性“本能”并不是超越个人传记的返祖普遍性概念。只有在一系列真正的社会管制和镇压下(这些持续存在，尽管——或正是因为——公共性欲话语也持续存在)，性需求才能获得无法控制的、冲动的、“意识占据的”“驱动”性质；因此社会的管制不是性压迫的前提，而是性压迫的产物，而由此产生的“本能”又为进一步的性压迫做辩护。(参见，Holzkamp-Osterkamp，1976，p. 376ff，关于这一点的详细讨论，另见，Holzkamp，1992b，p. 136ff)

至于“**对外国人的仇恨**”，我们首先必须指出，仇恨绝不能被视为个人种族主义行为的一个必然决定因素。事实上，采取体制性种族主义者的“统治”立场，可能会以一种“冷静的”且情绪上不明显的方式遵守并积极参与到确立排斥及剥夺少数民族的安排中。只要人们一直迷恋于通过比如新纳粹或者光头党那样针对“外人”的明显暴行，这也是人们无法理解种族主义的“社会—个人”安排的原因(参见，Osterkamp，1991b，1996，p. 100ff，
204 p. 148ff)。但是(当然我们不否认)，尽管这个讨论实际上是关于与少数民族所受的迫害相关的“仇恨”，但这并不意味着它就一定是主要的诱因。事实上，“仇恨”可以被二次“生产”或者“灌输”，以促进和证明暴行。因此，比如，在近距离格斗训练中，当美国海军陆战队员用刀刺杀一个稻草人时，也被要求喊出“我心里充满仇恨”——当然这是因为他们自己实际上并

没有针对稻草人或者他们所象征的“敌人”，或者因为他们只是简单地不愿意刺杀人类同胞，即使被伪装成假人。大家可能知道，这种“仇恨教育”也是德国纳粹“精英”教育的一个原则，在“赞美任何使他们感到苦难的”的口号下，所有人际间同情的“柔软的情感”以及对像犹太人那样的“害虫”的关心，都必须为了更高的目标而被根除。这种冷淡的行为准则，在当今大部分年轻人中仍然很常见，可能也属于这种情况，并且在某些情况下——比如，在某种形式的组织整合中——变成共同的准则，这些准则规定必须压制攻击和欺凌“外人”或者其他少数民族（总之，跟“我们”相比不是完全的人）的任何情感保留。无论如何，通过自我否定否认自己对侵犯别人生命利益的直觉抗议，一个人得到了与“统治的种族主义”共谋的情感慰藉。这样一来，我不自觉地排除了隐含的认识造成的压抑，而这种认识使我积极地承认了自己的顺从和无能，避免了与当权者的潜在冲突。

除了这种心理动力的功能外，“对外国人的仇恨”的发生——或者可能只是表露——显然还具有在**公共场合**为种族主义者的霸权行为和暴力行为**辩护**的附加功能。日常的观点（反映在精神分析中）认为仇恨是由原始的人类攻击性激起的，鉴于这样的攻击行为是“不理性的”，就像任何其他的本能一样，是不受自己控制的，因此也不能说是由那些“驱使”或者“仇恨”引起的，所以它很容易被用作一种呼吁（从任何一方），呼吁大家至少容许对那些无助地服从本能的人减轻其罪责的情节。比如，这种辩护模式就是对强奸行为进行法律和公共评判的常见做法。如果一个男人强烈地被他的性欲“占据”，可能甚至是被女人性感的行为所激起，那么这个男人就已经被开脱了一半的罪责。通常情况下，这个“刺激性”的女人本身（作为“责备受害者”的一个变体）对强奸负有责任，因为毕竟她应该已经认识到自己轻率
地激起“这个男人体内的野兽”的风险。类似的思维模式可能在反对种族暴 205
力的诉讼中起作用，诸如“我们恨外国人”或者“我们恨犹太人”这样的陈述在法庭和公共场合中作为犯罪动机被毫无意见地接受，大家会说：啊哈，他们恨犹太人，所以他们放火焚烧犹太教堂。但是在更普遍的情况下，“责备受害者”的理由模型在解释“对外国人的仇恨”现象时似乎也被认为是

合理的：当“外国人”举止穿着如此怪异，拒绝接受我们的规范，甚至不学习如何正确地说德语，更有甚者殴打他们的妻子并且鼓励他们的孩子去乞讨去偷窃时，人们最终憎恨他们也就不足为奇了——因此“对外国人的仇恨”就不得不被接受为“可理解的”并且被政治考虑在内的(参见，Osterkamp & Projekt Rassismus und Diskriminierung，1993)。从这个角度看，菲尔·科恩所引用的来自英国足球流氓歌曲《我们憎限人民》歌词的多义功能也可能变得清晰起来：令人害怕的公民，表现出个人不受控制的本能(即无须对自己的行为负责)，他们献身于大众，并成为统治精英作为一个适当的公共意志的执行者除掉外人。(p. 291f)

上面的解释使我们能够在一般的层面上证明——当一个人把所有行为的基础/可理解性都归为人类交流的特征时——精神分析“对陌生人的仇恨”的缩影很显然地成为一种原始“本能的”攻击性/破坏性直接倒退的表现。从主体科学的立场来看，仇恨也一定是有“理由”的——或者，更准确地说，是有前提的——使我们(即使只是事后)能够解释对我们自己和他人的仇恨。如果像我们的方法所假定的那样，个人种族主义行为的前提是由国家种族主义策略产生和允许的，那么，这将同样适用于将像“仇恨”这样的种族主义表达作为主观上合理的前提。与此同时，这种隐含的策略计划可以很容易地从这样一个事实明白，在日常观点看来，“对外国人的仇恨”被看作一种终极的、毫无争议的解释。在准备战争或者大屠杀的背景下，近距离格斗的仇恨“教育”当然只是一个极端的例子。类似的战略安排早已经被给出，比如，“外国人”所谓的寄生性，他们的生活“以我们为代价”，以及他们的优待与“我们的”劣势，这些都是虚假的；或者这些伪装是不矛盾的，因此**从当地居民的角度来看**，所给出的前提是**对外国人的“仇恨”在主观上似乎是合理的**。在经验研究的基础上，鲁迪(Rudi Leiprecht，1990)
206 在他的书《怪不得我们恨他们》(*Da baut sich ja in uns ein Hass auf*)中跟进了这个问题。他详细阐述了旨在合理化建立对“外国人”仇恨的官方体制的种族主义政策的前提与有关人员(这里指未成年雇员)之间的关系。当然，这并不意味着一旦有人意识到它起源的条件，这样“建立”起来的仇恨就一定不再是“真实的”；而且，这确实意味着，正如人们普遍可以自觉地与国家种族主义安排联系起来一样，人们也可以与他们所需要的仇恨外国人的理由联系起来。因此，如果我“无意识地”使自己接受“暗示的”仇恨的指导，并且一声不吭地掩饰国家种族主义，以避免和那些当权者发生冲突，那么，这就是**我的选择**。更普遍地说，由于对使个体受到他们自己的“本能”和“仇恨”控制的条件负有共同责任——尽管是间接地，我对我的仇恨也负有责任。但是，只有获得必要的社会和科学支持——也就是说，当共同的辩护模式不能帮助一个人的本能时，以及当仇恨不被科学地惯例化，比如精神分析理论中的回归——我才能承认并承担这个责任。

当我们现在更进一步“退回”到我们重新解读的尝试中时，我们最终会遇到精神分析的情绪性、“本能”“仇恨”等概念背后的、之前描述过的精神分析话语本身，即——在过程方面——指将对现在的冲突的解释等同于将它们概念化为对儿童早期冲突的不被质疑的假设。相应地，任何严肃的种族主义理论也应该自然而然地从谈论“小孩”开始。那么现在，从主体科学的立场出发，我们能做什么呢？

首先，在这里，我们也必须强调认识中决定性的增长来自这样一个事实——与理论发展心理学相反——精神分析不是从一个外部的视角来看待个人的发展，而是将其构想成一系列会达到成人完全能力水平的成长(表现)才能；相反，精神分析将一个人自己的历史看作她/他目前体格和情感倾向的一个方面，也就是把童年理解为一个可能决定一个人对世界和自我的实际体验的方面。例如，回归这一概念表明了精神分析将个体种族主义行为看作无意识地重新激活解决冲突的婴儿版本。然而，必须补充的是，这里牵涉的用以概念性阐述一个人自己的传记式经验的可能性很快又消失了。尽管以下一连串固定不变的步骤顺序并没有被精神分析引进作为其一 207
个外部发展的标准，但是它被规定为主体生活中的一种回归性重建：青春期→潜伏期→阉割威胁→恋母情结→生殖器、肛门、口腔期本能→自慰/自恋→母子共生等。通过这样的重建模式，(成人)个体(不管是非专业人士还是理论家)有望找出早期儿童模式在实际冲突中表明了什么。因此，例如，一个人自己被禁止的本能欲望被强制性婴儿式地投射到他人身上——受到被阉割的威胁——被视为目前的仇外心理的一种雏形，又或者，“前俄狄浦斯”全能幻想被认为是一种当前种族主义迫害陌生人的原型，陌生人威胁着这种幻想的、全方位的统一。在这些观点的背后——浓缩在弗洛伊德的格言“孩子是人类的父亲”里——存在一些关于起源的古老的、神话般的逻辑[起源逻辑(Ursprungslogik)]。根据这种逻辑，所有后来的发展都指回一个已经包含它的起源，因此，原则上，一切都将保持不变；只有外表的形式发生变化，而这些逻辑潜在的破坏性后果可能会被缓冲。根据这种起源逻辑的回归，在任何起源的背后都会出现另一个起源；因此，例如，在个体发育的俄狄浦斯情结背后，有俄狄浦斯神话，又或者，在“超我”引发的内疚感背后，有原始游牧部落中儿子杀死父亲的内疚感。在这种背景下，现代精神分析在多大程度上明确地与弗洛伊德的神话解释一致并不重要——因为无论如何，他们本来就是精神分析话语的概念结构中的可能性。

在主体科学的重新解释中，每个人传记经验的多维性和矛盾性首先必须被用来反对精神分析隐含的假定，即从早期到晚期是一种单向的“因果”关系。从这个意义出发，米歇尔·福柯(Foucault，1992)参考乔治·康吉莱姆(Georges Canguilhem)，将历史和历史科学之间的关系描述如下：

> 208 对于同一门科学来说，当它目前正在经历变化时，反复的再分配揭示了几种过去、几种联系形式、几种重要的层次、几种决定的网络、几种目的论：因此，历史的描述必然是按照目前的知识顺序排列的，它们随着每一次转变而增加，并不断地与自己决裂。(Foucault，1992，p. 5)

很显然，这些解释也没有理由不适用于个人历史的科学分析，这里的个人历史指的是：我实际的体格/情感倾向与我体验我的传记过去方式之间的关系。从这个角度来看，当时实际发生的事情和我体验它的方式之间不可分割的交错关系现在立刻变得明显了：我在实际现状中的变化也会影响作为当前现状一个方面的我的童年体验。

如果“童年”是一个人现在的世界观和她/他自己的看法的一个方面，那么，这些童年经历和现在的生活行为被科学地概念化的方式就必须取决于从科学立场出发在这个过程中采取行动和变化的可能性（参见，Holzkamp，1983，p. 498ff）。当一个人从“由于个体直接的需求，他们不得不忍受既定的限制”这个假设继续出发（正如精神分析所做的一样），这个人确实没有理由考虑国家种族主义策略，比如，将其视为个人种族主义行为的一种激励。相反，在这些前提下，更理智的做法是：避免将“种族主义”解读成“产生于个体自己以及儿童早期的挫折和损失”而引发的（学术的和个体的）冲突。从这个广义的角度来看，精神分析的假定——发展是由它的起源（*Ursprungsdeterminismus*）、自然化，以及原则上对既定条件的顺从和忍受他们的必要性决定的——就成了一种无可争辩的理论形式，为行动和思想的可能性提供了理论依据。只有当人们将超越既定权力关系的思想和行为的可能性具体化时，精神分析认为发展是由它的起源决定的这一观点才不会再被误解为人类个体发育的一个无可置疑的普遍理论，而是可以理解成对主观服从于情境的普遍化以及一种反省性的理论构建，从而使那些可能与当局挑起冲突的行为选项变得不可见[在这种背景下，值得重新解读乔治·德弗罗的名著《从焦虑到行为科学的方法》，1968]。

在这样一种主体科学的立场下，将自己与“童年”联系起来的替代理论概念也变得清晰。因此，例如，不将早期儿童的冲突看作实际冲突真正原因的可能性出现了，相反，以作为一种话语方式的儿童早期冲突来理解现在冲突的概念化，这样的做法通过借鉴这些冲突模式使得现在的冲突被具体化了；这具备避免危险的效果/功能：这里的危险指的是，一个人对实际冲突的心理评估可能会触怒她/他所依赖的当权者，从而危及她/他行为和生活的实际可能性。但是，这样一种替代理论要求永久地抵抗社会压力，以符合当前的主流观点，以免被认为是“政治的”（即不科学的），这有可能危及一个人的学术生涯。显然，弗洛伊德清楚地认识到，对于精神分 209

析来说，采取过于批判性的立场可能会带来危险。因此，在讨论"'从社会的普遍诉求解放出来的'精神分析教育是否可能是合理的"这一问题时，他写道："另一个希望赋予教育的目标也将是党派性的，并且它不是分析家在两党之间做决定这件事——我完全把这样一个事实放在一边，即如果精神分析承认其违反既定的社会秩序的意图，那么精神分析将被放弃，从而拒绝对教育产生任何影响。"(Freud，1964，p. 150)

11 童年的殖民：人类发展的心理学和精神分析学解释 210

在心理学中，“发展”一词指的不只是心理学某个分支的名称，如“发展心理学”；一些概念诸如“发展”“幼年时期”在不同的问题情境中用来解释或解读成人行为或个性。本文的关注点放在第二种，即更广的概念上，谈论发展的特性和功能。这一章的目的是逐步说明当讨论“发展”一词时，以往的学者是以某一种固定的、“片面”的方式来对其进行解读的（而没有把事情弄清楚或反映出来）。一方面，与其他社会科学相比，它在很大程度上刻画了当前心理学的自我理解和“身份”特征；另一方面，它又涉及学科对知识的特定限制，通过这些限制，矛盾被排除在外，对更广泛的相互关系的洞察被阻断。在进一步讨论这种被缩减的发展概念对心理学研究和实践的影响和后果时，我们应该清楚地看到对“发展”有更全面和不那么固定的意识形态理解的前景。

心理学史上的“发展”

作为讨论开始的第一步，它可能有助于概述心理学在什么情况下以及如何使用“发展”这一概念——或相关概念——来解释成年人的行为。这首先需要与心理学何时发展成为一门学科的观点达成一致。现代心理学的诞 211
生经常会追溯到冯特于1879年在莱比锡建立第一个心理实验室的时候。在心理学作为一个具体学科之后的第一个历史阶段，“发展”这一概念还没有经历过任何系统的讨论。冯特将“直接经验”作为心理学的目标，这和自然科学从经验主体中提取的“中介”体验相区别（比如，1897，p. 1ff）。总的来说，个人潜在的发展性不是(还不是)心理学所关心的重点，而是意识的构成或结构。相应的，早期的心理学也被称作“结构主义”心理学(该词汇按照心理学方式进行解读)，由冯特的弟子爱德华·蒂奇纳(Edward Titchener)发明并传播到美国。

无论如何，这个心理学的“结构主义”时期作为一个决定性的时期在心理学历史上只是昙花一现。不久之后，在美国，结构主义就被后人熟知的机能—行为主义转折所替代，这个转变非常彻底，最终冯特的意识心理学在20世纪的头几十年只被视作“真实心理学”落伍的反面形象了。确实，就算是不回到更早的“现代”心理学开端，只是将冯特的“结构主义”当作实验心理学的雏形来看，我们也有很多可以诉说的内容。所以，可以这么说，心理学作为一门科学学科，其有效的自我概念就是在这时开始形成的。当时对意识结构的兴趣随之被人们如何通过适应环境来管理自己的生活的问题所替代。所以，“发展/童年”的问题作为一个解释性概念可以在一个新层次被讨论。

众所周知，学习是心理机能主义/行为主义的概念核心；但不受心理学科的限制，也不会只作为普通心理学的一项特殊议题存在，而是被理解为是个体生活过程的一个普适性特点。在这个背景下形成的理论则通常被称作“学习理论”。虽然“学习”不能单纯地等同于“发展”，但两者确实有着密切关系。“学习”可以被看作一个发展过程，但其程度不仅仅是一些环境上的改变，而更多是**传记维度**上的个体改变；更进一步，这意味着一个特定的方向，比如，从少到多的适应性能力、效率、“成熟度”、智力等。“发展”从这个意义上来说——就算是这个词并没有在一些地方使用——在
212 行为主义早期版本的心理机能主义中，已经成为一个中心主题。当将**教育**无可置疑地看作心理学的一个领域时这一点会尤为明显。“实用主义者”约翰·杜威(John Dewey)，也是心理学机能主义的核心人物，将提升人口的“智力流动”当作自己的使命。如此而来，他被认为是教育理论家，这和心理学家的角色位置是相等同的。相应的，桑代克(E. L. Thorndike)作为机能主义和行为主义之间过渡时期的人物，于1903年发表了一本名为《教育

心理学》的书。如果我理解准确的话，这本书开启了后来“教育心理学”的时代。通过调查和改变族群和整个人类的学习条件，我们可以变得更好，这个积极的推动，某种程度上是心理学整个机能主义时期的特色。

当机能主义发展成了行为主义(变成了夸张和更加有条理的版本)之后，这种推动力仍然存在，至少在最初是部分存在的。约翰·华生(John B. Watson)是行为主义的第一个传播者，他将巴甫洛夫(Pavlov)的反射学的简化和修改版本在美国传播开来。他认为如果照他的意愿给他几十个健康的孩子，他可以将他们培养成医生、律师、科学家、工厂工人或者罪犯和精神病患者。著名的“小艾伯特实验”，是由华生和罗莎琳德·雷纳(Rosalind Rayner)一道实践的，实验设计是为了体现童年早期对恐惧的反应，比如孩子害怕某些小动物，不是他们的本能而是习得的(在这个例子中，伴随着巨大的争议)，这样看来，这种害怕可以通过改变学习条件来消除(Watson & Rayner，1920)。类似的想法在之后经过调整的成熟版本中也有体现。例如，在斯金纳(B. F. Skinner)“操作性”条件反射的概念中，与生俱来的发展就被尤为凸显，在很多场合下他讨论了个体的“学习历史”或“强化历史”，并将对成人行为的解释与重建“强化历史”等同起来。为了这个目的，斯金纳做了很多不同种类的“强化计划”实验(比如，Ferster & Skinner，1957)，就是为了试图证明人类语言也是个体强化历史的产物(Skinner，1957)。这让他遭到了语言学家诺曼·乔姆斯基(Noam Chomsky，1959)的批评和蔑视。斯金纳关于通过科学地操纵强化历史来教育/发展人类的可能性和可取性的观点，在他的著作《瓦尔登二号》(1948)以及《超越自由和尊严》(1971)中得到了文学表达。

以上是这门学科的历史片段和多样性的体现。无论如何，为了描绘心 213
理学发展维度的建立，我们不仅应该讨论主流心理学，还应为心理学学科领域的理解提供历史上的诸多分支。在本文中，很明显需要提到发展阶段理论在20世纪20年代和30年代的概念化内容。例如，夏洛特·布勒、奥托·图姆利兹(Otto Tumlirz)、奥斯瓦尔德·克罗赫(Oswald Kroh)和其他一些人。无论如何，他们绝大多数由于受到了发展心理学的强烈影响而可以被迅速归为一类，在标准意义上，他们甚至认同个体发育的阶段模型随着青春期的结束而停止的观点。在这其中，一些发展阶段理论家将整个人生细分成不同阶段，从而有助于其他心理领域建立发展阶段的思维。其中最著名的模型来自埃里克森(Erikson，1963)。他将人生分为八个阶段：新生儿的“基本信任”；幼儿早期的“自主对抗羞耻和怀疑”；学龄早期的“自主对抗负罪感”；学龄儿童的“勤勉对抗自卑”；青春期的“身份对抗角色困惑”；年轻成人的“亲密对抗分离”；成人的“繁殖对抗停滞”；老年人的“完整对抗绝望和厌恶”。这个人生模型的每个阶段或多或少都符合了相应的发展任务，特别是每个阶段(在新生儿阶段之后)给出的假设选择(变得更加清晰)，很好地勾勒出了现代心理学的基本思想。甚至皮亚杰(Piaget)的发展概念，似乎在这一方面也可以被看作仍然在其影响中扩大声望。但无论如何，虽然他的阶段顺序(从感觉动作期到前运思期，具体运思和形式运思期，如假设—演绎)可以通过发展心理学来理解，但皮亚杰真正的目的是对一般心理学进行遗传概念化，或者更准确地说，是通过重构导致科学思维的各个阶段来理解科学思维(这就是为什么他把他的方法称为“遗传认识论”)。这种方法对理解成人思维发展的方式有特别的影响，一方面，这通常意味着(正如在各种实例中所证明的那样)没有能力进行科学论证的人不会达到形式运思阶段，而(在最好的情况下)仍停留在具体运思阶段。另一方面，皮亚杰的阶段模型清楚地提出了一个问题，就是我们是否要超
214 越“形式运思期”而上升到更高阶段(为了保证能够清楚地将人类思考发展最高级模式概念化)。因此，比如，在详细地阐述他的“辩证心理学”时，克劳斯·里格尔(Klaus Riegel)提出“辩证思考”阶段是比“形式运思期”更高级阶段的观点(参见，Riegel，1978；Grüter，1979)。在劳伦斯·科尔贝格(Lawrence Kohlberg)建立在皮亚杰模型之上具有影响力的概念——道德发展六个阶段——中也有类似的内容。在这里，科尔贝格道德阶段的最高阶段，后传统阶段，只有少部分人能够到达，同样，也有关于进一步发展到后—后传统阶段的建议，只有一些伟大的历史人物，如苏格拉底和马丁·路德·金才能达到这样的阶段(比如，参见，Markard & Ulmann，1983)。

另一个历史路线强调的是将个人发展作为解释原则的维度，这和阶段概念也有很多相联系的地方，这条历史路线可以总结为一个关键词，即“社会化”。这建立在过去的结论上，即认为人类与生俱来夹带着自私、本能驱使和自我中心本质，而人在生命中必须学会社会规范和价值观才能成为社会中有效的一分子。追溯其源头，这一概念来自社会学，乔治·赫伯特·米德(George Herbert Mead)是其中最主要的先驱。在本文中，“社会化”是指，一方面，被指定去扮演社会“角色”；另一方面，则是作为借鉴了学习理论，特别是精神分析概念的“身份认同”和“内化”的过程(见下文)。自此之后，社会化的概念从很多不同方面进入了心理学的范畴。以记录发展心理学而闻名的罗尔夫·奥特(Rolf Oerter)，甚至将其定义为超越问题阶段理论的现代发展心理学(比如，Oerter，1971)。相应地，认知或动机理论中的心理模型也被用来解释社会化的过程(所以，科尔贝格不仅是一个发展心理学家，也是一位社会化理论家)。与此同时，社会化理论家们也逐渐形成了固定做法，将特定的社会群体作为“社会化的动因”，并将社会化划为“家庭社会化”(作为“主要社会化”)，“学校社会化”(作为“二级社会化”)，和“工作社会化”(作为“三级社会化”)。这反过来，也使得具体的社会分化和分层投射到了社会化进程之中，并进而探寻比如特定的性别、文化、条件甚至是阶级的社会化进程。他们也提出，可理解的——在相关的政治运动中——社会化理论一定程度上来源于一些直接的社会—批判潜力。因此，例如在1968年的学生运动中，维尔弗里德·戈特恰尔奇(Wilfried Gottschalch)、玛丽娜·纽曼-舍恩韦特(Marina Neumann-Schonwetter)和冈瑟·苏库(Gunther Soukoup)所著的《社会化研究：材料、问题、批评》(*Sozializationsforschung*: *Materialien*, *Probleme*, *Kritik*, 1971)明确地批判了资本主义，并一夜之间成为畅销书。如今，社会化理论理所当然地被用在一些待解释的突出问题或现象上，如压迫女性、犯罪、暴力、心理变态等。由于人们不再敢于或愿意假定“先天”因素的原因，显然除了将其归因于特定的社会化进程之外别无选择。由此可见，诸如针对非德国人的种族主义和过激行为等，在现如今都被视作犯罪者社会 215

化缺乏导致的直接结果[参见，Holzkamp，1995，(chap. 8)]。

从社会化概念框架可以得出——当涉及发展如何演变为解释原则的问题时——不应该忘记精神分析对于心理学思想影响的结论。虽然精神分析在这里(编者注：在德文中)是，一方面，在制度上仍然很大程度上与理论心理学分离；另一方面，精神分析思想，已经扩散到心理学研究和实践的最小分支中。在我们的论述中尤为重要的一点是，在第一个例子中，无论，如何精神分析发展概念是作为成年人自我解读的工具和解读他们生活的工具存在，针对他们**现存的**困难和冲突更是如此，也只有在此之后，这一概念才会作为神经分析儿童心理学的基础[比如安娜·弗洛伊德(Anna Freud)和梅勒妮·克莱恩(Melanie Klein)]。这一应用不仅被弗洛伊德以一种矛盾的态度看待，也被许多现代精神分析理论家以怀疑的态度看待。所以，阿尔弗雷德·洛伦兹(Alfred Lorenzer)坚持将精神分析作为批判和解释的实证科学，而不是发展心理学的某个分支。(比如，Lorenzer，1974；另参见，Holzkamp，1985)

描述精神分析的发展概念是相当容易的，因为在我看来，弗洛伊德精神分析的不同种类，包括现代精神分析理论，如主体批判理论或民族精神分析理论，在理论上有着相似的发展模型：认为返祖—反社会(性或性侵犯)“本能”是人类生活的基本主题和核心动力，但它只对早期幼年生活行
216 为起作用(在口腔、肛门和阴茎部分驱动序列中)。之后这些驱动的“命运”发展是在个体发展中相继的社会化，比如，与社会的需要和限制相适应，一方面，经历俄狄浦斯情结的两个危机及带来的影响，另一方面，青春期的文化冲击中性本能受到扰乱。在核心冲突下经历的焦虑，以及由此进一步发生的冲突(例如，对“阉割”的恐惧)，产生了多种多样的变形和伪装，并通过“压抑”和其他“防御”的方式制造和维持无意识中原有的冲动(来自“本我”)，以代替自己能够承受的有意识的、符合现实的行为。因此，“超我”在主体中承担着传播社会戒律和禁令的功能(由“父母”，特别是父亲来中介)。所以，在“自我”尝试让“本我”和“超我”保持一致的过程中，个人本能冲动的真实需求和社会限制之间的矛盾是因人而异的。根据这个观

点，当这些尝试仅仅在“正常”的范围内失败时，“自我”将(仍然)能够通过抑制本能冲动或其代表进入无意识而保持行动的能力。如果失败的后果很严重，使得这项能力受到伤害，就会转变为“神经质”的症状，这时已经不能通过一己之力来解决，需要精神分析“治疗”。

(根据弗洛伊德的名言“孩子是男人的父亲”)这个模型清楚地说明了“解释”在基本精神分析方法中意味着什么：它的意义就是打开了**个人传记维度**。在这种背景下，显性行为是表象，而潜在的个体遗传事件是“本质的”或“真实的”。这一基本思想同时预先决定了**如何**充分讨论个人遗传维度，比如退回到两个主要的矛盾中去：青春期危机和俄狄浦斯情结(之前的母子共生，并融入其中)。这也解释了“**回归**”这个中心概念的重要性。任何一种令人不安和不适当的行为都被视为一种对个人—遗传原始方式无意识的回归，这种方式已不再满足成年人解决问题的要求。在这个情境下，应对困难的更原始形式的突然爆发，最终意味着在俄狄浦斯情结瓦解之后所建立的塑造和控制本能的无意识机制变得脆弱。基于这个原因，最终，回归(包括对它的分析)也回到了俄狄浦斯情结之前尚未形成的、自恋 217 的、攻击性的本能冲动。因此，精神分析学家，不管他们实际分析的具体行为是什么，一般会马上开始讨论“婴儿化”和“婴儿的”一系列本能。在这种情况下，人们将**理所当然地不对“幼儿”做过多的解释**(参见，Holzkamp，1995，Chap. 8)。无论如何，他们所探讨的并不是真正的“幼儿”，而是“成人心中的幼儿”：早期幼儿时期的矛盾需要从成人的经历中得到重塑，目的是为了曝光矛盾背后最终是什么，例如，如何对其进行真正的解释。

在这个框架当中，现在应该清楚“社会化”这个常见概念是如何受到精神分析方法的重大影响的，以及，它在多大程度上半世俗化地进入了日常心理实践中。在不同形式的咨询或治疗中，“心理学”层面的专业工作是否达到了预期是由客户的“童年”问题是否最终被解决所决定的，甚至很多客户只有通过心理援助来最终意识到他们现存关系问题背后隐藏着一个被扰乱的婴儿与父亲/母亲的关系，也意识到如果想要治愈的话必须要“解决”这段关系的问题的时候，他们才认为自己得到了适当的“咨询服务”或“治愈”。在人格理论中的日常用语和特定概念之间似乎有一种软过渡——如“自我实现”或(现代的)“身份认同”，以及在很多地方常见的对于“性格发展”的讨论——证明了对心理治疗的需求建立在尚未解决的父母依赖关系和个体发展的需求的基础上，即作为“人类”，我们有潜力和权利凭借一己之力实现自己，唤醒“自己”。这背后的大意是个人行为可以通过他们的“发展”来进行解释，也是我想要在这么多个不同的分支中描述的想法，虽然并不是每个领域都相同，但这也确定了心理学所关心的内容以及心理学家做的具体事情。

发展作为一个解释性概念：其预测、控制和标准化功能

上述说明可能会让一些读者产生异议：这可能或多或少都是正确的，但问题在哪里呢？最终，心理学是一个关注个人发展的学科，这有什么问
218 题呢，除此之外还有什么替代选项呢？接下来，我会尝试逐渐澄清这些问题。为了找到接近它的途径，我首先(这也是我们惯常做法)提出一个问题，即成年人在童年时期的解释在心理实践和研究中可能具有什么**功能**。在某种程度上，人们就可以知道哪些功能能够直接通过观测得到，哪些只有通过功能—批判的分析建立心理学研究/实践才能勾勒出细节。

在心理学研究/实践方面，关于这种发展解释的作用，一个显而易见的回答可能是，利用发展数据将提高关于个人的心理陈述的解释价值。如果我知道一个具体的个人经历“发展”的过程，例如，他的家庭背景、学校、之前的问题、矛盾、“失败”等，就可以假设我对于他当前的困难更加了解。这样的假设是不证自明的，也没有人会怀疑当心理学家遇到了“教育问题”，某项记忆对于性格诊断是必不可少的，这样的诊断通常包括童年早期的因素(母乳喂养了多久，什么时候进行如厕训练，什么时候学会走路和说话等)。

此外，由于“发展”作为一个“过程”是按**照时间顺序定义和构造**的，包括发展数据看起来可以超出现有问题的解释范畴，提高了“预测”个人未来

发展的可能性，或者更实际地说，能够预测一个人在特定的重要情况下会如何反应(例如，学校、工作，特别是要求高和压力大的情况下)，以及在多大程度上她/他可能会产生价值或走向失败。

从这个角度看，在治疗场景中，不仅要收集个人发展的数据，还需要对其进行解读，这样就基本上可以有更深的了解了，比对象本身还要深刻。这样也可以明确，为了渡过或预防现有和未来的困难及问题，需要“处理”过去的哪一项冲突。结合发展维度似乎打开了从过去“推断”未来的机会：可以以发展的方式得知整个进程会如何继续，该从哪里介入来纠正这一进程。人们通过应用发展网络，引用经验数据或典型发展过程的个人经验，并认为自己对个人有更多的控制——无论是作为预测的科学控制，还是作为可能的预测的实际控制。

当我们近距离观察，就会注意到，用她/他的发展来解释一个人，除 219
了它的诊断或预测功能被隐含在其中之外，还相当清楚地具有一种**内在的规范性功能**，可以根据需要加以实现和利用。当我调查一个人之前的发展过程时，我不可避免地会知道她/他的“发展状况”。例如，在参考系统中，我知道了她/他所处的不同立场，她/他的发展“完不完全”，是否存在着特殊的发展“不足”和不理想的发展状况。这在“发展诊断”当中相当明显，并且诊断关注的是一个儿童的发展阶段是否符合年龄的问题。在这里，“发展年龄”的实际价值是作为参考而存在的——正如乌尔曼(Ulmann，1987)之前给出过令人印象深刻的证明——父母每日关于他们的孩子是否发展“正常”的担忧可以得到科学的加强。假定的“发展阶段”的标准化内容在埃里克森的理论中非常明显，每个具体阶段的定义都足够用来判断此人在该阶段的发展。选择丁克的成人错失了“生殖”阶段，“一心一意”地为己。这仅仅是**一个**例子，指出精神分析如何毫无保留地将自己视为一个职业，用以判断个体的“成熟”或“不成熟”，“幼稚”或“精神失常”，并以此将自己对于“正常生活”的标准放诸四海。但在发展阶段理论中，例如皮亚杰和科尔贝格在最终的分析中清晰地指出，“最高”阶段属于“发展最完善”的人格，其他不处在这个阶段的都是一般人或“普通人”。在这种情况下，正如社会化理论一样，发展不是一系列阶段，而是一个连续的过程。在这里——至少隐含的——有效的(甚至可能有阶级意识的)个人在给定条件下能够适当地掌握自己的生活，可以作为衡量社会化过程中的缺陷、偏差和失败的标准(在这种情况下，其特征是，即便是工人阶级也不愿意站起来维护自身的权利，在这里也表现为社会化缺陷)。这样的发展概念的标准化内容也解释了他们和某一种“教育学”之间的亲密关系。在本文中，发展和社会化不足事实上包含了需要摒除这种不足的一种教育责任，与此同时，发展和
220 社会化理论指出了这种教育需要采取的方向。虽然并不总是这么直白，但心理学家、精神分析学家和社会学家希望这种隐含的观念被国家教化，例如，埃里希·弗洛姆(Erich Fromm)想要我们不惧怕自由(Fromm，1941)，教授我们去爱的艺术(Fromm，1956)，说服我们“成为”比“拥有”更加重要(Fromm，1976)。

在对心理发展解释的重要功能的进一步拓展中，衍生出了一个问题：心理学家要采取什么策略来根据一名成人的发展情况解释她/他的性格？因此，可以更好地主张和捍卫特定于心理学的立场和专业策略，反对该领域的竞争性做法，这是有道理的。人们普遍认为，就个人而言，发展性解释是心理学的领域，而且，分析发展的专业实践也有可能使雇主和客户相信心理干预的具体质量和效力。就像已经描述的那样，在此基础上很容易向别人表明，“心理学家”在通过与客户打交道时所做的事情——回溯童年经历，既与专业技能相一致，又与成年人的问题相一致。如果处理得当，这将是一个不可或缺的、有效的答案。因此，心理学家将不仅满足于全面地期望——作为心理学家——他们必须做什么，也要以相应的手段去证明减少不确定性：就算他们实际上或多或少没有直面需要处理的问题，但通过“全方位”梳理客户的童年经历，至少可以获得一些时间(并可能积累收费的小时数)，并期待着所有其他事情最终都会妥善解决。

我不想在这个层面再过多谈论这些想法。需要发展性解释在科学上确实存在问题，才能接受并认为这些想法有说服力。事实上，发展性解释具备给心理学家完成或促进他们工作的功能，但并不意味着这些解释存在问

题或不充分。再进一步，我有必要讨论一下假设的合理性，在所有的概念和实践下：也就是说，假定在早期生活和具体的成年人品质、问题、限制和冲突的发展条件和社会化条件之间存在着一个充分明确的相关性。这种预想在心理学中通常被认为是自圆其说的，也是无须证明的，甚至可能是 221
“鸡蛋里挑骨头”的。但这并不应该让我们放弃探讨这个议题。

虚构的童年决定成人的性格：
童年的构建，因果关系和童年的殖民

对于很多心理学家来说，对成年后的行为主要受到早期生命阶段特别是他们的童年时期影响这件事情“自证其说”，并认为会有很多实践证据来支持这个观点——不仅仅是因为心理学所宣称的缘故。可是，大家会惊讶地发现，在这个方面鲜有长期研究存在，即使有，设计得也并不完善。当审视这些研究的结果时，你可能会更加感到惊讶。例如保罗·里斯曼(Paul Riesman，1993)参考了相关题材的研究文献，并通过研究数据指出：“首先，成人性格并不是在童年早期形成的；第二，父母行为并不是塑造幼儿性格最重要的因素。这篇文献将给人留下一种持久的印象，即人格——无论如何定义——在儿童早期到成年之前都是无法预测的，即使是紧接着的后续发展阶段，也会发生实质性的变化。”(p. 157)尽管有关父母如何对待孩子的研究确实显示出一些“短期内可能会对婴儿认知和情感发展有所影响，但长期影响的证据并不能令人信服。”(p. 158)当然，我们可以针对这些研究提出质疑，比如，坚持认为如果进行了适当的研究，人们肯定会找到证据来支持儿童发展与成人人格之间假定的联系，或者反对这里使用的研究方法，认为不适合用来证明两者之间的联系。心理治疗师，尤其是精神分析学家可能会提出尖锐的抗议。他们会认为这样的“研究”是彻头彻尾的胡说八道——每个治疗师都能从自身经验得出，早期童年发展的阻碍会为之后的成年生活中的成败产生决定性的影响，并且，帮助客户处理过去的经验对于克服童年发展阻碍导致的症状来说多么重要。缺少实践证据会

促使一些人曲解个人—遗传解释模型的隐含意义，并允许提出这样一个问
222 题：成人生活中的困难是否可解释为婴儿期发育障碍的结果。虽然在治疗环境中这一问题令人印象深刻，但除了假定一种事实决定的关系之外，并未找出更好的方法解释这一问题。

改变思维的第一个动机可能来自著名的——虽然在传统心理学受到普遍忽视——由费利佩·阿利斯(Phillippe Ariès，1970)或者劳埃德·德莫斯(Lloyd DeMause，1974)开展的针对“童年历史”的历史著作。他们的工作表明“童年”，在我们的理解中，不只是一个人类学常数，而是——作为一个概念和现实——从十五、十六世纪开始(根据阿利斯的论文所描述，这一点是毋庸置疑的)，经历了发展并且开创了历史性的意义。然而特别重要的是，在我们的背景下，对这个问题领域内的那些分析，**从成年人的生活条件和自我概念中阐述了普遍存在的童年形象的依赖性**。(参见，比如，Jan Hendrik van den Berg，1960；Dieter Richter，1987)作为我们接下来所要讨论的内容的引言，让我从里切特的作品中引用一长段，题目是：《奇怪的孩子：资产阶级时代童年形象的发展》(*Das fremde Kind. Zur Entstehung der Kindheitsbilder des bürgerlichen Zeitalters*，另参见，Niestroy，1989)：

> 在当代，童年状态和孩子们受到的关注很有趣——正如我的论文所说——这种关注没有拉近成人和儿童之间的距离，相反，他们之间的距离正在被拉大。这个新的社会化形式背景下的文化进程由资产阶级生产方式和生活方式所决定，导致儿童和成人之间的**分离**；特别是具有工业社会特点的“成人—儿童关系”应运而生。……在许多情况下，这和……“欧洲—海外碰撞”的过程相对应。正如民族学本身是对欧洲以外的陌生文化体验的一种反应一样，资产阶级社会中的“野蛮人”和“未开化”的童年形象也是由“本国的民族学体验”发展而来的。相对应的是成人(受过教育)的衡量标准，儿童逐渐变成了未开化的代名词，有一点野蛮。……“**野蛮**”意味着未经过教育和未开化的。儿

> 童，在文化进程中与成人越来越分化（中上层社会），被视作还没发展完全的人。（p. 25）

人种学家弗洛伦斯·维斯（Florence Weiss，1993）得到了类似的结论——虽然不是通过史学研究，而是通过反思她在巴布亚新几内亚的雅特 223
穆尔（Iatmul）进行的童年研究得来。她逐渐意识到，她接触雅特穆尔儿童的生活和问题的途径被她欧洲化的儿童—成人关系的自我证明所阻碍。她——在广义上——从成人和儿童之间权力的不平衡性开始，指出了在我们的文化条件下，这些不平衡如何反映到“科学工作”中：

> 关于孩子的书籍一般都由大人撰写，孩子们在此没有话语权。他们属于典型的一类，是连观点都无须否认的族群，因为孩子的观点从未被询问过。当女性开始保卫自己的利益，并开始研究并写下关于自己的事情时，孩子们从未有被询问的机会。作为社会中最弱势的群体，孩子们没有任何经济基础，永远需要依赖他人。成年人对孩子的任何想象都可以被思考或记录下来。（p. 99）

维斯将这种典型的成人视角描述为一种“**发展性凝视**”，在这种“发展性凝视”中，童年只不过是成年前的一个阶段（p. 99）；孩子相对于成人是“未完成状态”。这个未完成的版本，维斯强调，“**必须**通过教育介入才能转变为完成版——努力工作的员工和顺从的公民参与”。根据维斯所言，孩子们的本质属性为“本能的”、天真的、不谙世事的、可爱的和开心的，这些属性主要和“未来进入成人期有关。我们的凝视是直指发展的。童年被普遍地认为是某个不具有自我价值的时期”（p. 100）。站在这个角度，维斯批判了“执念于发展阶段”的状况，将孩子们落后成人的阶段编撰为某个时期，假定“儿童与成人之间存在根本差异”，并建立“与儿童之间新的距离”（p. 100）。她指出，这同样也适用“社会化”的概念，同样从成人的角度和立场描述和衡量儿童的发展和教育进步（p. 102）。在她本身的研究中，维斯说得非常清楚，只有在她度过了这个“发展性凝视”阶段才找到与雅特穆尔孩子们的连接，打通了文化生活和社交联系的不同形式，即无法从成人角度来预测，也不能用成人期之前的时期来完整地解释。

对其他民族的进一步研究也产生了类似的结论（参见，Loo &
224 Reinhardt，1993）。这里，我只引用夏洛特·哈德曼（Charlotte Hardman，1993）的研究，因为她没有介绍来自欧洲以外国家孩子的行为，而是专注于牛津圣巴纳巴斯学校（St. Barnabas）孩子们在操场的行为。在初步理论考量中，哈德曼批判了发展和社会化主流观念的内在前提，根据这一前提，认为成人性格是主要由早期发展决定的，所以童年只能够作为成年期之前的时期存在。她写道：

> 在精神分析导向的人类学家眼中，童年是个人个性和整体文化性格的来源。在孩子身上已经发现了基本的人格结构，这一想法导致了在特罗布里亚岛的居民和霍皮印第安人中寻找俄狄浦斯情结这样毫无意义的行为。（p. 62）

通过批判不同的方法，哈德曼得出了自己的立场，她认为，在这些方法中，孩子沦落为成人教育和他律的对象，并被认为只有在他们渴望融入成人世界的条件下才能被理解：

> 在我的方法中，孩子们作为人也应该获得对自身的关注，而不是作为接受成人指导的对象而已。我想要知道童年是否存在自我管理、自治的世界，而并不只是反映了成人文化的早期发展阶段而已。（p. 63）

在追寻问题答案的过程中，哈德曼在学校操场待了很长一段时间，跟着孩子们跑跑玩玩，直到后来孩子们都不会费神关注她，而把她当作另一个孩子。这样，她逐渐开始接触孩子多样且奇怪的规则和每日的交流。并且，在很多不同的情况下，孩子们会创造并非来自成人的游戏、话语和歌曲，然后在孩子之间流传，甚至作为抵御成人的控制和对他们自以为是的警告的保护伞。(另参见，洛和莱因哈特于1993年发表的其他文章)

一方面，史料和人种学分析都注意到成人和儿童之间普遍存在的陌生
感和疏离感；但另一方面，心理学和精神分析学认为儿童和发展是可以立
即被获得和利用的，这些概念的**建构特征**就变得明显了。它首先表明，这 225
里没有描述独立的传记过程，而是阐述了理论预设。这样的看法可以在传统发展心理学中找到(但是很少)。因此，例如，鲁道夫·贝尔吉斯(Rudolf Bergius)在比较主要的心理阶段理论时，对不同阶段的递进几乎没有找到一致意见，这就导致他提出“发展的阶段和步骤只不过是我们概念和方法研究工具的产物”(Bergius，1959，p.125)。罗尔夫·奥特(Oerter，1971，p.502ff)确信地指出，发展的“连续性”或“阶段性”完全是由所使用的概念—方法工具所产生的，因此，相关的争论实际上是无法从经验上解决的。除此之外，也是关键的一点，在这里概述的发展心理分析和心理建构中，从概念上压抑了成年人对童年的印象与实际经历的童年之间的矛盾，导致系统地剥夺了主体对过去和童年的记忆。因为历史构建对于童年的陌生感和童年生活—世界的分离，以及抛弃每个个体具体的传记经历的事实，这些都被威权主义结构压制和否认。由此，在这个架构中，成人只需要不断扭曲自己的传记经历，直到定能从中被重新发掘。大家不需要找到具体的词语来找到其本身的历史：词语已经给出——大家也被迫相信只有最终谈论自我并与之交谈，例如，通过精神分析的“语言”，我们才能真正了解自己。简单来说，我们所应对的是对**童年殖民**一词科学性的尝试性探讨，其中，个人的经历被发展的心理和精神分析构建所替代。

双重透视和克服自我包裹的传记经验：把发展作为拓宽与世界关系的方式

为了更详细地说明这一点，并说明精神分析和心理学思维方式对发展所固有的知识局限性，我需要特别指出上面讨论的所有发展结构显然都具

226 有的一个结构特征(尽管存在种种差异)：单维确定性的“现实”实体化，例如，后期发展阶段对早期发展阶段的准遗传因果依赖。在这样的结构中——特别是受到了精神分析观点和思想影响的情况下——我们可以从中看到冈特·杜克斯(Gunter Dux，1992)在人类学研究中定义的名词“起源逻辑”的特征：

> 我们必须明白神话的内在逻辑才能理解它的意思。给定的叙事顺序是为了故事得到解读并被保护，如此，一个故事的构建过程必须追溯到早前的状态。为了满足这个目的，之前的状态中“尚未”发生的事情被描述为正在发生事情的回应。这个逻辑来源于对世界的理解，为了更好地明白眼前发生的事情，必须回溯过去。(p. 25)

由于构建了发展/童年的起源逻辑形式，这背后的思维模式就变得显而易见了，例如，精神分析会有这样奇怪的习惯，通过不去解决实际的冲突来对其进行解释。在这里，解释或理解意味着(正如已经阐明的)将当前的困难理解为“本质”的、最终是幼稚的冲突的表象，即“向后看是为了更好的理解眼前的事情”。当我们再谈到发展性建立的“功能性”方面时，把之前对于功能的讨论加上也无可厚非。正如杜克斯所强调的“给定的叙事顺序是为了故事得到解读并被保护”。欧斯特坎普在很多不同情况下对此进行了分析，并指出了在目前的冲突下倒退的方式是如何让已经“过时”的早期童年经历提供“科学”的论据，并防止纠缠于当下的矛盾和限制条件，保证与当权者达成一致。例如，她批评种族主义社会化理论通过“将未解决的父子或亲子冲突带入政治”，“颠倒了起因和影响”；她建议“这样的理论增加自己可信度的方式，一方面是通过生动地描述问题，另一方面是通过提供解释让自己能够解决缺乏自主性和无力感的现实局面，同时让自己免于陷入即将面临的冲突”(Osterkamp，1992，p. 279)。在我们现有的推
227 论下，重要的是认识到，人们不需要个人方案或政治决定来避免目前的冲突和肯定给定的权力关系。当我们进行“科学”讨论时，正是由于潜在的发

展/童年结构本身的逻辑结构，人们就会从易受批评的人变成这段时间里的杰出人物。这是以保护心理学家生计和专业性为目的，描绘发展性解释功能的更深层次。

“发展性凝视”具有单维性，也就是说，将生命的每一个后期阶段解释为从早期阶段中产生的(从而将传记的过去实体化为传记的现在的“真正原因”)，在被问到潜藏的历史起因如何理解时，这一观点将变得更加明显。于是“发展性凝视”转而开始强调历史角度——伴随个人的历史经验和与历史连接的方式——是由现在所决定。在这个意义上，福柯参考康吉莱姆把这个方面——和科学史相联系——如此描述：

> 对于同一门科学来说，当它目前正在经历变化时，反复的再分配揭示了几种过去、几种联系形式、几种重要的层次、几种决定的网络、几种目的论：因此，历史的描述必然是按照目前的知识顺序排列的，它们随着每一次转变而增加，并不断地与自己决裂。(1992，p. 5)

由于个人历史是狭义上的“历史”，因此可以假定每个人自己的传记经历都有类似的视角交错。从这个意义上说，我不久前写道：“由于‘与我自己的历史相关’包括与我的‘现在’和‘过去’之间的关系相关”，我所经历的传记“绝不可能是一个静止的实体，随着我生命的继续，它只是‘延伸’到未来。”事实上，我的传记的结构模式“必然会随着我的实际情感倾向的改变而改变。随着现状的变化，我对自己的过去也有了不同的认识，如此，可追溯的世界观也会被改变”(参见，Holzkamp，1983，p，337f.)。

一旦明白了个人历史的双重透视，人们就立即会在上述发展/童年结构固定看法上获得自由。人们现在可以考虑以前“不可想象”的解释可能性。例如，欧斯特坎普已经表明，如果考虑到在这种背景下通常被忽视的另一种观点，对种族主义的精神分析解释实际上可以被颠倒过来(参见，Holzkamp，1995，chap. 8)。因此，参照种族主义的投射理论，认为幼儿 228
的挫折和忽视投射到当前与外国人的关系上，是导致对外国人产生“仇恨”

和“敌意”的原因，她问道：

> 这种投射理论的代表本身没有受到多少这种辩护的影响。和将过去的问题反映到现在不同，事实上的情况可能是相反的：现在的情况下发生的攻击性行为被投射到过去。这样做有助于掩盖目前的理由，将之推到不安全感以及无法介入的“无意识”身上，即压制可能引起实际冲突和威胁的冲动。因此，人们会“解决”这个问题——就像投射的特征一样——以一种与既定的权力关系保持和谐一致且自己的存在不会受到威胁的方式。(Osterkamp，1996，p. 89)

另一方面，欧斯特坎普讨论了在更一般的层次上实现“第二视角”所产生的新的解释可能性：

> 问题是，在心理学和日常思维多大程度会共同倾向于在童年早期寻找现有问题的起因的问题具有象征性意义，即“一致”和“令人信服”的问题，反映了神秘的凝缩和“置换”的形式，当成年生活中充满无能为力和依赖的体验，面对现存问题和解决之间冲突时，这种象征同时提供了必要的缓解。(Osterkamp，1996，p. 58)

通过实现传记经验的双重视角——自从这些观点得到实现以来——人们已经不再采取之前普遍的天真因果主义和将概念视为现实(无论是在日常生活中还是在科学环境中)的方式。无论处理生活经验结果成功与否，我们过去的每一个人生片段都保持着“朝向成年”的方向不变，无论如何必须扭转来回直到适应为止。相反，对于不连续的考量——福柯用“阈值、断裂、破裂、突变、转型”这些关键词进行形容(Foucault，1992，
229 p. 14)——当前也已经在个人层面上成为可能。因此，例如，我可以把儿时记忆中那些不连贯、“无法解释”的片段留在记忆中，然后逐渐尝试找到——这超出了已知“专家”的任何建议——一种充分的语言来表达我童年

经验的特殊性。我会由于我忽略了自己的经历和别人的叙述之间的矛盾与“分歧”，或我给人“奇怪”孩子的印象，我不记得写过(我真的写过那些?)老旧的信，或以其他方式纳入(可能是专业指导的)先前的自我感知中的内容而从压力中解放出来。当在历史或文化背景下都认同“童年”并不只是成年期之前的一个阶段，而是具有自己本身的意义和生活价值后，心理学的发展/童年结构便尝试将童年在个体层面上当作成年前期，并从此推导出个人发展的阶段或发展“成功”的程度。但事实上，这些都可以视作“科学”对于现实的误读。

所有这一切并不意味着只承认“观点”，而否定真正的个人生活过程的存在。它表明了一个事实，真实的个人历史不能与其感知的角度分离。每个人面临的关键问题，如“当时真正发生的事情”等重要问题的答案，以及我的个人想象是什么，或被说服相信了什么等问题，都将丧失意义。然而，这个问题不能通过使用与语境无关的外部标准来解决，而是需要在每个特定话语的情境中进行多种抽象和比较分析。传记客观性的问题不可分割地与在特定情况下提出这一问题的人的观点和兴趣立场联系在一起，因此永远不能一蹴而就，而仍然是一个永久的问题，并在我正在进行的生命活动中不断变化。

这同时也表明，在“发展人格结构”“自我发展”“自我实现”等流行概念中所固有的、作为发展载体的个体中，某些连贯的“实体”概念存在问题。现在可以看出，“我发展自己”这样的回顾性或自我参照的短语——就像个性作为一个自我封装的单独体的概念一样，也是导致这个狭义概念出现的原因。如果她/他没有改善她/他的生活和行为的可能性，就无法发展，她/他与他人的关系也是一样。不是“我发展自己”(没有人知道如何才能真正做到这一点)，而是“发展我与世界的关系”。列昂季耶夫已经反复强调这一点，也就是，他所说的“丰富的相互关系”与个性的发展相同。他写 230
道：“任何不同的心理学概念都不能忽视的人格的第一个基础是，个人与世界之间丰富的连接。”(Leontyev，1978，p. 133)

如果个人发展与扩大自我与世界的关系相同，那么我自己发展/童年的回忆也需要重新概念化。人类“记忆”可以——就像我在另一篇文章

(Holzkamp，1993)中所说——不再以传统方式被视为一种内在的拥有：

> 每个人在她/他的意识(或“存储的记忆痕迹”)中都携带着(某些内容)。这是一个历史发展环境的特征，其中个人与她/他的社会和客观世界之间的关系的丰富性和明确性作为一个基本组成部分而进入到记忆中……：从这个角度来看，记忆是历史视角中我的人生与世界关系的一方面，包含了我对世界的经验和认识，不能与我真正分离，不能脱离历史—具体关系，不能凌驾于客观—社会现实之上。(p. 311)

因此，从我当下的特殊情况来看，重建我的过去无法通过在我个人童年时期的经历中进行一个“更深层次”的沉浸来实现，相反，需要通过放弃在童年时期被笼罩的想法，确定我现在的一切，目前我所遭受的一切才行。因此，把对将来看作由过去所决定——作为传统心理学/精神分析特征——的推论也受到了质疑，并且在我可能的范围内，对我的过去的概念进行重估，揭示了我(和所有心理学家)以前不知道的未来前景。正如列昂季耶夫所论述的那样：“对生活中已确立的过去的重新评价，导致人们摆脱了自己传记的负担。”(Holzkamp，1978，p. 132)

第五部分

生活行为

12 心理学：对日常生活行为理由的社会自我理解 233

阐述问题：无世界的心理学

简介

正如题目“心理学：对日常生活行为理由的社会自我理解”所说，本章只讨论已经存在的心理学，并不打算提出一些新的心理学内容。相反，**整个心理学**，正如它在历史上发展起来的那样，如果它想在科学界履行它的职能，为我们提供特定的经验和行动，就需要遵循这样的原则。这同样表明，主流心理学无法掌握这个原则，它没有研究人类生活的问题，无法对人类和社会科学的知识做出任何实质性的贡献。

这也与我文章开始的观点相契合。这样一来，在第一部分“发展问题”中，心理学假设的无力(至少在其主要方面)将被逐渐阐明，即最终必须将心理学的发展准确地理解为对日常生活中各种行为的解释。这将成为心理学的目标，而且这个目标应该被实现。

称这一部分为“无世界的心理学”，已经指明了对这个问题进行批判性阐述的方向。但我不会提前讨论涉及这样一个无世界的心理学的核心摩擦、矛盾和误解。相反，这些阐述应该在推理过程中逐渐变得明显——乍一看，这可能被视为在处理一些完全不同的事情。

这里提出的心理学定义可能会引起一些问题和怀疑：除了已经存在的几十种定义之外，是否还有另一种心理学的定义？尽管之前所有的定义或多或少都被证明是无用和多余的。与其对进一步的定义进行思考，不如问问为什么明显缺乏一个明确的定义对心理学的损害，或者为什么至少对心理学作为科学和实践的历史发展或确立没有持久的影响？

那么让我们来讨论这个问题：心理学在没有任何清晰的、被定义的主旨问题的前提下，是如何设法建立一个科学的身份的。这样不仅可以提出心理学是否“需要”其主旨定义的问题——就像在讨论中提出的问题一样，比如赫尔曼和罗伯特·基尔霍夫(Robert Kirchhoff)，(参见 Eberlein & Pieper，1976)——而且直到现在，我们还能重复听到“操作性”意味着心理学只是“心理学家”所做的那样吗？要了解这一点，需要认识到心理学作为一门学科已经发展起来的统一性并不是建立在一个单一的范畴体系中，这种体系将特定的理论标记为只属于心理学而不属于其他科学。相反，从开始作为一门学科开始，这种体系就以一种**标准的实验设计**为特征，因为它只存在于心理学中，而且(在某些变体中)在这一点上是一致的，它把心理学定义为心理学，而不是其他学科。

标准的实验设计(现在我称之为标准设计)由实验者实施，他(除了与实验有关的问题之外)通常仍然被安排在后台，即不被认为是这种安排的组成部分。这种情况只包括三个实体：第一，(至少)一个“测试对象”，“放置”到实验者的测试安排中；第二，实验者“提供”给测试对象的“刺激群”；第三，由实验者登记为“数据”的测试对象的答案、反应、“响应”等。这三个实体之间的联系远远不是基于对象，而是通过实验者和测试对象之间的**协议**建立，或者用常规术语来说，通过“指令”建立。例如，可以要求测试对象来提取以特定顺序呈现的权重，并判断特定元素的权重是否比以
235 前更重或更轻；她/他可能会被要求仔细阅读“所呈现的”内容，并在将其移除后尽可能多地记住，等等。然而，该协议/指令不会登记在数据中。

一个人的行为就好像数据在测试对象身上是可以被直接观察到的。所展示的结果(即问题的品质)与测试对象反应之间的这种关系很快被称为“实验假说”或“理论”(在实验之前或在解释其结果时制定)，并被认为是“证实”或“未被证实测试对象的回答”。后来(在机能—行为主义转向之后)，标准设计经过数学化加密从而形式化。从那时起，实验者提出的刺激模式就被称为“自变量”，而测试对象的“反应”被称为“因变量”。从这个角度来看，实验假设将包含关于“独立变体”和“因变量”之间特定关系的“预测”。随后，更加详细的统计“测试方法”被发展出来。根据这个逻辑，一个假设的相关性数据在统计学上被验证，即如果根据定义的标准来衡量，在所有可能的关系(被推理的)里仅仅有一个变量的要求也可能被拒绝。在这种情况下，决定在这方面出现的所有问题的主体是实验者。这里所描述的标准设计最初只适用于实验对象。然而，类似的实验安排基本上可以在非实验研究中找到——或者在不同的实验研究领域中。只要各自的调查研究明确地将自己归为心理学范畴(根据传统形式的教学和研究)，那么他们基本上都受同样的系统约束。这里发生的偏差在原则上是无关紧要的(我稍后会回到这个话题)。

从广义上看，标准设计可以被看作一种语言框架，在这个框架中，心理学理论将被制定出来：理论必须分别表示为“刺激群”和“反应”或“自变体”和“因变量”之间的关系，或者可以转化成这样的术语。此外，在假设中提出并由测试对象实现的这种关系必须是经验上的、偶然性的，而不仅仅是逻辑或语言上的，因为只有这样才能进行经验测试。最后(至少在测试统计确定后)，自变量与因变量之间的关系不应该是确定性的，而是随 236
机的；它们必须呈现“散布”状。只有在这个基础上，统计测试模型(基于数学统计概率论)才能在心理学的标准设计中使用。

标准设计所制定的语言框架的结果可以从两个方面进行阐述：一方面，理论建构的“要求”极少；理论上有相当程度的自由(或任意性)。无论如何设计细节，只要使其符合标准设计的应用要求，任何理论都是正式的、可接受的心理理论。另一方面，与上述内容相反，为了在这种安排中表达出来——也就是说，在心理学作为一门学科的自我概念中——理论实际上必须要达到标准设计的概念含义(尽管微乎其微)：否则在心理学的既定学术活动中既不能适当地计划或测试，也不可控制。后面我会再谈第二种观点。目前，在心理学的历史多样性中，我将会更详细地讨论一个唯一受标准设计限制的理论建构的独特开放性、不确定性(但不是任意性或部分任意性)。

借鉴其他(自然)科学，弥补心理学中缺乏科学语言的缺陷

因此，正如已经指出的那样，在标准设计的范围内，理论化的核心特征就是受制于特定的构成规则，没有特定的心理科学语言可以从这个安排中被推导出。事实上，的确有如何通过方法论在心理学上获得可测试的“数据”的相关建议，但不能从标准设计中推导出(超出所提及的最低限度规定)约束性规则，也不能推导出以何种方式和语言谈论“变量”以及可能的结果如何被“言语化”。(似乎)方法程序的精确性与“谈论”心理假设和发现的方式模糊并行。

一旦意识到主要的历史趋势(稍后会讨论边界)，心理学就不会逐渐形成自己的科学语言，而是从一开始就采用来自其他自然科学或“精确”科学的理论概念的相关语言(连同附加的理论概念)。即使在心理学创立之前(19 世纪中叶左右)，心理学家们也在为将其发展为具有科学地位的自然科
237 学而努力。因此，在韦伯-费希纳(Weber-Fechner)定律中，类似于物理学，引入了与真实物理数据(“外部心理物理学”)相关的心理变化的“测量单位”(在这里被定义为“仅有的显著差异”)。然而，心理学作为“自然科学”的一般规范直到 1879 年才由冯特在他的莱比锡心理“实验室”中“正式”形成。在某种程度上，冯特的思想结构模式可以被看作一种“心理化学”，其中心理“元素”是孤立的，然后是其不同层次上的“融合”和“综合”。冯特明确回答了在生理学上如何将实验获得的数据整合到这个模型中的问题。相应地，他的主要工作内容是“生理心理学原理”。

在欧陆心理学的进一步发展中，作为一门学科，它的定义是“自然科

学”，其特征几乎没有人质疑。其争议仅限于哪种自然科学模式最适合用于心理学的问题。例如，在和古典元素心理学倡导者冯特激烈的辩论之后，“柏林格式塔理论”的主要理论家沃尔夫冈·科勒(Wolfgang Köhler，1920)试图建立一种“格式塔物理学”，并允许建立整体心理过程的生理框架(Köhler，1920)。这与传统生理学中的物理概念不同，假设生理觉醒不会沿着神经纤维传播，但是在某种程度上对神经纤维来说是“横向的”，在整个中枢神经系统中形成神经学“场”。这个“场”可以提供物理相关精神过程的“动态自我调节”的生理基础。后来，科勒[与瓦拉赫(Wallach)一起]在对“图像后效应”的研究过程中改变了他之前的格式塔物理学。他现在假设，由于长期暴露在刺激群之下而引起的不平衡的饱和过程(再次横向于神经纤维运行)，会导致感知领域的具体变化(Köhler & Wallach，1944)。但在生理学方面，科勒既没有接受这种观念，也没有提出令人信服的实验数据来支持这一观点。尽管如此，他仍然是心理学的核心理论家，他的物理场论思维方式在很多方面对心理学的进一步发展有重要的影响。

在继续介绍心理学从自然科学借鉴的历史并描绘美国的相关发展前，
我想提出一个重要的例子。这个例子在到目前为止所阐述的欧洲大陆发展 238
中已经是显而易见的了，而且对于了解后来将心理学视为自然科学的努力来说非常关键：心理学通过借鉴化学、物理和生理学，显然不会成为一种真正的自然科学——实际上甚至不能在这个方面提出任何主张。事实上，我们在这里处理的只是一种与测试对象的指示或协议构成的“似乎”的关系。一方面，心理学总是以化学、物理学或生理学的方式表现出来，以便通过类比来填补由于无法构建本质上的心理学理论而造成的差距；另一方面，它可以从自然科学的状态中获益——即使只是在这个“似乎”的基础上。例如，(根据韦伯-费希纳定律)可以与一系列不同重量的物理重量相关联的“存在显著差异”的数量，当然不是物理量度，而是没有可验证的度量关系的依据，仅仅去任意定位应该测量什么。同样，冯特的“心理化学”并不是指融合和合成元素的任何真正的过程。当谈到“感知组合”时，他只是在化学相关模型的语言中谈及它，从而摆脱了一个术语系统，使他能够建构伪装的系统理论，即模拟心理学的统一，然而绝对没有得到心理对象的证实(因此，即使冯特的模型最初那么出名，仅仅在几年之后就被遗忘了)。关于科勒的“格式塔物理学”(无论是在哪个版本中)，他们(自己是物理学家)承认至少会尝试为它提供实物证据。然而，由于他或多或少忽视了中枢神经系统的物质结构，反而独一无二的同质“场”被降低了，最终他的模型也表现出“假设”性质，其品质作为一种综合的准哲学建构，忽略了真实的自然科学。尽管科勒有卓越的进取心——实验创造力、理论力量支持和自然科学的基础，但他的理论只能被视为又一个“自然科学”的假说心理学，即一个真正的心理学理论建构的替代品。

众所周知，心理学在美国的进一步发展(从 20 世纪的第一个十年开
始)，其特点是从冯特的意识心理学(由美国的蒂奇纳推广)，转向“行为心
239 理学”由“功能主义”为中间阶段，过渡到行为主义。在这里，心理学的自
然科学特征最初被行为主义论(Watson，1919)的第一个倡导者约翰·华生
强调，之后很快就发展成为心理学的普遍自我概念。

为了进一步讨论，不妨从“经典条件反射”开始。它作为第一个普遍的行为解释模型通过巴甫洛夫被推介。这一概念起源于著名的巴甫洛夫实验，即狗的“条件反射”。例如，有人给了一只狗使其产生唾液的食物(无条件的刺激和无条件反射)，同时敲响铃铛；经过几次重复，铃声就会获得独立的“强化”力量，通过自主地引导唾液分泌(“刺激替代”，条件刺激和条件反射)来接管食物的功能(使狗产生唾液)。这样的实验当然可以有充分理由地被认为是生理学的。但是，这一反射行为如何发展成为“行为主义”心理学的基本形式呢？这需要通过忽略具体的神经生理学相关性，并引入“无条件/有条件反射”的分类对象作为一般心理解释性原则。这样，这种关系实际上是被颠倒过来的：解释不再涉及特定的生理事件(例如，狗对铃铛声音的条件反射)，而是试图通过假设(沿着“经典条件反射”)归因于他们的神经生理学关系。这些连接不再需要在生理层面上得到证明——例如，通过在每种情况下表现出特定的神经生理机制——而仅仅需要理论上的构造来解释经典条件的反射过程。从生理学转向心理学，这意

味着人们要限制证明心理过程，而这一过程支持仅把心理学术语看作**说话方式**的观点：一个人做出行为就**好像**所有的“条件”过程都是基于具体的神经生理活动，从而使人将心理学理论作为一个“自然科学”。因此，即使在这样看似“生理关联”的安排中——至少在“经典条件反射”被用作人类行为的一般解释模型，而不仅限于研究真正的反射（如眼睑反射）中——如果没有实验者的指示和测试对象的合作，纯粹的生理调理过程也不会出现（例如，“意识”的持续争议表明——特别是在精心策划和精心控制的实验中——除了其他方面，如果不意识到实验者所期待的特定效果，条件反射 240
作用人体测试科目中就几乎无法得到验证。参见，比如，Brewer，1974；Holzkamp，1993）。一般来说，“无条件/有条件反射”（连同相应的辅助概念）的概念必须被视为一种抽象的结构，至少它不应该被强加于实际的学习过程中，而只是通过采用生理语言模拟这种现实相关性；严格来说，它与心理学或生理学无关。

这种“假设”模式——在“经典”条件反射下，也仍要从它那生理学的外衣中（“狗的实验”）提取出来——在行为主义的理论变体中更容易被发现（一旦了解它）。例如，斯金纳（Skinner）由此开创了一种人类学习模式（其影响尤为深远），表明“学习”不是源于“条件刺激”和“非条件刺激/反射”之间的自动关联，而是源于“有机体”自身的活动：活动促成特定“成功”的次数越多，这种行为就越能得到“强化”，因此，有机体今后也会越来越多地表现出这种活动（“操作性条件反射”）。斯金纳认为这种建构（再次嵌入复杂的辅助概念系统中）成为一个神经生理学关系的过程——没有提供、甚至没有想过要提供所假设的基础生理过程的相关证据。在这种情况下，与生理学相比，心理学仅通过“生理”语言证明了其特性，而没有按生理学所要求的那样，为证明假设的生理过程存在提供科学依据。在此，我们讨论了一种**生理模式**，而这种模式在人类层面上由上述协议构成。心理建构的因果基础正是通过这种模式伪装的，也因此拥有了他们的“科学”特征（关于实验与动物的相关性，参见，Holzkamp，1993，p. 41ff）。斯金纳的人类语言习得理论显然是这种虚构理论建构的顶点。他显然将“操作性条件反射”模式归为“先验”特征，同时其特征与心理学的“自然科学”相同；因此，他把语言学习解释为“言语行为”(Skinner，1957)——在这种“操作性条件反射”术语中，他并没有问及对于所假设的机制可否在神经生理学层面上确定的问题。实际上，这是“自然科学”的伪装，现代语言学创始人之一的诺曼·乔姆斯基(Noam Chomsky，1959)直截了当地把它描述为“只是一种
241 在科学中扮演的角色”。

这种“生理”虚构在其他行为主义变种中也能找到，随着克拉克·赫尔(Clark Hull)对它的发展，它还可能在行为主义中以也许最为极端的形式出现。赫尔曾经被认为是学习理论的伟大建模者；他制定了一套包含了众多“假设”和辅助性推论(Hull，1943)的正式学习制度。由于他追求制度最大限度的完整和精确，制度最终变得极其复杂，以至于到了最后，连他自己都不懂了(Hull，1952)。很典型的是，一方面，赫尔用生理或神经生理学语言制定了很多他的法则，并且常从“自然科学”的层面来理解它们；另一方面，他又将他的模型定义为“臼齿”，意思大致是，它不会依赖相应生理基质的发现在分子意义上，这可以被视为一个理由。因此，与斯金纳不同，赫尔本人提出了其系统的自然科学“假设特征”。然而，问题依旧是：他对“自然科学”的陈述如果不指生理过程，那可能会是什么呢？仔细研究一下，人们就会构建出一个由任意选择的观察组成的庞大思想体系。而人们最后只能在其自身术语内理解这一体系，最终(有时被视为“脑神话”)被“降级”至对于任何现实相关性的需求。正是由于人们认为这里对“自然科学”的描述太极端了，因此没有人再重视它。

心理学(其主要发展)已经建立了标准的实验设计，但它缺乏能让它成为一门学科的基本概念，因此它需要从其他(自然科学)学科借鉴其科学语言，使人们对其产生更深刻的印象。除了“机能—行为主义转向”之外，心理学史中还有一个被称为“**认知转向**”的转变。它首先批判了行为主义中的机械思维，例如，借助科勒的场论时，人们呼吁重新整合心理学中的认知过程。然而，“认知主义”的实质性突破几乎是与这一批判同时出现的。20世纪50年代中期，心理学的语言几乎是在一夜之间改变的。它借用的不是

生理学或神经生理学，而是计算机科学：它一直用信息科学的语言在叙述——也就是，它所用的词语不再是“刺激”“反应”“条件反射”“刺激替代”和“推广”，而是“输入”“输出”“程序语言”“存储”和“检索过程”等。这种语 242
言的变化发生得如此突然，以至于早在1967年，乌尔里克·奈瑟(Ulric Neisser)的《认知心理学》一书就对这一领域的关键思想做了全面介绍。

那么，如何解释这种彻底的转变呢？在此之前，心理学中已经形成了某种矛盾，越来越多的人批判行为主义的机械性和狭隘性，但它仍然可以通过借助生理学和神经生理学来维持自然科学的地位。这种情况随着计算机科学跨学科影响力的不断增加而改变，推动其成为心理学的新科学模式。一方面，人们对信息科学的术语进行假设，以将其用于比生理/神经生理学更准确地描绘诸如记忆结构等复杂的人类信息处理活动；另一方面，它作为一门“自然”科学的地位似乎是确定无疑的。通过对比类似“准确”的行为主义理论模型，似乎它在心理学上的“效率”更高，但实际上它在与自己的竞争中就已经被打败。因此，它很快就丧失了自己的霸权地位，并被沦落至角落中，例如，它被视为动物心理学的特殊学科(参见Holzkamp，1993，p. 118ff；1989，p. 67ff)。

为了更好地了解认知心理学与信息科学之间的关系，我们首先要认识到“认知心理学”不仅是认知过程的特定学科，它还可以被看作有着跟行为主义相同普遍性的心理学方法。此外，我们必须把认知心理学和心理学中的其他“信息科学”方法区分开来：“计算机模拟”和“人工智能”。虽然后面的方法真正涉及了计算机应用，但**认知心理学**的主要特征是**仅使用其科学语言中的信息科学术语**。它的许多数据都公开表明，心理学中的计算机语言仅仅是隐喻，尽管人们设想这样的计算机隐喻能提高心理学的理论效率。认知记忆研究可能是表明其作用方式的一个很好的例子。在此，我们要区分三种记忆形式：感官记录、短期记忆和长期记忆。相应地，不同的“编码形式”分配给这些不同的“存储器”，就会概念化出不同的回收过程，获取预想信息的种类和功能也就不同。(参见，Holzkamp，1993，p. 121)
然而，对于我们的目的来说，更有意义的可能是那些已经根据计算机软件 243

标准建模和塑造的理论。一个典型的例子是安德森(Anderson)一段时间内很具影响力的ACT模型(Anderson，1983)。ACT模型对模型构建特征中的“编程语言”做了部分介绍，并试图将认知理论用“如果—则链条”表示，类似编程语言中的相关命令链。因此，认知理论不再是通常意义上的理论，它还具有计算机程序的结构(参见 Holzkamp，1993，p. 131ff，p. 137)。

参考信息科学/人工智能研究(及其以外)的新发展，即“联结主义”或“神经网络”[鲁梅哈特(Rumelhart)和麦克莱兰(McClelland)]的理论，可以对心理学自然科学“语言习得”模式产生特别丰富的见解(Rumelhart & McClelland，1986；McClelland & Rumelhart，1986)。“神经网络”一方面通过“节点”网之间的单向信号通路和节点间连接的特定权重进行区分，另一方面通过与定义“环境”的交互来区分。这种人造“神经网络”的特征是数据处理器不完全受指定的命令链控制。相反，在时间逼近(基于合适的算法)时，通过移动大量数据(可能由并行处理器进行)，“神经网络”可以从看似混乱的输入中累积性地提取出明确的规律。通过该输入，改变权重刺激网络节点之间的连接，从而引发特定的优化过程(参见 Holzkamp，1993，p. 113ff，以及，Lenz & Meretz，1995)。

将这种优化过程称为“系统学习”，或多或少有些玩笑的成分。但这么做是戏谑地把系统本身看作“学习”主体。认知心理学直接严肃地跃出这样的类比可能性，并试图从中发展出一种新的认知主义—联结主义学习理论。这虽典型，却不太明显。因此，例如，辛顿(Hinton)在1989年试图依据该累积性优化过程“环境”条件的干扰强度，区分“监督学习”“强化学习”和“非监督学习”。此外，“反向传播学习”也常被强调强化学习的复杂性。在这种关系中，节点间连接权重的减少/增加应该取决于它们对这些优化过程结果的贡献程度。当人们更详细地追问自己的“学习”在此语境中
244 有什么作用时，他们很快会发现，实际上并没有什么作用。我们不会试图分析人类学习过程的具体质量，也不会将其概念化；相反，只会简单地试着用“联结主义的语气”来制定概念(对其一无所知或缺乏了解)，而这些概念或多或少是从行为学习理论中了解到的。显然，这个“系统学习”理论被

认为是一种成功，尽管它对我们了解人类学习没有任何意义，而且隐藏着假装知识的弊端，但事实上这种知识是从未存在的。

(主流)心理学的无世界性作为标准设计的含义

在下文中，我将尝试更精确地探知主流心理学不确定性的原因(稍后将讨论它的边界)——我将不只是继续记录“用其他语言叙述”的贫乏内容，而且阐明**为什么**——迄今为止，以它一直发展的方式——心理学显然依赖于借用而发展，即人们无法找到一种内在的途径获得其真正的主题和实质性问题。进行引导性思考后，在此基础上，我们将着手处理这一部分的实际问题，即心理学无世界性的预期论断现在必须逐渐得到证实。有一种观点(暂且不提)认为，替代科学的概念在被心理学采用时，并没有(不能)保持其原有的科学形式，而是采用了一种**具体的**“**心理学**”**特征**，从而为研究替代科学提供了决定性的途径。在“刺激群”和“反应”等关系的基础上将相关理论概念归类，不可避免地要遵循采用标准设计，这同时意味着，在综合意义背景下**真实的**、**日常的世界**中，我们的一切生活、行为和获得的经验都被心理学、测试对象以及最终的实验者所遗忘(稍后将详细解释)——正是这种缺失，使心理学成为一门独特的学科，并与其他科学产生了联系。

为了更清晰地描述，我将沿用之前由标准设计和被试“同意”构成的三个实例(刺激群、测试对象和反应)之间的关系进行分析，并更详细地查询其中暗含的认知兴趣。作为外部世界的不同部门，并被置于独立于测试安排的结构背景下，心理学对展览、刺激群或“因变量”并不感兴趣，它所感 245
兴趣的是影响受试者和改变他们的反应的程度。严格来说，依靠这种方式理解的刺激属于测试对象的“边缘”：这只与她/他的感觉表面可能发生的变化有关。这种变化会影响她/他的反应，从而引起主体感觉和运动系统间“短暂的”或“内在的”连接(关于刺激的概念，参见 Gundlach，1976)。与“刺激”的功能类似，主体的“反应”也必须被更精确地定义：例如，主体对实验设计之外的解释和改变世界关系的可能性不感兴趣；相反，她/他的反应仅被记作(实验)刺激群的一个结果，因此，适用于在给定的情况下，对“刺激”和“反应”或“自变量”和“因变量”之间具体关系的假设进行检验。

由此可见，严格来说，在标准设计中，心理学认为，测试对象作为“设定”并不是具体生活环境中真正的人，而只是一具躯壳，这具躯壳体验世界和在世界中行动的可能性实际上已经被削减了，因为在这个概念中，现实只是以“有机体”的术语出现。在这里，只有当世界和个人的行为的直接影响或后果仍然存在时，才会被投射到个体有机体上。因此，没有一种语言来谈论个人与世界的关系，以及其他现实和社会世界的关系，谈论形成他们自己的结构，同时将个人与世界的关系赋予了它们的意义及它们所贡献的意义。实际上，这里只能谈论外围和生物体中心实例之间的这种关系(见下文)。从更广泛的意义上说，心理一直由心理学解释，也就是说，在一种心理轨迹中，个人最终在解释自己。“心理”个体的“无世界性”不可避免地遵循了标准设计所规定的刺激—反应或变量关系中的理论概念。

接下来，我将借鉴上述的例子，并从冯特开始，通过展示不同的形式，即在标准设计出现的不同尝试使心理学成为自然科学的外表来阐明这一点。冯特试图通过从“自下而上”的概念化塑造人类意识的结构：将心理
246 “元素”组合成“化合物”，这种“化合物”通过融合、联想和感知组合提升到更高的水平。在我们目前的讨论中出现的问题是：如何以这种方式解释意识模式与外部世界有关，即如何在元素心理学或联想心理学中理解与现实的关系。正如我们将看到的，在心理学作为一门学科的初级阶段，冯特以一种典型的方式，优雅地回答了这个问题。他声称心理学：

> 考察经验的全部内容，包括经验与主体的关系，以及经验内容直接来自主体的属性。因此，自然科学的观点可以被认定为间接经验，因为只有在从所有实际经验中存在的主观因素抽象出来之后，才可能成为间接经验；另一方面，心理学的观点可能被认定为直接的经验，因为它有意地消除了这种抽象化及其所有影响。(Wundt，1897，p. 3)

仔细一想，这个说法虽然听起来颇有说服力，但却暴露了一个严重的缺陷，即它并没有阐明我们如何通过对心理学的抽象而得到自然科学，或反过来，我们如何能通过逆转这个抽象的过程从自然科学迈向心理学。甚至冯特的模型也不是通过逆转自然科学的抽象过程得来的，但显然，他的模型是他自由创造的一个类似化学化合物的结构。在上文所引用的冯特著作中(以及，据我所知，在他其他的著作中)，他概念化抽象概念时，并没有思考应该以什么样的方式将自然科学的陈述定义为从直接经验中提取的抽象概念，从而逆转这个抽象化过程并可以让我们回到具体的心理学陈述。换言之，假设冯特把心理学定义为“直接经验”是正确的，那么自然科学与心理学之间的抽象化到具体化、具体化到抽象化的往复运动必将是其元素主义心理学的主要方法论工具。然而，事实并非如此。相反，冯特的典型方法论是“元素”和他的**心理结构模型**中特有的更高级的单位之间的往复运动。

由此，虽然冯特试图建立一个全面科学的综合系统学，使得心理学作为一门直接经验的科学等同于间接经验科学的自然科学，但这一尝试只停留在口头上。此外，他的尝试表面上合理解释了对自然科学是独立结构的忽视，同时还解释了这样对待自然科学意味着可以把“刺激”看作对有机体 247
的感官表层的直接作用。结果是众所周知的：最终这个模型与有机体内部直接过程以外的世界(以及他们的直接外部作用的自我表现形式；见下文)的关系被割断了。人与真实且有意义的世界相关的体验和行动中止了，在这个世界中，每个个体都有自己的位置(因此，根据标准设计，这个世界并不会被投置入该有机体中)。作为心理学研究客体的“直接经验”绝不会超越有机个体的边缘和中心之间的过渡地带以外的现实；任何与“间接”经验的联系都无法被认识到。因此，在“直接—间接经验”这一对概念中蕴含着一个双世界理论，即现实的双重性，但这个双重“现实”共存却互不相通。

当我们将**格式塔心理学**视作欧洲对冯特“元素主义心理学”的根本性反对，就能意料到它会用不同的方式来解决心灵是如何与一个有意义的世界相联系的问题。然而，仔细思考后会发现，由于这两类心理学都遵循标准设计，因此从这个层面来说，两者之间并没有任何实质性的差别。为了解释这点，首先要从“外部世界”着手。如前所述，科勒曾试图通过从心灵层面上来推测格式塔的构成——即假定通过作为中间阶段的生理构成过程，“格式塔物理学”(与“累积性”物理学有着根本的不同)应该与心理的、具体的格式塔的构成有联系——从而将格式塔的构成或心理层面上“动态自组织”的过程与外部世界之间的关系概念化，然后以此作为自然科学的客体。但是他具体是如何设想这个过程的呢？

要回答这个问题，我首先要引用科勒(Köhler，1920)的两个例子，这两个例子被科勒用来阐释“格式塔物理学”过程。这是物理学中动态自组织的一个例子，科勒把几枚磁针——假设五枚——放在自由流动的水面上，由于水面的张力，这些磁针并没有下沉，而是“漂浮”着：在这样的情境下，如科勒指出的那样，这些磁针会形成一个正五边形，且正极与负极一直两两相接。科勒将导体中电流的分布作为进一步展示物理学的“动态自
248 组织”的例子：在一个导体中，电流总是自动分布开来，这样在既定的条件下，才能实现最优的平衡。然而，如果认真思考这些例子，一个必然的结论是，在这些例子中科勒并不应该仅凭表象去理解格式塔物理学、格式塔生理学和格式塔心理学三者之间的关系。当然，在其他层面上，水面上的磁针或是这种电流导体并不存在。科勒仅仅想指出这样一种可能性：格式塔过程甚至能在物理层面上存在。[这个假想随后遭到强有力的质疑(比如，Bruno Petermann，1929；1931)，认为这些格式塔物理学的过程同样可以用普通物理学的过程解释，但是我并不打算就此进行讨论。]在所展示的物理学格式塔的可能性的基础上，科勒建立了一个综合理论模型，他假定物理格式塔过程、生理格式塔过程和心理格式塔过程之间具有同型关系，即三者间的相似之处并非确凿的，而取决于各自的媒介，三者只是在结构特性上有一些相同之处。因此，这三个“同型的”层面间的关系并不是因果而是类比关系，这种类比关系被认为由身－心关系的理论和自然哲学的概念提供了一个基础，同时能为“同型的”格式塔过程的实验研究提出

假设。

基于上述对科勒思想的阐释，显然他的问题分析无可避免地让他也陷入前文探讨的冯特所面临的无解难题中：他无法提供任何关于物理格式塔如何影响生理格式塔的信息，也无法提供任何关于上述两个格式塔又是如何影响心理格式塔的信息。我们所面对的不过是一个平行结构，在这个结构中，充其量基于直接证据，可以得出关于这三个层面“同型论”的某些推论。正如冯特的“直接和间接经验”论一样，科勒的“物理层面”“生理层面”和“心理层面”是共存的，但总体上三者间互不连通。此外——这也是我们论证中决定性的一点——在概念上，目前还没有一个明确的途径让个体可以超越她/他的心理的、具体的“内在世界”，从而面向一个她/他在其结构中实际行动和获取经验的真实世界。对于该个体而言，从她/他的具体的“刺激世界”到物理世界的“格式塔”间并没有一个明晰的路径（实际上，这个关系仅是一个理论虚构，存在于研究人员的想象中）。此处，个体的感 249
官表层上的刺激群和她/他的中枢反应之间的心理捷径（这是标准设计的特点）仍然是真实存在的。

然而，在这一点上，我们需要具体说明我们的批判，因为在格式塔理论概念形成中引入了一种分化，这似乎与我们的论证相矛盾。甚至科勒他自己曾在不同的讨论中也表示，只有当从物理层面到生理层面，最终到心理层面的途径被概念化为两种“刺激”的循环：外部物理世界“刺激源”的“刺激”与感官直接感受的“刺激”，而这个循环——以一个知觉拱桥的方式——被投射回外部世界并因此产生知觉图像时，这样个体的知觉过程才能被充分确定。后来，海德（Heider）采纳并发展了这一概念，将直接刺激感官表层的“近距刺激”与外在世界的“远距刺激”区别开来。他将感知拱桥编码为 D－P－P’－D’（我改动了字母符号）。刺激源（D）引起近距刺激（P），而近距刺激（P）会被中枢神经系统（P’）接收处理，并且作为远距刺激（D’）的充分展现，被归于外部世界中（Heider，1958，p. 34f）。鉴于这个结构引入了“远距刺激”并将其视为外部世界的一部分，相比起此前所讨论的方法，这似乎可以更充分地理论化个体对世界的进入途径。然而，仔细思考后，会发现事实并非如此。“近距刺激”并没有包含任何除“远距刺激”给出的信息以外的信息；反过来，任何无法从“近距刺激”中得出的信息，也无法从“远距刺激”中得出。此处，我们面对的仅仅是一个形式上的区别；这并没有为“远距刺激”注入新的内容：在更广阔的意义情境中，个体所生活的世界也无法通过这种方式找到现实。但是，我们应该补充一点：海德本人非常清楚这些困难。鉴于这个原因，在他后来的研究中，他超越了格式塔心理学的解释框架，甚至将知觉的基本形式看作一个活跃的“归因过程”(参见，Renke Fahl-Spiewack，1995，p. 43ff)——关于这一点，稍后我会再做讨论。

这些思考可以通过指向一个特别的——从更广泛的意义上说，格式塔
250 理论上的——著名的、影响深远的概念来进一步加强。有了标准设计后，心理学“现实的双重性”和“无世界性”不需要从分析上指明，而是在一定程度上以程序为中心。这里我想到了库尔特·勒温(Kurt Lewin)在他“经典的”《拓扑心理学》(Lewin，1936)一书中提出的“生活空间”概念。勒温最想要做的是尽可能将“生活空间”视作个体直接的、具体的经验，并将其与“非心理学的”客观世界区别开来，从而尽可能地实现纯心理学分析。然而，他无法忽视这样一个事实：主体的经验世界(从表面上?)也包括一些客观的数据，这些数据原则上很容易与相同内容的纯经验数据相混淆。为了防止这种情况的出现，勒温引入了一个典型的区别：他将具体的既定“准物理”事实、“准社会”事实以及“准概念”事实，与客观的物理事实、社会事实和概念事实区别开来。(p. 24ff)他这样描述“准物理”事实和物理事实之间的关系：

> 这并不意味着我们必须在心理生活空间中包含物理上具有“客观”特征的整个物理世界。这些事实只有在对处于瞬间状态的个体产生影响的程度和方式上，才能被纳入心理生活空间的表现中。(p. 24)

类似地，他对“准社会事实”的定义是：

> 社会学所称的客观社会事实和陈述一种生活空间所须处理的社会心理事实之间，也有一种类似于物理学所称的物理事实和准物理事实之间的区别。比如母亲以警察恐吓她顽皮的儿子，而她的儿子因怕警察而服从。我们在陈述和解释这个儿童的行为时，并非在讨论警察对于儿童的实际的法律的或社会的权威，而在讨论儿童心目中的警察权威(p. 25)。

我们之前的思考可能已表明，本文所分析的勒温的“生活空间”概念肯定是站不住脚的。当然，“物理事实”可能就像“准物理事实”一样是个体生 251
活空间的一部分；否则，没人(包括勒温)能理解它们。事实上，只不过是这些事实在物理学中的概念化方式和日常生活中的不同，如此一来，我们首先要学习物理语言，才能够透过概念察觉到诸如电子显微镜下分子运动的事实。无论如何，我们讨论的是**每个个体**都有的一个**真实的**世界，而不是两个“世界”，其中一个世界的前缀是“准”。当我们进一步思考勒温的“准社会”意义上的警察时，这点会更加明晰。确实，我们可以在各种各样真实的和概念的情境中讨论“警察”，在这些情境中，一位警察的真实相貌只代表着一种可能性。但是，我并没有发现从“客观”到“准”的变化。此外，我假设对于某一个孩子来说，当她/他长大后体验到“警察”不仅仅是一个可能的威胁，而是真的会用警棍打人时(比如，在示威中)，这样的区别迟早会丧失合理性。勒温的生活空间概念展示了心理学的整体困境。当心理学试图与其他学科相比，突出其真实的、学科特定的对象，无论这个尝试如何巧妙，困境依然或清楚或含蓄地存在于标准设计的刺激—反应图式中。最终，没有人类“在”他们真实的世界中行动，只有“心理学的”个体被囚禁于一个纯个人的心理世界(“准世界”)中。虽然对于我们每个人来说，这个世界以不同的方式存在着，但出于概念上的原因，这些个体无法找到通向有意义的、本质上是结构化的外部世界的道路。

现在我们将前文所提到的“机能主义/行为主义转向”包含在我们的讨

论中，思考就行为主义与世界的关系而言，标准设计中的刺激—反应结构带来了什么。如此一来，显而易见的是——由于此处的“经验”“场”或“生活空间”都并非问题，恰恰相反，它们被归到“心理主义”的名目下——这时我们无法进行当前的论证。但是，进一步思考，差别并没有最初表面看起来的那么大，因为行为主义学家也别无选择，在某种意义上，他们也只能作为一个事实实体在世界中行动，即使他们否认这一点。接下来的问题就是他们的研究方式是否以及如何受刺激—反应或变量模型的影响。举个例子，就拿以“铃铛声”为“刺激”的经典条件反射实验来说，我们可以让情
252 况变得简单，不用狗而是直接将人作为实验对象：铃铛声(或者其他任何“刺激”)在实验中的角色是“刺激”，当然它的确是一个刺激；但是事实上，实验中有两个刺激，一个是铃铛声，另一个则是“世界”中与铃铛声有关的那部分，在这个世界里个体遇见了彼此，并且这个世界与各种各样的、真实的社会意义情境有关；只有当实验者将这些影响抽象化，并从概念上将铃铛声简化为直接作用在实验对象感官表层的事物，即就“好似”铃铛声仅仅是一种“刺激”时，这个铃铛声才能被视作“刺激”。总的来说，这意味着当人类是实验对象时，对条件和非条件刺激的讨论只不过是另一门在概念上排除(在实验期间内)个体所行动和获取经验的世界的语言。个体的“无世界性”是行为主义标准设计的可能结果，它不允许我们将我们所生活的世界纳入理论结构中。

同时，实验设计中操纵道具时的**不对称性**透露出很多信息：虽然实验者她/他是在一个共同的世界中操纵真实存在的道具(这里，是能创造出声音的硬件)——当然要考虑到与道具相关联的具有真实意义的物品(比如，配件、插头和电缆)——但她/他期望实验对象的表现是，就好像这个道具只不过是一个投射在他们感官表层的东西，且他们必须对此做出反应。这再一次凸显了一个显而易见的事实，即——当与人有关时——即使是“经典条件反射”的设计，只有在实验对象“有意配合”(即按约定的那样表现)时，它才能起作用。根据这个约定，对于实验人员来说，在实验中，真实的世界依然存在，但是实验对象面对的只不过是实验者世界的一小部分，

并且在实验对象看来，这一小部分世界是不带任何世界情境的，仅仅是任意一个能让反应完全发生的、在某个特定的感官框架内的“事物”。因此，在这种情况下，我们也可以说这是个体的“无世界性”——唯一的区别是这里并没有创造任何从真实世界脱离出来的特殊世界(如“直接经验”和“准物理事实”)，但是实验设计和指导阻碍了实验对象对她/他面前的真实世界情境的一部分做出反应。

斯金纳的“操作性条件反射”是另一个(更著名的)行为主义概念。在这个概念中，标准设计可能引起实验的“无世界性”产生细微不同的表现形式。此处(如前所述)，刺激的“强化”并非由实验者呈现的，而是通过实验中动物或实验对象自发活动的“成功”而呈现的，这样的“成功”被认为能强 253
化这些活动，并导致学习行为。为了充分认识到这意味着什么，我们得明确斯金纳很少以人类为实验对象。他更喜欢用斯金纳箱(Skinner box)做研究——老鼠按下杠杆时获取食物颗粒的装置——然后把那些实验的结果运用在人类实验对象上(参见，Holzkamp，1993，p. 441ff)。如果我们认可其引出的等式(正如斯金纳不断强调的那样)，那么由于实验人员没有提供任何的“刺激”，老鼠或个体的首次“成功”反应必须被看作是完全**偶然的**。第二次反应的偶然性会比第一次的低，因为该实验对象会试图重复之前的“成功”，以此类推。现在来思考我们所生活的真实世界情境在这个结构中位于何处，我们立刻就能意识到它已经消失并逐渐淡入实验对象通过反应所随机获取的“奖励物”中。尽管在这个实验中，“刺激”并不是预先设定的，而是由实验对象产生的，但是它同样也以直接作用于个体的感觉器官为限。在这个实验中，虽然以不同的形式，但标准设计也让超越刺激进入真实的和本质上连贯、有意义的世界变得不可能。也只有实验者才能明白这之间的真实联系，即只有她/他知道通过什么样的“操作性反应”，实验对象才能获得“成功”或“奖赏”。因此，这个世界的“背后”是有人在操控的，但是我无从得知他们的目的和意图；我只能靠“猜测”并(暂时性地)据此盲目调整。这正如斯金纳在他的乌托邦小说《瓦尔登二号》(Skinner，1948)中所描绘的那样：建立一个理想的社会控制，造福受其制约的人们。

在上述一系列例子的结尾，最后我们还需讨论心理学因其困于标准设计而引起的无世界性是如何在认知心理学上体现的。首先，“刺激”和“反应”是衰落的行为主义的标志性术语，显然并没有为认知心理学所用。相反，这个变量模型拥有不同的术语：认知心理学中，信息处理系统被比作计算机，因此相应的术语是“输入”和“输出”。原来是根据出现的“刺激”，来“预测”实验对象的“反应”，在这里变为根据“输入”来预测“输出”。这表面上看起来只是术语的变化：上文有关刺激—反应关系的讨论同样适用于输入—输出关系，并且它们有着相同的结果，即心理学范畴系统的“无世
254 界性”。但是，如果进一步思考，会发现这个结果在输入—输出关系中产生着更深层次的影响。正如我们所观察到的那样，“刺激”与“世界”是相关联的，至少有一些“世界”的碎片(虽然是不连贯的和孤立的)会投射在感官表层，但是“输入”与任何现实毫无直接关系。恰恰相反，“输入”的背后有一个并没有出现在信息处理系统中的人：将数据传送到系统的“操作员”或是“用户”，她/他决定什么作为“输入”内容以及要处理什么。根据认知心理学的概念，我们要把处理系统看作一种有关个体和心理的“模型”，如此一来便会发现，相比起前文讨论的其他标准设计的理论化方式，此处我们所生活的世界可能更加融入背景中，也更加虚拟化。在个体/系统和世界之间存在着一个用户，在认知主义的模型中，她/她并未以一个参与者的形象出现，因此理论上就无从得知她/他用什么标准将世界的某些部分转化为信息处理系统的“输入”。只有在“输入”的时候，这个电脑比喻的“世界相关性”才存在。原则上，在此之前发生的一切以及导致这个“输入”的一切始终都在系统以外，而且甚至不能以问题的形式出现在系统语言中。相比刺激—反应模型，输入—输出模型更加抽离现实，因此它可以被认为是模型中的“心理学”个体，将世界推向去现实化的顶峰。在一定程度上，认知主义理论是在一个自我界定的空间内移动，在这个空间里实验对象的实际行动和经验不会出现(我在之前的著作中更详尽地讨论了这个方法论的结果，参见，Holzkamp，1993，p. 14 ff)。

替代方法中心理学概念的无世界性

目前，我已经讨论了主流趋势中心理学与世界的关系，这些趋势通过借鉴自然科学，从概念上决定了心理学的发展历程：元素主义、格式塔心理学、行为主义和认知主义。鉴于这样的选择，或许人们会觉得那些没有(完全)讨论到的方法并未受到我所说的心理学“无世界性”的影响。这或许适用于诸如工作与组织心理学、社会心理学、教育心理学和临床心理学，255
也适用于结构主义、社会建构主义，或在苏联心理学基础上发展起来的活动理论语境下的概念。然而，这当中(除了显而易见的与“主流”的联系)也能看到其他学科的影子，虽然更多的是以普通的跨学科合作的形式，而不是通过“借鉴”其他学科来自我扩充。比如，与社会学、民族学、社会人类学、教育理论、结构语义学和现象心理学之间就存在这样的关系。但是，因为这些方法在术语上非常混杂、相互借鉴，所以必须考虑到诸如“刺激”“反应”“因变量—自变量”和“输入—输出”这样的主流标准设计中的概念，在这些方法里要么比较隐晦，要么以不同的术语表达。

接下来，我会从贯穿我前文思考的基础论点，即一个假定出发，开始继续我的理论探讨——心理学的“无世界性”是标准设计固有的，而这又决定了心理学的专业身份，同样适用于心理学的边缘趋势。我所指的是，这些方法没有遵从它们的跨学科地位，而是明确地将自身归为心理学，以至于它们的基础概念——虽然术语化程度相对较低——根本上也受到标准设计的局限。这实际上让它们成为“心理学”，所以标准设计才能被看作心理学整体、心理学主流趋势和边缘趋势的方法论框架，这也让心理学区别于其他有关人类的学科。然而，要想在这样一个扩展的语境之下证明这个论点，标准设计的概念化也要更加广阔。更具体来说，接下来的讨论应该围绕前文所描述的标准设计的**整体系统品质**来进行——包括刺激—反应或变量、输入—输出或其他术语所描述的特性，而不是其显而易见的术语特点。

其中一个基本的系统特性——前文中我们已经在不同的语境下讨论

过——是标准设计中所呈现的世界事实和个体行动之间关系的非中介结构。此处假定个体的行动是被外部世界某些独立的特征所直接引起或影响的(作为“刺激—反应”概念的一个可能结果，不论是语言表达上还是修辞上的)。世界各种事实的意义和所指——机构的、语言的、组织的等；即世界的特殊结构，因为它受到社会和文化的系统特性的影响，已经独立出来，还与个体的观点和偏好有关。换言之，相比试图从这个世界的情境出
256 发，在个体行为与世界结构情境的关系中去理解个体行为，不如将孤立的、与个体相关的事物分离出来，这些事物被认为直接作用于个体。为了迎合所描述的直接作用和行为之间的捷径关系，一个相关的事实会被有意忽略：人不仅是一个事实性存在，同时是一个结构化的和有意义的世界中有意识的存在，而且会受世界的影响，并作出相应的行为。

然而，我们需要认识到，在研究互动和群体关系的理论中，比如社会心理学，也能看到这种标准设计导致的欠缺。一般个体与个体之间有着直接的联系，因此他们互为对方提供刺激(对此有不同的术语描述)。这些个体仅仅面向对方，而背向他们所实际生活和行动的真实、有意义的世界。因此，理论上可以说，重要的不是这样的互动和群体关系在什么样的社会—文化情境中发生：一切可从理论思考和经验探寻中获得的东西都可以在个体以及他们彼此间的直接关系中观察到。真实的、历史发展形成的、社会—文化塑造的“属于我们所有人的世界”依旧被排除在当前的群体/互动心理学之外，就如在个体的心理学中一样。

接下来，我们要列举在各种边缘分支中标准设计(及其扩散形式)的局限，但是当我们为一个具体的经验研究制定假设时，在进行真正的调查研究以及在转化和简化这些释义之前，很重要的一点是得区分笼统的理论思考、日常思考以及跨学科借鉴等。虽然我们可能在笼统的思考中还是会提到真实世界(比如，跨学科地概念化为“日常世界”或“生活—世界”)，但是与真实的研究设计越相关，思考中真实世界的成分就越低。当这些思考更多地与个体或群体间的直接关系有关，他们就会越来越接近于心理学标志性的和心理学研究中实现标准设计的必要条件的“无世界”状态。在这一过

程中，最初处理的世界关系不仅在操作化或变量化假设时被忽略，而且在解释研究结果时也被忽略。讨论越严肃越学术，就越能觉察到刺激—反应或变量的表达(不管是以什么样的术语形式出现)，也越能注意到一个事实，即先前对世界的思考只不过是理论附带的，与研究和解释没有任何关联。 257

为了说明这点，我会用教育心理学有关"学校"和"学生"关系的研究作为例子。首先我查阅了很多有关学校——作为一个历史发展形成的、具有政治意义的机构——是如何在社会意义上"调教"学生的分析案例。基于福柯的"纪律安排"，针对这个问题，我给出了很详尽的思考。比如，我用以下这些基础术语来描绘学校的特征："打分""时间经济""监控""发展组织""处罚""规范化差别""个体表现评估中的'公正'"，以及"把评分等级复杂化为数字数据"等（Holzkamp，1993，p. 339ff)。在这个情境下，现在我们来转向有关学生与学校关系的经验研究。在开始真正的经验分析前，这些特征将学校具体化为学生所生活和必须应对的一个"细分世界"，因此能帮助阐释并选出随后要研究的对象。从这个角度看，"学校"是一段特定的共享生活经历中的一部分，这不仅会出现在日常谈话中，文学中也经常对此有描述。在这段经历中，"我们"都或多或少地认识到自己：

> 我们所记住的不仅仅是学校的体验和其中所遭受的痛苦，比如伤痛、羞辱、挫败、虚伪、同流合污、揭发、经常性失败和对发现的恐惧，以及混乱疲倦氛围中的谎言、欺骗和恶意；我们也会记住意料之外的团结时刻、刹那间的洞悉，以及与人性中出乎意料的灵光闪现的邂逅。在与以前的同学私下交流或班级聚会上聊天时，这些是热烈交谈中的常有主题，有时会创造奇怪的回溯共性，尽管人们离开学校后的经历和发展各不相同。(Holzkamp，1993，p. 425)

当我们从这些初步的思考进入实际的研究时，显而易见的是：原则上，上文所描绘的学校经验(不考虑具体的细节)不该再次被遗失。更确切

258 地说：研究的对象是学生的情绪性格，或者诸如此类的“在”那个细分世界中的东西；这个细分世界的结构和参考情境被视作社会意义上机构“学校”的特征：与研究的具体问题无关，而是关乎学生与学校间的关系（就学生从自身的视角会意识到这一点而言）。学校是学生行动和获取经验的地方。如果我们没有把学校视作一个历史发展形成的细分世界——这个世界与社会权力关系有关，是为了“教育”/“调教”（或者其他说法）学生而建立的——那么现实中，预期的研究永远不可能发生。

但是，从先前的思考可以得出，就标准设计而言，教育心理学的研究无法将“学校”这一机构视作学生的某个细分世界。相反，一旦学生被当作实验对象纳入研究时，“学校”的机构式结构情境**必然**被划分为许多方面或者某些决定因素，因为只有这些才能被概念化为直接影响学生行为的“刺激”（或以其他同义的术语表达）。一群独立的变量取代了现实中有着复杂交错的组织—社会意义的学校。他们的组织—社会情境被排除在外，作为“因变量”，与学生的个体行为、态度和表现等特征相关。通过“多变量”的程序，这类连贯性实验（统计相关或方差分析）的结果能再次与过去有所联系，但是这些连贯性假想与真实的机构情境无关。他们只是实验者所创造的，也只在针对变量思考的区域内移动。

德雷斯曼（Dreesmann，1982）的研究很好地体现了标准设计所产生的缺陷；我也在自己的其他研究中更详细地分析了这一部分（参见，Holzkamp，1993，p. 427；1994a，Chap. 5）。在其他相关研究的基础上，德雷斯曼对“教学氛围”展开了一个全面的调查研究。虽然在他的初步思考里，当涉及实际研究设计时，他还提及了班级的机构特征，甚至还提到诸如学校建筑的构建细节，但是出于“变量化”的考虑，这些方面最终被摒弃：它们要么被完全省略，要么被剥离出学校的结构情境，并被当作独立的方面处理。在这个情况下，一方面，显而易见的是，在理论结构中，学
259 校这个机构“内”生活的特定属性几乎不存在了，因为这些概念太笼统，以至于他们同样适用于其他组织情境下完全不同的群体（Holzkamp，1994a，p. 86f）。另一方面，他们被划分为“因变量”后，似乎常见的结果就是之前

描绘的学校生活经验和苦难——其共性是源于受到同样机构限制的共同经验——这看起来只是每个学生自己的问题；世界情境被排除在外，并且无法提出有关主体经验的制度条件问题。总的来说，我们可以看到，虽然德雷斯曼的研究是在学校中真实进行的，但是作为一个历史发展所形成的独特的社会—文化结构情境，学校几乎不以一个**话题**的形式出现，并且，在我们看来，无法出现在基于标准设计的分析中。

心理主义和结构盲目性

我们已经从不同方面剖析了传统标准设计带来的双重结果：一方面，将导致缺少一个构成性的基础概念，而且使心理学的科学语言具有随意性；另一方面，传统标准设计无世界的结构，将世界简化为直接作用于个体的影响。不可避免地，我们面临着寻找其他可能性的问题。有没有可能把**心理学**基于这样一个范畴：使心理学能发展真正的心理学理论，同时与世界有着特别的联系，又不至于丧失作为一门学科的特点？

基于目前的思考，对于上述的问题，现在无法给出一个前后一致的、确定令人满意的答案。因此，首先需要从概念上更明确心理学与其邻近学科的关系：他们可能有哪些共同点？以及对心理学特性(假设存在)的概念化如何做到既不依赖于借鉴其他学科，又能让心理学做出特有的贡献？为了解决这个问题，我们应先从当前的心理学着手，并思考如何从心理学角度去描绘它与其他学科的关系特征。或许通过消除这个过程中的收缩和扭曲，我们能找到方法来概念化一个“包含世界”的心理学。“包含世界”意味着心理学的特性会在其与世界联系的过程中得到加强。

如果我们从主流心理学的“借鉴”特征着手，再把问题倒过来看，就能
轻易地找到进行上述分析的方法。如此一来，因为心理学的科学语言具有 260
任意性的特点，所以心理学不仅借鉴其他学科，而且在重要的系统情境下，常常被认为自身主管着其他学科，并声称仔细思考会发现所有与人有关的学科(社会学、哲学等)都如此。“实际上”以及本质上，心理学的科学

语言都是心理学的一部分，或者至少含有心理学的中心部分。主流心理学对其他学科的有效性主张的普遍化有时被称作心理主义，我在处理这个问题时会采用这种描述。在其他科学中也有类似的表达，比如，“生物主义”、“社会学主义”或“人类学主义”(“物理主义”的起源不同，所以不在此列)。所有这些概念主要指的是一个学科到其他学科的跨界(这些跨界各有不同之处，但这不在此处的讨论范围内)。

这种心理主义的侵殖是基于一个看起来不证自明的信念：鉴于心理学是经验、意识和行为的科学，所以从更深入的角度来说，涉及这些问题的科学在某种程度上都属于心理学。弗洛伊德的一句话很好地体现了这一点：“因为社会学研究的是社会中人们的行为，所以它只能是应用心理学。严格来说，只有两种科学：心理学以及自然科学，前者分为纯理论和应用两种”(Freud，1964a，p. 179)。冯特也有类似于弗洛伊德的陈述：

> 自然科学不能完全从认识的主体中抽象出来，而是要从主体的两类属性中抽象得出，一类是如果我们在思考时删去主体，就会完全消失的属性，比如感受；另一类则是物理研究认为主体所具有的属性，比如感觉的性质。相反，心理学的研究对象是具有直接特征的经验的所有内容(Wundt，1897，p. 4)。

根据弗洛伊德和冯特的观点，除了心理学和自然科学之外，其他学科显然没有发展空间。

每当心理学试图将其他学科的研究领域囊括其中，此时它只能通过心
261 理主义的方式，原因是这必将意味着要把标准设计和其方法论的概念运用到其他学科上，因此这些学科的研究对象被认为是前文所描述的投射刺激世界，而不是一个有着自身结构的独特现实部分。每当心理学领域进行拓展时，这一点就会尤为明显。

这里，我并不打算详细分析这点，只会简单地提一下之前的两个例子。如前所示，斯金纳并未将他的概念局限于心理学，他觉得这是一个关

乎人类行为的普遍性理论。由此，各种形式的跨界都被程序化了，因此只能通过心理主义进行解读。在他看来，不论是语言(见《语言行为》)还是社会结构(见《瓦尔登第二》)，都只能被看作“刺激群”。在进行相关的分析时，斯金纳是从心理学刺激—反应模型的角度来谈论语言和社会。通过将标准设计普遍化，他从心理主义上忽略了这些实际学科的方法论程序和理论性概念(此处指语言学和社会理论)。然而，心理主义的思维方式也能在**认知心理学**中被找到。认知心理学在不同的问题情境下，用它的“心理”解释模型来解释信息科学过程，也因此“心理学化”这些过程。比如，鲍尔(Bower)和希尔加德(Hilgard)在他们所著的教科书中写道：

> 谈到编程机器，我们会说它们发现刺激并对其进行辨认、比较和分类；它们储存并提取信息；它们学习并回答问题；它们思考，解决问题并且决定怎么运用策略等。因为我们能知道电脑在处理程序时用什么样的“机制”，所以会设想我们现在也能知道真实的有机体是如何完成上述我们所命名的一系列事情(Bower & Hilgard，1981，p. 219)。

从联结主义(一种特殊形式的人工智能)的角度出发，伦茨和梅瑞兹(Lenz，1993，Meretz，1995)对这种“心理主义的”思维模式进行了更为透彻的分析。这个例子很特殊，因为信息科学主动将心理主义部分地融入它的科学语言中。伦茨和梅瑞兹把可以说只适用于人类或有机体的属性和能力归结到一个系统上，因此这个系统的学习能力就成了最重要的东西。通过这样，他们首先详细描述了联结主义信息科学被“心理化”的部分，以及这是如何发生的。为了阐明这种心理主义的科学功能，伦茨和梅瑞兹先设
计了一个不带任何心理的(或生物的)含义的信息科学或数学神经网络模 262
型。在此基础上，他们分析了前文所讨论的心理化。结果是这些心理主义似乎起到了促进沟通的作用；但是，事实上，由于心理主义模糊了联结主义模型的真实适用性，并提出了模型无法合理解释的有效性和普遍性主张，便导致了额外的模糊性的产生。

这样的心理主义普遍化从本质上决定了那些被入侵的科学（至少有一部分）会反对它，指控心理学忽略了主导学科真实的方法论和理论特征，因此在科学界，心理学的整体名声会受损：比如被轻视，或被否认其作为一门真正科学的重要性。我不会一一列举相关的例子。这里我只想引用著名人类学家克利弗德·格尔茨（Clifford Geertz）的一句话，他愤怒地将“心理学”称为一个“狂放的、被抛弃的学科”（Geertz，1973，p. 109）。此外，我会借鉴埃德蒙德·胡塞尔（Edmund Husserl）《逻辑研究》中对“心理主义”的批判。在我看来，这本书是最具洞悉力的。这里不会列举书中的种种分析，而只是聚焦对下文思考至关重要的思路。

胡塞尔在书中不同的地方和情境中都强调心理学的那种表面上不证自明的逻辑。因此，在一篇询问心理学在研究什么的文章中，他写道：

> 它总不外乎是表象和判断、推理和证明、真理和或然性、必然性和可能性、原因和结果，以及其他与它们密切相关的和相近的概念。而这些标题除了让人想到心理现象和心理构成之外还能想到什么呢？（p. 108）

为证明这种心理主义的浅薄，胡塞尔提出了种种反对意见，其中最重要的是：**个体对逻辑结构或规律的思考并不等同于规律或结构本身**。如果我们将诸如矛盾规律这样的逻辑规律仅仅视作单个个体经验思考的产物，即几乎可以说是“自下而上”推断得出的，那么这些规律的有效性是永远不可想象的。经验研究只能证明可能性，但绝不可能证明严格意义上的有效性。事实上，在一个逻辑规律被个体的思考（正确或错误地，完整或不完整地）再现前，它首先得以另一种方式构建起来（在这个例子中，作为一个
263 分析的句子），这样才能以心理学经验分析对其进行研究。这个论证也能从另一个方向证明：通过探讨（原则上）逻辑结构的**起源情境**和个体逻辑行动的起源情境的不同之处这一方向去证明。“逻辑”结构是在越发复杂的再生产要求的历史发展进程中进化的，这个过程让最初的那些对思维的实际

要求变得更加凝练和形式化，最终把自身视作一个“纯粹”思想系统而从它们的直接适用性中分离出来。莱瑟（1978）在他的《逻辑学和数学的反射特征》（*Widerspiegelungscharakter von Logik und Mathematik*）一书中，详细阐述了这个过程。相比之下，个体思考的行动并不是在社会—历史层面上，而是在个体—历史层面上进行发展的。比如，皮亚杰的个体—逻辑思维逐步实现模型（分为感觉运动、前运思、具体运思和形式运思四个阶段）必须假定社会意义上发展的逻辑结构是个体思考的标准和目标。

当把上文所说的逻辑结构进行概括并运用到社会产生的结构，造成心理主义心理学（在标准设计的影响下）无世界性的关键原因就显而易见了：传统心理学（其主流）否定个体思考行动与结构的社会—历史形成，且这些结构各自独特的存在形式之间的区别；出于这个原因，它也无法认识到世界本质上是一个社会—历史发展的“结构”。当心理学——如精神分析或社会心理学——试图概念化个体与社会条件间的关系时，这种独特的“结构盲目性”就越发明显。受其概念上的限制，心理学多多少少要“自下而上”地建立关系。这一点在精神分析中特别明显。精神分析会把治疗中双方交流发展得来的概念转而运用在社会运动上；这一点在对种族主义的分析中尤为突出——分析剔除了政治和社会的层面，认为种族主义是由童年时代遗留的未解决的矛盾所引发（Holzkamp，1995，Chap. 8）。但是同样地，在社会心理学中，如果有人讨论社会结构，他们大多数是被描绘为实际群体过程的延伸。这是卡特赖特（Cartwright）和哈拉里（Harary）以严格的态度从事的工作。他们试图通过形式化和公理化海德的结构平衡模型（最初这个模型是为了以对一群的形式来描绘平衡和非平衡），从而使这个模型可以运用到任何大小的群体上（包括社会结构）。现代的讨论进一步审视了 264
社会学和心理学的关系。在这场讨论中，常常会看到这样的概念（前文已引用弗洛伊德）：社会学只不过是社会心理学的一种复杂形式——比如霍曼斯（Homans，1961），以及胡梅尔和奥普（Hummel & Opp，1971）都提出了这样的概念。后者更为明显，他们将自己的著作命名为《社会学到心理学的可简化性》（*Die Reduzierbarkeit von Soziologie auf Psychologie*）。然而，这些重要反思在两方面受限。首先，通常来说，心理理论不研究实验“刺激群”以外的“结构”，这一般是因为无知和有意抵制其他学科的“推断”，而在这样的情境下，这些问题并不会出现。第二，当涉及处于主流心理学边缘的一些心理学分支，以及致力于用心理学分析社会矛盾的各种形式的“重要”方法时，我的阐释是有限的。在这些心理学分支中，如工业和组织心理学，其个体过程与社会结构间的关系成了讨论的明确主题。尽管如此，在我看来，对这个问题的理论探索还不够成熟，所以我对这个问题的思考并不冗余(关于这点，我稍后会在其他问题中讨论)。

心理学与世界的关系：社会结构和日常生活行为间的中介层次

前言

我们先前对心理学结构盲目性的思考已经为发展更充分基础的心理学概念指明了方向。在这些概念中，主体与真实的世界以及它的结构间不应存在“刺激群”或类似的隔阂。相反，这些概念可以帮助理解人类如何把历史发展形成的世界结构融入自己的经验和行动中，而无须从作用于个体的角度，将他们提前转化。因此，对于该如何设计实现从笼统到具体的下一
265 步行动计划，似乎答案相对明晰了。我们首先需要解决“结构”的概念，然后为了阐释这对心理学的方法论和理论框架会产生的影响，想办法把它充分融入心理学的概念中。在对这个计划进行初步尝试后，我很快就放弃了，这主要是出于以下两个原因。

第一，如果我马上(可以说没有理论支撑地)开始讨论“结构”的概念，会发现自己陷入了有关这个问题宽泛又复杂的争论中，就如现在社会科学中所上演的一样。那么我就必须将经济结构从社会和文化结构中区分出来，思考哲学、社会学、社会人类学或者民族学中相对应的贡献，并且要在当前有关结构主义和后结构主义、“生活—世界”和“系统”的争论中，选择一个立场。这会带来额外的难题，即在这些结构争论里，“心理学”(偶

尔除精神分析外）几乎不是一个问题，所以首先我得阐释那些对我的概念构成研究有利的方面。但是如此一来，我势必会拘泥于细节而忽视了主要的问题。

第二，如果直接从结构问题下手，我就冒着忽视传统心理学的矛盾和不一致的风险。我已在前文中广泛地讨论了这些矛盾和不一致——即使我所命名的心理学的“结构盲目性”也只不过是这次讨论的最终结果。特别是当试图通过结构概念来进行这样一个系统性的推论时，我会忽视所描绘的标准设计和相应的方法论，虽然我已经将它们阐释为造成心理学无世界性和结构盲目性的系统和历史根源。因此，很容易出现这样的情况：我将另一个新创造出的理论加入已经存在的理论中，而不是——这是唯一合理的——“从内部出发”去阐释发展新概念的必要性，这正是心理学其他无法克服的难题将会造成的结果。只有心理学的历史连续性得到尽可能久的维持，我们才能指望重要的分析能真实地与这个学科联系在一起，以及它们与心理学的关联能得到人们的认同。

在试图寻找一个更合适的切入点的过程中，我找到了答案——可能初看会觉得很奇怪——或许最好的办法是把**心理学的标准设计本身**作为我进一步思考的起点和基础。这好像很合理，尤其是因为心理学的矛盾和局限——如前所述，没有内在的心理学科学语言、对自然科学的借鉴，将与 266
世界的关系，以及结构盲目性等排除在外——可以追溯到传统标准设计的结构性历史局限。此外，在本书中，我多次试图展示各种形式的标准设计——元素主义心理学、格式塔理论、行为主义、认知心理学，以及各种边缘分支中成型度相对较低的定理——是如何阻碍一个有意义的、不断前进的理论结构的：只有需要为之后的分析找到“开端”时，参照物才会被再次提及。正如之前解释的那样，我现在从**实验**的标准设计着手，是因为：第一，它代表了现代心理学的历史基础；第二，原则上，不同类型的研究领域中的非实验研究——假设它们明确地将自身视为**心理学**中相关教学和学术组织的基础——是以与实验的标准设计一样的方式构造的（这点我后面会再做说明）。

先前思考中至关重要的，也是我在接下来讨论中会继续发展的一点，还是我不断重复阐述的论点：“现实的”心理学并不是理论上看起来的那样。虽然在理论读物中，它是由刺激群构成，而刺激群要么是由实验者向实验对象“提供”，而实验对象会做出某些反应；要么是对某些假设的操作，以因变量或自变量的形式出现(在更为“现代”的语言中，它们意思一样)。但是它**实际**上是真实世界的一小部分，自身有结构，而我们生活在它的这些结构中。它也是一个实在社会的现实安排，而它的内部结构和外部结构的嵌入是两个彼此建立社交联系的人的交往场所。这再次凸显了一个事实：在“心理学”的语言中，标准设计完全没能被**充分说明**。为了充分概念化标准设计，我们需要提出与当今心理学完全不同的概念(借此可以清楚地看到，即便是标准设计的传统系统定义在这个情境下也都不合适)。

在考虑这些问题时，我要回到一个事实——可从我们先前的解释中推断得出——心理学的标准设计是一种“内核”，如今不同表现形式的心理学都从这个“内核”中得到它的专业身份。因此，合乎道理地，我们不能以为它不存在而忽视它，而是要阐释真实的它是什么样的：它是我们所生活的真实世界的一部分，以此来保留它身份构成的功能。由此，我想要弄清楚基于这个前提的概念化是否能克服先前各版本的心理学理论结构的收缩和
267 背离，并进一步探明对于一个没有“无世界性”和“结构盲目性”的心理学而言，这样的再概念化是否还能充当“内核”。换个说法，这样一来，心理学的理论结构就有了概念基础，这个结构不依赖于对自然科学的借鉴，而是能够以自己的方式来发展大量的概念。当然这些概念都还是心理学概念，因此能确保心理学科在科学界内的独特认知功能。然而，虽然我想通过聚焦“内核”来突出心理学的连续性，但是我无法用“标准设计”这个术语来同时形容它的传统和更成熟的形式，因为在我们随后的修订版本中，我们将得出这个词几乎不再适用的概念。因此，在这个讨论语境下，我将使用“**研究二元结构**”这个术语。

即使是有多个实验对象(如群体)参加的实验(比如社会心理学

的)，我也会用这个术语，有些人可能会对此感到讶异。这是因为严格来说，一个人绝不可能同时与一个以上的人有接触。在群体互动中，也只能每次关注一个人。因为这个原因，相比一个一开始就含糊地将群体关系包含在内的概念，强调了这点的"研究二元结构"术语更准确并且理论上也更有效率。(由此，即使二元的研究关系变了，即涉及三人及以上的群体，从概念上说明这样的情况也不难。)

作为心理学研究对象的"日常生活行为场景"

在接下来的探讨中，我们要记住，无论如何阐述，标准设计/研究二元结构总会涉及两个人之间的职能划分。一方面，需有一名实验者来"建立"标准设计/研究二元结构，使其成为以获取知识为目的的单元；另一方面，研究二元结构中需有一个被研究对象，即一个按照实验者的指示和建议(但不排除自发贡献的可能性：见下文)的实验对象。出于(旧)标准设计 268
的系统条件，实验者会对实验对象施加约束和限制，通过仅允许与"显现"的刺激源直接相关联的评论(比如"回应")，暂时使她/他与外界的全部关系中性化。但是，我们不会为这些固有限制所拘束，而是要彻底突破这些限制。这并不需要使用与标准设计相关的语言学框架，而是需要认识到，"实验语言"是当代心理学"借用科学性"、无世界性和结构盲目性的根本原因。

例如，假设实验者对实验对象这样说："请坐在这把椅子上，头靠面前的支架；双手轻轻放在左右两侧的按钮上并专注看前面的光点。我会给出声音信号，提醒你一秒后将会看到一个刺激源，是两条长度不等的线。如果觉得左边的线更长，请以最快速度按下左边按钮。如果觉得右边的线更长，请按右边按钮。"基于之前的思考，我们不会只看到这些表面的"指示"，而是在其中(从一定距离)看到一种神秘怪异的仪式。它并没有针对实验对象，因此后者也无法做出回应。这一仪式的作用是使实验对象的反应可以在旧标准设计的刺激—反应模式下解读。这种语言不适合我们新的研究二元结构，因此我们必须逐渐发展一种能够克服刺激—反应模型中结构盲目性和无世界性的科学语言。

为此，我们首先仅假设上述职能分工为这个世界中的行为和经历，并同样看待(旧)标准设计中实验者和实验对象的活动。实验双方并存于这个具有真实性、事实—社会性且本身具有结构性的世界。我将以下述虚构案例对此进行说明：

> 实验者请来一名(男性)学生作为“水平”与“尖锐”实验[跟随加德纳(Gardner)等人]的测试对象。他们约好于1995年6月20日下午2点15分在实验室3b见面。
>
> “下午1点时，这名学生在学校食堂遇到同学，吃了午餐。通常，在这之后他会去每周学习小组，一起读文本材料，积极准备下一次练
> 269 习。但这一次，他说他去不了了，并说‘我得走了，2点有个实验’。他身上现金差不多用光了，所以他想着能不能先迅速赶到银行取点现金。银行就在研究所附近，一般这个时间人也不多，所以他决定绕路去一趟。时间有点赶，但他还是准时到场，于下午2点12分到达实验室3b的门口。”
>
> 和往常的周二一样，实验者早上9点到11点做了一个方法论讲座。之后，大约11点15分在院长办公室有个定期教职工会议。虽然路上时间充足，但他还是迟到了20分钟，落座时引来了一些同事的注意。尽管他一直觉得这些讨论很无聊，但今天他尤其觉得那些效率低下的长篇大论让人心烦。因此，他借口说下午安排了实验(没说具体时间)，于中午12点半离席(会议通常开到下午2点)。一位同事对此很不高兴，说：“你走这么早太可惜了。我有些信息是关于筹划中的新考试规则的，你可能会感兴趣。你的学生(有充分理由推测为实验对象)不能等等吗?”他只是耸耸肩，一副“我有什么办法”的样子。然后他离开房间，回到办公室，冲一杯咖啡，吃几块饼干，一边吃一边

校阅一份手稿。他吃不下太多。下午2点半，他沿着走廊往实验室走，看到实验对象已经在实验室(锁着的)门前等候了。

实验对象：教授，下午好。

实验者：你好！等了很久吗？教职工开会，我实在走不了，就没能准时过来。

实验对象：没关系。

实验者(打开实验室的门)：实验大约一小时。希望你时间充足。

实验对象：没问题。

实验者：你差不多是最后几位了。你之后再有两个人，然后实验就全部结束了。

实验对象：这工作量挺大的。

实验者(突然转换成正式或机械的语调，阅读上述指示)：请坐在这把椅子上，头靠面前的支架……

实验后，学生回到公寓，洗个澡，打电话约女朋友去看电影。实验者完成剩下两个实验环节，之后回到办公室浏览打印出来的实验数 270
据，做些笔记，时不时因同事在开会时对他发表的批评言论而恼火。很晚他才开车回家，发现妻子和两个孩子都吃过了，他的晚饭在烤箱里保温。

这一虚构案例的目的是，将标准设计从构建抽象的刺激—反应关系或变量模型中剥离出来，放在它实际应在的位置：实验者和实验对象实际相遇的真实世界。标准设计广泛地被说成“实验对象环境”“日常生活”“生活世界”等的一部分，而我们可以用诸如此类普遍而多次探讨的概念来将标准设计的安排概念化。然而，这些概念具有一定的普遍性，并在相当程度上将该讨论转移到了社会科学或哲学基本理论。比如“生活世界”这个概念，胡塞尔和舒兹(Schütz)等人就是在认识论和先验现象学方面加以分析的。而这样，我们实际关心的心理学将会消失。因此，我将使用一个更为具体和狭义的概念，虽源于社会学，但经过充分阐释也适用甚至更适用于心理学。这个概念就是日常生活行为。

最初，马克斯·韦伯(Max Weber)在他的“新教伦理”背景下使用了“日常生活行为”这个概念。最近，慕尼黑大学的一个研究小组对此概念进行了更新、更详尽的讨论和经验研究，并将其区别于“生活经历”“生活方式”等相似词汇(参见，Voß，1991；Jurczyk & Rerrich，1993)。以下解释说明均对应该项目，但我会根据自身项目调整其术语和论证，逐步引入必要的说明。

正如我的案例所指出的那样，从“日常生活行为”角度看上述实验环节时，首先要考虑一个事实——这只是构成一个人一天一系列场景中的一个。有些场景可能会每日或每周重复出现，而有些则或多或少是特定场景序列中的单一事件(实际上就是插曲)。尤尔齐克和瑞里奇将“日常生活行为”(以及“生活行为”)定义为“人为将各种活动连接成一个连贯整体而做出的积极表现”(Jurczyk & Rerrich，1993，p. 19)。如描述所说，这是一个冒险，基本上不可避免地会有大大小小的冲突、伎俩和逃避等(之后我会再回来谈这个话题)。因此，我的案例显示了该实验对象如何通过取消学习小组和计算去银行取钱的时间来积极组织日常生活，从而准时参加实验。
271 实验者以接下来的实验为借口提前离开会议，以此调整生活序列。傍晚他显然不急着回家，所以在办公室逗留。

仔细来看，这一实验明显分为两个部分：一个是非正式的闲谈部分，另一个是正式的科研部分，也就是说研究二元结构实现了。在本案例中，传统的标准设计使得这一划分尤为突出。在正式实验部分，实验者不仅所用的语言异于实验前后，而且这样做的同时，他也在特定时间内决定性地限制了与实验对象的主体间沟通。这一阶段无法自由提问，即使可以，也仅限按照确定的计划提出问题。实验对象不再被视为“同胞”，而是单方面被视作“刺激信息”的接收者。他的回答不再是自由沟通的一部分，而仅仅是对“刺激”做出的“回应”：如果左边的线看起来更长，就按左边按钮。更广泛地来看，实验者显然在设计中将人际沟通的元素分离了出去，将实验对象置于低于人类或超于人类的因果关系背景下，只记录“影响”和“结果”。两种语言形式间的区别将对我们至关重要。目前，强调一下变化的特点便足矣：实验者不仅在实际“实验”开始时便将其转换为“因果”语言模式，而且实验一结束就毫不费力地转回了主体间沟通模式。“实验很累吗？当然了。对实验对象来说，这种实验并不令人兴奋。不管怎样，感谢大家耐心参与。”

严格来说，旧标准设计的思维意味着，随着实验变化，狭义上实验对象**发生了真正的转变**：实际上，在这种“自然科学”实验的基本概念中，实验对象不仅被假定要**执行**刺激—反应机制，而且还要**成为**这样一个机制。这样就只能设想在标准设计的作用下出现了神秘的变化。当然，在现实中，每个相关者都知道这只是个协定，或者说是一个实验游戏，只有所有人都“跟着玩”才能实现。因此，在实验中，每个人都会不可避免地被与实验无关的问题干扰，并且“有自己的想法”。其他日常生活行为序列的场景 272
可能作为“虚拟序列”（见下文）混入实验者和实验对象的想法：实验者仍然对同事在教职工会议上的批评感到恼火；实验对象机械地按按钮时想着晚上和女朋友的约会，要不是实验者的下一条“指示”让他一惊，他几乎就要睡着了。然而，在分析和解读数据以及发表研究成果时，这一切自然都不会提及，就好像（如上所示）是在处理真正的因果数据一样。因此，在标准设计的规则下，传统实验心理学给人以不可靠的感觉，有些许欺骗和伪装之嫌。因此，想要超越传统标准设计，提出研究二元结构的新概念，主要任务之一就是克服这一模糊性。

这里描绘的日常生活行为场景有一个关键特征——除了“独立”事件以外，不同生活行为总会交叉，或者更准确地说，会导致一个**或多或少的共有生活行为的交叉区域**。在这个案例中，这一点非常明显，因为我们故意追踪了实验者和实验对象分别的生活行为，将双方生活轨迹汇合“延伸”到实验室，再到双方随后的分开。不过，这同样适用于所有其他虚构场景（除了实验者独自待在书房的两个例子以外）。学生在餐厅吃午餐时，他们的生活行为同样“交叉”。他们会互相交流，而在分开时，这次会面可能会改变他们接下来的安排（比如，一个学生可能因为另一名学生参加学习小组而决定同样翘课)。所以之后我们要注意，生活行为通常意味着与**其他个人生活行为的相互依存**。因此，不能先验地将作为生活行为主体的“我”和作为“外部条件”的“其他人”区分开来(慕尼黑研究小组也犯了这个错误：见下文)。相反，我探讨和忽略谁的生活行为，这只不过是一个采取立场和特定情况的问题。那么原则上，我本可以同样去全面追踪教职工会议中“不好相处”的同事、实验者的妻子，或者实验对象的女朋友，直至他们的生活行为与实验者或实验对象产生交叉为止。但是目前，我没有必要这样做。

273 在这个场景中，(对未来的考量)非常重要的是只有当他人认定自己的角色，我才能在特定的交叉领域里按照我的生活准则的顺序实现真实场景，反之亦然。因此，如果实验对象没有出现并按指示接受自己的角色，实验者就无法进行实验。相反，如果实验者没有按约定如期举行实验，存在于实验对象生活准则中，在特定日期设定好的“参与实验”的安排也不会发生。无论是哪种情况，都会导致一天的混乱或空虚，而造成这种懈怠的人至少会违反良好行为的一般标准，从而引起对方的不满(见下文)。这进一步体现实验者和实验对象之间在实现(旧)标准设计上的因果“条件”关系的虚构性：实验者不仅依赖实验对象的意愿来遵守各自的协议；事实上，两者都需要隐匿地维护并承认他们关系的主体间特性，即使在标准设计中的“伪随意”操作情况下也不例外；要进行实验，实验者就需要将实验对象同等看待。如果我们抛弃(旧)标准设计，则实验者和实验对象之间没有“隔阂”，因为主体间关系作为整个过程的基础一直存在。因此，我们不需在研究双方关系中特别引入“主体间关系”：即使是在传统的标准设计中它也是隐性存在着的，只需要被指出，就可以纳入后续探讨中。

鉴于我们仅采用了研究二元结构，将实验者与实验对象之间的功能细分作为一个积极概念，并抛弃了所有其他旧的“标准设计”，接下来，根据我们的观点，基于上文提到的 3b 实验室生活行为场景的顺序(定义为“实验”)，这一场景顺序并不是唯一可能的科学配置。事实上，按照这个顺序发展出来的任何其他场景(不论哪种场景)都可以作为科学研究的对象——

只要人们在这个场景内依据事先构思好的问题找到二元结构（下文会详述）。

由此我们可以为未来的研究（将在后续分析中逐渐落实）总结出第一个初始结论：为了把我们所生活的现实世界囊括在心理学研究之内，我们不仅需要吸收普遍性社会科学理论，如“日常世界”或“生活世界”。如果我们 274
（按计划）想要，一方面保留标准设计，而另一方面，克服其由刺激—反应思维或变量思维导致的孤立性时，则标准设计需要被重新指定为作为日常生活行为的场景（我们同时将之重新命名为“研究二元结构”）。相应地，也不再需要在传统实验研究中对场景的限制：原则上，任何日常生活行为的场景都可以作为心理学研究的对象。据此，（新）心理学客体得到初步定义：心理学研究日常生活行为的场景。然而这个定义（完全不是因其社会学起源）还是过于宽泛，虽然（会越来越明显）仅需要一些额外的解释就能使其成为合格的心理学范畴的特定对象。

此外，事实上并非每个日常生活行为的场景都有必要成为科学研究的问题。如前所述，我们还需要提出问题并且能构成研究的二元结构。但是加上这些限制条件，我们就走到了“束手无策”的地步。到目前为止，我们已经详细解读了问题/标准设计在不同发展阶段的性质，包括主流心理学及其分支，还有在这个过程中发展出的独有的科学语言。但由于我们暂且并不知道问题和研究二元结构在超越了旧有标准设计的心理学中是什么样的，以及他们使用什么样的科学语言交流。想要进一步展开，就需要更多详细的分析。

意义结构作为日常生活行为场景中社会结构和个体之间的第一中介层

抛弃了标准设计和其虚构的将个人从世界中分离出来的“刺激群”结构，取而代之以专注于“日常生活行为场景”的心理学研究，现在我们可以着手从一个新的层面解决核心问题——即，心理学与世界的关系。假设我们已经很清楚，“世界”总是存在于日常生活场景中，因此也存在于研究的

275 二元结构中：没有对世界的提及，我们便不能概括出哪怕一个场景。这是我们后续考量中，即在理论上有关联的地方必须吸收的要点，我会把非正式的用语“世界”用“社会结构”的概念代替，并尝试解释它是如何进入心理学科学语言体系中的。“日常生活行为”与社会结构相联系的事实曾在慕尼黑小组的研究中得到强化，其成员准确地着眼于社会结构和个人日常生活行为之间的相互关系的变化。虽然该小组表示，**人们当然总是以特定的方式“进行”生活**，这在我们社会近些年**个人化**、**现代化和理性化**的历史性发展以前并不是一个特殊的话题。据此，他们的项目由当时多样化的诊断，生活行为整体社会功能的社会理论分析，和对不同群体(工人、中层员工、商场销售员、工厂工人、电脑专家、老年人护工、记者等，p. 16)的综合采访组成。这些研究背后对“生活行为”的普遍性定义被沃布特别强调道：

> “生活行为”通常被认为是完全个人化的结构，然而却是在社会条件中发展起来的，并体现出对社会和个人所具有的不同的功能特点。因此，“生活行为”可以被视为一种迄今为止未被提及的个人和社会之间的中介层(“缺失的一层”)，而这种中介层对双方都具有重要的功能。(Voß，1991，p. V)

鉴于慕尼黑小组的研究，我们能够确信，“日常生活行为”通过超越旧的标准设计，刚好把我们带到所寻找的那一层社会—结构关系中。慕尼黑小组发现的内容对我们而言也并非毫无关联，而是需要根据具体问题去进行考虑。总体来说，这些调查是基于社会学的，但是它们仍偏向不同的方向。鉴于我们想要使用**心理学**的方法介入，原则上我们需要一种不同类型的方法来形成概念。我们分析的中心是在特定日常生活行为场景中的个人主体：(超越刺激—反应和变量程序的孤立性)他们与社会结构和世界的关系为什么可以概念化，以至于避免了以社会分工为分类基础的心理学和社
276 会学的“分裂”，即让社会结构变得像经验和行动中的主体与世界关系那样可以理解？

为了回答这个问题，我们首先要从“最显而易见”的答案着手，并尝试揭示还有什么——如果不是“刺激群”——与日常生活行为特定场景中主体的经验和行为相关联。即作为发展“与世界关联”的心理学科学语言的出发点，我们得找到“**刺激**”**概念的替代**，并同时克服无世界性的特征。

每个在日常生活行为场景中的个体都要置身于一个特定的位置。与刺激世界相反，这种局部性不能从物理性质及其对个人行为的影响来概念化，而是从个体的出发点和角度根据实在的**事实—社会安排**概念化。举例来说，3b 研究实验室是一间很小的房间，墙壁上布满架子，架子上摆着书籍和各种仪器。房间正中有一张桌子，桌上放着一个头枕，上面固定着两个纽扣，桌子前方有个“隔架”，陈列画着长短各异线条的卡片。房间天花板有盏灯，实验期间是关闭的，这样隔架后方的光线会比较暗。房间内有两个人：实验对象坐在隔架前的椅子上，实验者坐在实验主体身后的凳子上。实验者用两种语言和实验对象讲话：一种是非正式、日常语言，一种是正式的“实验”语言，比如，他会把陈列卡片称为“刺激物”。虽然这种用词的改变并不会改变卡片本身(他们还是厚纸板做的卡片，上面用墨水画了线)，但对于实验者来说，实验语言给他带来了特别的含义：对定义问题和评估她/他的实验过程具有确定性的功能。

某一特定位置的不同部分，取决于每个“内”在的个体观点和一般知觉状况，或多或少是清晰可见的，且这种可见性具有迥异的外部限制或(如我们所称)**视界**，这取决于当时的事实—社会设定。这个视界随着个体移动而转换。举例来说，实验对象可以在 3b 实验室里来回走动，近距离观察架子上的东西，他也可以离开房间。随后，他可以看到门外侧标着“3b”。如果他继续走，门很快会移出视界之外，走廊和实验室也渐渐甩在他的身后。他可以上楼，走进机构主大厅，并离开这栋楼，楼的画面在一 277
定时间内还是可见的，最终会消失在其他建筑后面。按照规则，当一些新的东西出现，一些旧的会消失——这就是我们所说的知觉上的视界切换。

在这个层面，人们可以把世界定义为一个综合了所有可抵达位置的整体，个人可“穿梭”其中。起初，这个基本定义具有将我们对“日常生活场景”性质锚定在时空具体中的说明优势，以防止我们迷失于一般模糊性和不确定性中，忘记真正关注的是什么。然而，当我们想要恰当地使用心理学术语为个体和世界之间的关系赋予概念，这样的定义就不够了。这样的定义仍是扁平和抽象的：在超越标准设计的研究动态中，心理理论与世界的关系，只有从世界的纯粹现实性转向世界的结构，才能得到充分的理解。

如之前反复指出的，我们分析的一个主要任务就是恰当地阐述社会结构和个体之间的中介，或按照我们现在更精确的说法，阐述单个主体作为特定生活场景中在特定时间、特定位置的行动者和社会结构之间的关系。如同之前所说，这个任务还没有解决，因为一方面，“社会结构”被包含在心理学范畴之外的社会科学范畴内；另一方面，“社会结构”由于标准设计的“刺激思维”被排除在心理学之外。然而，如果我们想要在此更进一步，我们不能满足于单一的定义。事实上，我们需要找到不同的中介层，并把它们恰当地联系起来。方法就是借助社会学中已经存在的一个区分方法，这种方法也同时存在于社会人类学和人种学，即社会结构和文化或意义结构之间的区分之中。[比如，索罗金(Sorokin)，塔尔科特·帕森斯(Talcott Parsons)，爱德华·希尔斯(Edward Shils)和克利弗德·格尔茨等人的研究]此处，社会结构和意义结构并不被视为两个分离的“结构”，而是从不
278 同出发点或在不同功能条件下基本相同的结构。据此，意义结构是与个人行为相联系的社会结构。克利弗德·格尔茨将这种关系清晰简洁地进行定义，他写道：

> 一种区分文化和社会系统最有用，但并非唯一的方法是将前者视为一种意义和象征构成的有序系统，据此，社会互动应运而生；将后者视为社会互动的模式本身……文化是构成意义的纤维，人类用文化解读他们的经验，指导其行为；社会结构是行为采取的形式，是实际存在的社会关系网络。文化和社会结构则是从同一现象中提取出来的不同抽象事物。一些人从意义的角度考量他人实施的社会行为，另一

> 些人从对某些社会系统功能的贡献角度来考量社会行为。(Geertz, 1973, p. 144f)

从这个角度来看，文化，或者(按照我们的偏好来说)**意义结构**，实际上是社会结构面向主体的一面，例如，就资本主义系统就与个体行为关联的方面来说，一方面，其复杂的构成在意义结构中得到再现；另一方面，“意义的世界”是由个体自身的活动造成的。这样社会结构不仅可以用不同方法解读，也可以被自身改变。然而，和定义同等重要的是，我们需要意识到，我们还不具备从个体的立场到达其真实经历和行为的水平，即他们在特定位置，特定生活行为场景的位置中的经历/行为。我们还缺少在这个特定位置，由(旧)标准设计的刺激—反应模型造成的，概念化事实—社会设定下的行为的相关功能的可能性，虽然要付出“失去世界”的代价。援引格尔茨的观点，这个困难不好解决的原因很明显在于，意义和符号的文化—理论概念并不能回答情境的问题，即一个特定的个体在何种情况下产生与之相关的经验/行为的问题。由此十分模糊，难以界定，至少对我们形成一个完全不同的心理学概念来说是如此。

因而在此处，以一种能够更准确表达意义和行为之间关系的方法来界
定意义的概念是很重要的。在超过20年的时间里，我们一直关注于发展出 279
一种意义的定义，既能和社会理论相呼应，又能在心理学上有效(比如，Holzkamp, 1973, 1983, 1993; Osterkamp, 1975, 1976; Schurig, 1976)。为了当前的论证，我仅指出这些研究的两个关键方面。

“意义”，如我们所理解的，最初并非是社会共识产生的，而是从社会工作中产生的。斧头(援引列昂季耶夫的经典例子)虽然是由人类活动产生的，但它不仅仅拥有特定的使用价值，同时拥有一种特殊的意义——概括为普遍性的“削砍的能力”。因此，在初级层面上，斧头的用途还包含了使用价值被“具象化”的“意思”，并且相伴而生的，它体现了在社会作为社会整体的劳动力细分中的特定功能。用这种方法，它成为可以普遍化的社会概念，并得以传承；与此同时，从工具分离出来的活动，以及可以从事此

活动的人也变成可以被概念化的了。传统场景中的象征意义从属于实物意义(在此用斧子的例子论证)，因为一方面，它们从概念上压缩了所生产的世界和其产品，把它们提高到一个“更高层次”，另一方面，它们发展成相对独立的象征性世界，在这个世界中人类生活的社会和文化表现使其成为社会再生产的分离面，并反映到整个过程中。

创造世界的条件和在其中实现的意义之间的关系不应被误解。我们的观念当然不暗示着一种特定意义必须包含相应的行为。世界上某种事实的意义仅被理解为一种在这种意义下实现行为的普遍可能性(参见，Holzkamp，1983，以及之后的多项研究)。可能性空间和可能性关系由此被打开，一方面反映所生产的实物/关系(在我们的情境中，是在特定的位置)的**潜在实用价值**：椅子是用来“坐”的工具；实验者和实验对象之间的社会设定，实验者可能在需要时通过指示来邀请实验对象参与实验。然而另一方面，行为的可能性总是社会结构的某些方面，与特定行为场景相关。3b研究实验室的事实—社会设定同时是一个大学的设施，反映了在教学系统中特定的、具社会中介性质的状况，反过来，在这个位置上影响了事实—社会关系：“教授”作为实验者与作为实验对象的学生存在处于机构
280 中的关联关系；在实验室或实验中，在心理学教育和考试中特定的机构要求得到实现。那些特定的普遍的行为可能性，同时也使社会结构的一个方面转向个人层面的事实在多种情境中得到表达，并且赋予一种地方实际—社会设定潜在使用价值的深层维度。这也包含了一个事实，即通过实现相应的行为实在可能性，一个人也同时有助于社会结构的再生产(在此例中，指的是“大学”机构)，这反映在个体的行动可能性当中。

这些解释暗示着在特定位置实现的社会—结构方面不仅包含着广泛的行为可能性；同时由于社会结构历史上的显著冲突、压抑和权力集群，它们本来也对这些可能性造成**障碍**和**限制**。具体来说，这意味着他们允许行为的同时也包含着对这个集群中什么是“不可能”的，不能说、不能做和不能思考的“预设”。因此，举例来说，对于那些**参与**到所描述的实验安排的人来说，很明显，实验对象基本不会质疑实验的意义和实验者的行为。在

这个集群中，事实上实验对象“不可能”会说“我在参与你的实验之前，要先了解你为什么要做这个实验，能帮到什么人和损害什么人”之类的话。一旦同意参与，实验对象实际上就同意了一个未付诸书面的契约，即她/他不能问这类问题。这类问题不仅会质疑实验者实在的行为，而且包含着其下隐含着的社会—结构中间的“科学”观念，以及大学在这种情境下的功能，连带着所有历史上发展的机构和政治内涵。如此，最终连学术教育系统的权力关系也受到挑战，冒险问这样问题的学生至少走上了损害其作为“学生”的功能和合法性的第一步。类似的关系在所有我列举的其他活动中也有所体现，在此不作赘述，因为已经显而易见。一般来说，当集群的具体含义由社会结构偏向于个人时，某些行为的可能性甚至都没有被“看到”，因此被妥协了的可能性似乎是自由选择的结果；但是，由于那些限 281
制和压制性的障碍甚至没有被触及，因此个人实际上是在真实壁垒围筑起来的一个虚构的自由空间内游走。

从这个背景来看就不难理解为什么在1968年学生运动中，反叛的学生所犯下最严重的罪行是问了一些超出社会—结构的不言自明的问题，并在教授明确表示无法容忍的情况下继续追问。那些向教授们提出的他们不想/不能回答的奇怪问题，或者说他们从没思考过的问题，事实上是一种“革命性的行为”，而且在两种意义上都是“闻所未闻”的。毫无疑问，大学里探讨问题的范围得到拓展是学生运动的主要成就，且只有通过向暗示着特定意义结构的社会结构发起挑战才能达成，因为这些意义结构时刻处于威胁之下。为了保护一些扩展大学生活和行为的可能性的基础，仍需要学生们持续的努力才能避免对问题的可能范围施加新的限制。

“心理学”第二中介层：从主体立场和角度出发的行为理由；“理由话语”

在理解社会学、社会人类学和人种学的过程中，“意义”或“文化”的领域(如前述)通常被视为足够解释人们在现实社会—结构关系中的行为。事实上，一些十分有益的见解是通过把人类活动“理解”为社会中介的“文化”现实的结果而获得的，一个特别令人印象深刻的例子是格尔茨的《巴厘岛斗鸡笔记》(Geertz，1973，p. 412)。然而，随着我们对概念的继续发展，用这种方式构建的社会和个人之间的中介层被证明不足以描述心理学的基本概念，因为个体，类似于“刺激”的概念，仅被视为预先设定的环境基础之中的变量。

当一个人意识到所有这些意义方法或多或少依据“社会化”概念(在各个社会学分支中的最常用概念)，构筑了个人到社会存在的发展过程，这
282 一切便清晰了起来。我们的假设是在他们的人生中，通过各式各样社会化机构推广的个人学习过程，个人得到或将文化意义群内化，并留下文化烙印，而掌握了文化规范的行为。我们在此要解决的，一方面是文化意义结构之间的关系，另一方面是某一特定文化中个人的个体—社会行为特征(当然总是随真实的社会环境而变化)；此处“理解”指的是详细解释，比如，在实地调查研究中，从看似仅存在于当前的个体—社会的行为、思考、人际交往等模式的社会化过程中得到对特征性文化意义群的解释。

这些简单的结论早就应该可以表明刺激—反应概念或变量模型中的决定论。虽然以多种形式被相对化，且难以注意到，但在个体和社会之间的中介概念中并没有被克服：主体仍然是依赖环境的可变量，这里，环境指的是她/他发展的社会条件。个体的观点和行为仅能通过文化意义群从主体自身，其目的、目标、与世界对接的方式来理解或解读，比如，(我们通常意义上的)精神分析这样的概念是没有空间的。

更广泛的解释是，我们发展意义概念的方式是为了透过综合分析揭示“意义”来超越决定论，不是作为决定个体的行为，而是作为社会的或机构的行为可能性。有了这种方式，一方面，我们特别强调对主体的开放性，这种开放性在意义结构的传统观点中被隔离，不被视为一个问题。然而，另一方面，它也使我们清楚，我们还远远不能达到所想要阐述的社会结构和每个个人主体之间的中介目标。事实证明，当一个人将意义概念化为单纯的社会产生的事实—社会行为可能性，意义的层级远不足以解释个人行为与这些意义之间的关系。可能性本身没有暗示个体是否会将其付诸行

为。“可能性”的概念暗示，在某个特定的意义群中，(一开始)需要不定数量的选择转化为行为；个体最终将做出哪一种选择不能从意义概念的“可能性”版本中被排除。因此，如果我们不进一步发展我们的中介概念，举 283
例来说，3b 实验室的实验对象仅在思维中面对多种行为的可能性，并如实验设定和实验者“指示”的那样，那么，我们就还没有提供任何能够衡量某种可能性是否优于其他选择的标准。当然，这同样适用于其他生活行为场景以及实验者实际的行为选择的场所。面对单纯的可能性，鉴于无法决定意义结构中介层是否包含行为可能性，主体必须保持被动和悬而未决的状态，或者更准确地说，系统性地不去行动。这反映出，我们揭示社会结构和个体之间中介的任务在当前的概念化进程中是无法解决的。对我们的工作来说，最重要的部分可能还未开始进行(但会越来越清晰)。

对于一些人来说，问题的解决方法可能很明显：目前为止发展的理论仅仅缺少一个动机的观点来解释个体从众多可能性中选择一个付诸行为的理由，这种动机可能是一种冲动，为了达到预期，或某种目标导向的情绪。然而，如果我们仔细检视动机的概念就会更清楚，在我们理智的范畴内所面临的无法回答的问题。首先很明显，传统的动机观点，不论是如何定义的，都不可能作为行为可能性的意义结构和个体实际行为之间的中介概念。在“动机”的概念中，内容相关的联系不能被认为处于“充满动机”的行为和有关意义的重大决定之间，虽然它们可以被认为提供了由社会催生的行为可能性；这样的话，与社会结构的联系，那个意义结构所代表的对个体的指向也被排除了。这种不充分性体现在传统上使用的“动机”概念已经构筑在预设刺激—反应模型(最大程度上)的科学语言之中，因此，举例来说，作为自变量和因变量之间的一种“中间变量”，这是一种导致个体向特定预设刺激群行动的“内在心理”空间。由此，我们几乎找到了传统动机概念最深刻的错误，并通过将付诸行为的可能性概念化，找到了人类行为
主体—主观能动性的一个核心方面。在我们的情境中，“可能性”指的是 284
“针对”特定个体的可能性，这种个体必须积极实现其可能性以使其成为自己的行为，在特定的选择下，该行为只能是以某种而非其他形式发生。但

是，如果我们使用传统的概念，这个心理学的主体理论方法就只能被抛弃，根据传统的概念，动机只能由各种特定的刺激、有机感官感受、社会化进程等来诠释；通过这种方法，我们可以重新定义实验者为理论构建和诠释结果的“主体”，并且结果是，作为可选择的行为可能性的想法，被赋予个体并由个体选择，就完全不存在了。因此，与其研究那些概念，使我们缩小可能性概念的机会，我们不如接受它们隐含的主体科学方面。

进一步研究的一种方法应该是发展动机本身的概念，这样它受制于被刺激—反应思维方法就不再绝对化，行为与世界的关系在概念形成的过程中就得到印证——这是由欧斯特坎普（Holzkamp & Osterkamp，1975，1976）提出的可能性。在综合性历史分析中，她强调社会要求对行为的期待成为一种特定的人类动机，同时，发展了我们个体能动性的关键概念。然而与此同时，我们的主体科学方法也取得了进展（不仅受到欧斯特坎普的启发），研究表明了一种不同的认知论方法。虽然（随后会更清晰）欧斯特坎普的动机概念在此遭到否定，但考虑到心理学说和写的模式，它从一种不同的途径阐明特定的心理学科学语言是怎样的，这与传统心理学中基本概念和其方法论含义距离很远。这里，我们关注于“行为的主观理由”概念，其基本系统形成将在此被逐一阐释。

起初看起来，有关一个人说她/他是因为某个**动机**或因为某种**理由**从而把特定可能性转化为真实的行为并未显示出些许不同。然而仔细检视就可以清楚地发现，谈到“动机”和谈到“理由”从方法论和语言学后果来看都是天壤之别的。当我问及某人的“动机”，我实际上是站在研究者的角度采
285 取条件—分析式的态度，尽可能准确地阐释个人和生平因素为什么在某个环境中，一个人采取这个行为而非其他可能性。然而，当我问及“理由”时，我是专门并确定性地向参与的特定个体发问。行为的理由总是（比如，在分析哲学中鲜少被质疑）采用**第一人称**的。在每个案例中，它们是“我的”理由，即从我的立场和角度形成的理由。当我问及其他任意一个人她/他行为的理由时，我所想获取的是从她/他的立场和角度形成的理由。如果在一个心理学情境中，我问及一个人的理由，根据科学的逻辑，我不可

避免地从“主体立场的心理学”发问(代指每个个体自己的立场和角度)。在此基础上，我有必要用一种不同的“否定模式”或“解说形式”给出理由，即所谓的“理由话语”，其与所有其他传统心理学“条件话语”(除了多篇文章之外，被广泛探讨，Holzkamp，1983，1993)的分支都是互斥的。

作为描述“理由话语”逻辑结构的第一步，首先我找到行为理由的“隐含的”或“推理的”特性。在这个情境中，问题永远不在于个体是否有意愿将预设的意义群中某个特定可能性而非其他付诸行为。每当我假设一个人可以不依靠任何理由实施行为，我便自动跳出理由话语，转换到条件话语。在行为理由的立场内作为第一人称出发点，我仅从特定行为已经导致的事实便可以毫无疑问地推测出此人如此行为的理由。如果她/他没有理由，她/他不会付诸行为：缺乏理由的行为在理由解说看来既无法想象，也无法表现。

从这些解释可以看出，在这个情境中，“理由”不涉及任何任意理由或单纯正式逻辑意义上的理由。通过这种完全正式的解读，我们正在寻找“行为理由”新的中介层以“填补”空白，因为行动的可能性和实际行动很难变得清楚可见。举例来说，我说某一行为的实施证明主体是有理由的，它隐含地预设了她/他必须拥有“好”的理由来实施其所选择的选项，而非其他选项[“好的理由”出自威廉·德雷(William Dray)指定的术语]。在设定好的情况下，实现意义恰当的行为可能性的“理由”必定是出于个体所认为 286
的自己的生活利益倾向。只有通过这样的构想才能把上述理由模型“暗示”或“推论”(或者可以根据偏好称为同语赘述)的特性完全阐释出来：它植根于个体“生活利益”所暗示的分析模式中：即没人会故意违背自己生活利益的假定。当然，这并不排除会导致出现某人犯客观的错误、再被误解，或没注意到导致行为违背生活利益的情况。此处仅假定如果我意识到了这些误解、错误或者对我利益的损害的情况，我早就(至少是有目的的)出于逻辑的必要采取其他行为了。并不存在任何能证实主体有想法故意损害自身的前提条件。(自杀或自虐式自残，通常被看作反证，当然并不适用，因为个体至少在实施行为的瞬间便会将其视为一种从现实折磨的逃脱行为，其令人愉悦的特性甚至存在于“自虐式”的术语之中。至于之后个人是否进行这种自我攻击和自我毁灭的行为，在我们的逻辑中是不相关的)。鉴于理由模型的“推论性”和“暗示性”的特点，我们事先根据没人能够故意伤害自己的原则创造了一个术语即“个人科学中唯一的先验材料”(Holzkamp, 1983, p. 350)。这便遗留了一个问题，即一个人可以在我们当前理性的环境中，我们可在多大程度上进一步详细说明“个人自己的生活利益”的表达。首先，我们要提出与该术语传统相反的用法，“利益”此处指的不是某些个人之外的话题或产品，而是单指她/他在自己生活中的利益所在。从这个意义上来讲，“个人自己的生活利益”可以被限定为(像我们在之前的研究中所做的一样)维持和扩展她/他生活的利益。如果一个人想要更进一步扩展，生活品质可以相应被描述为完满和丰富，远离恐惧和痛苦的生活：没有人会在知晓的情况下自愿选择或刻意去过被焦虑和空虚主宰的人生。然而，这要求(我们的最后一步解释)我有对自己的生活状况拥有决定性权力，至少通过我的行为，我可以规避恐惧，保全或创造完满生活所需的条件：受制于外部压力或力量，在原则上相当于生活品质受损。不需强制灌输，或者拓展到本来的意义之外，或扭曲它，我们现在能阐明“生活
287 利益”的意思，只要它出现在我们理性的情景中恰当的位置，即可意为“维持和扩展对个人生活状况和生活品质的影响的利益”。个体的生活利益是基础，作为行为的可能性，对这个人来说它富有“逻辑”地，在特定场景下“合理地”转化为行为的目的。在这个情境中，“合理地”与“理性”无一般哲学意义上的关联。实际上，它是一种用来评定我应当往哪个方向去思考和行动才能实现我的生活利益的主观指导准则，或者说至少不损害到我的生活利益。从这个角度来看，“行为的主观理由”也可以被细化为“前提—原因—关联”，此处“前提”限定了行为与世界的必要关联。只有当特定的行为意义/可能性作为实际行为的前提时，以利益为基础的行为才会成为现实。

出于之前的考量，下一层级问题指向一个人如何了解“行为的主观理由”的问题。首先需要强调的是，如果没有和伙伴沟通，我绝对无法知晓

她/他行为的理由。对情景、个人和个体先天因素的条件分析(从这些条件中可以除去理由)是(如前述所说)在这个情境中逻辑上可能的，因为这明显意味着要转移到“动机思考方式”和条件解说。事实上，如果我想要了解一个人的理由，我需要她/他的配合；我得向她/他询问，且她/他得愿意回答我。然而，这绝不是说行为的理由没办法用科学手段衡量，或暗示任何关于它的(有贬损意味的)描述都是主观和武断的。但这确实意味着我们在研究一种与特定沟通模式和获取经验性知识有关的表达形式：即对**主体间模式的理解**(原则上与传统的条件分析是不相容的)。这种具有逻辑必然性的沟通模式在我采取主观行为理由话语形式时得以实现：此处的问题不再是一个人是**否**有其行为的理由，而是通过主体间理解的方式得出行为的理由。为理解所作努力得出的结果从不是“她/他没有理由”，而是(最坏情况)“虽然尽了最大努力沟通，**我还是找不出她/他行为的理由**”。不知道的集群事实上也许是无解的；不能排除对方行为的理由对我来说永远无从知 288
晓(在极端情况下，由于她/他的“精神分裂”，避免了解是这种症状的一种策略)。但是这些都不能**迫使**我放弃理由话语，转向条件话语(例如，寻找一些代谢异常的迹象，也许可以解释对方的“不可理喻”)。事实上，转向条件话语的做法就其原因来说是值得质疑的，比如主体间可理解性的问题。仔细观察，这种思考方式并不是强加于物质上的，而是每次都出现在“我的”决定中的(后面我会详细讨论)。

为了避免此处可能出现的误解，这里在进一步阐述行为的主观理由的概念之前要插入一下基本解释。在相关的探讨中，人们可以听到类似“无所不知”的评论：“啊哈，你发展的是一系列**理性行为理论**。”这就是说，一方面，我们的概念被认为是特定类型的“理论”，作为认知理论，区别于其他研究情绪性和无意识的理论；另一方面，我们的理论需要一些**理性的外部标准**，或者说主体间共同接受的形式才能衡量一个理论的合理性。这样的解读看似紧随我们所说的“理性”“合理性”等，但不论我们怎样确凿地否认、修正或解释，人们仍然继续把我们归类为“理性”理论，比如精神分析归类为“非理性”理论。这种现象在1992年特里尔德国心理协会的会议上被体现得尤为明显，会上举行了一次小组讨论，参与者一方是遵照传统的听众，另一方是研究主体科学方法的代表们(我、迈尔、马卡德)和研究类似方向的同事们(Brandtstädter，1994)。虽然我们予以激烈的抗议，但是许多同事仍坚持认为批判心理学是理性的行为理论——争论几乎打破传统意义上的礼貌限度。这里特别流行的是引用卡内曼(Kaheman)和特韦尔斯基(Tversky)的“启发式判断”作为理性行为理论的模型，我们一致坚定地表达这个理论与我们的方法没有共同之处，但毫无效果。在其他的讨论场合(这里不具体说是哪些)，我们的“行为的主观理由”理论在哲学意义上获得
289 了更多理解，也更加接近当代的辩论主题——关于“理性”作为“现代性”的发展原则的辩论。到这里，我们把哈贝马斯的“沟通行为理论”联系起来似乎十分自然，其理论的第一部分名为“理性和社会的合理化”(Habermas，1984)。当然哈贝马斯本人相当了解他的“合理性”概念的规**范性**(就合理性的外部标准而言)；例如，当他谈到“使用理性的概念——它总是具有规范性内容”的问题时，就可以看出这一点(Habermas，1984，p. xi)。

人们可能对于接受我们“行为的主观理由”的理论有各式各样的困难。然而作为心理学家，在我看来，把自己的方法归类于“理性行为理论”是为了摆脱我们自身，借此逃避我们对传统心理学理论建构和科学语言的批判，因为这会对人们的思维和研究造成严重后果。不论哪一种情况，这次我都要谨慎面对现在的误解，以期使将来那些怀着善意和兴趣的人们能够避免这样的误会。只要对我们的研究理性/规范式方法解读不能完全消除，我们以超越变量和条件话语的思维方式的心理学研究项目就不可能实现。

这个情景中第一个也是最重要的一点就是强调我们的“行为的主观理由”概念并非必须区分为某个或另外一个理论；而是，这(狭义来说)**根本不是一个理论**。相反，我们在这里试图做的是给主体间相互作用的方式一个**物候界限**。我们是在假定人类之间的语言沟通必须总在某个前提下，才能有与兴趣相关联的(充分的)“理由”、行为动机和(其他条件相同情况下的)行为。为了从技术角度阐述这种特定形式的沟通方式，我们提出特殊的话语形式——“理由话语”——作为人与人之间沟通的媒介，以区别于

“条件话语”。条件话语重在强调“刺激—反应”或自变量/因变量，其关联模式并不是前提和理由的关系，而是因果联系。在把社会互动模式描述为理由话语这方面，我们是超前于任何理论的。如果它的合理性能得到认可，它便可以无一例外地应用于所有的心理学理论；另外，它实际上是每 290
个真正的心理学理论的特点，这点会越来越清晰。然而，现在这么认可还为时尚早；目前，我们谈的是把理由话语视为普遍意义的人际关系的交往模式——即，在日常生活或生活行为中的模式；对心理学理论构建和一种科学语言的组成将在下一部分涉及。

由于物候界限并非理论，它们不能拿来被确认或否定。它们的可信度来自任何极其关注该问题的人都能接受的这种物候界限应用在她/他身上的假设。因此，否定物候事实或指出相反事实在逻辑上是没有根据的，而只是通过表明我对受限制的现象的不同感受来表达。比如说，不属于理由话语范畴的人际沟通，而是条件话语范畴的因果关系形式。这种争论的形式总是阐明进一步的后果，并询问另一方，鉴于她/他的经历，是否也愿意主张并解释她/他的相反立场所产生的进一步后果。在这种情况下，一个能支持我们观点的数据是，举例来说，行为的理由总是以“第一人称”呈现(如前述)——比如，指代的是每个我——而这种说明在条件话语范畴是无法表达的，因为它谈论的是在第三人称模式中的“中立的”因果关系。如同关联特性(比如，人际互动的相互作用)无法在条件话语中说清楚。这仅允许某个结果的原因或某个原因的结果的“单面”表达；“原因”不存在于“结果”的现象中，而是总处于其“外部”。(因此，相互依赖的言论不能从字面上去理解；严格来讲，因果关系中不可能存在“相互作用”——最多，这是对事实上紧密联系在一起的原因和结果的松散限制) 还有一个与这些问题相关的事实是，原则上，对原因和结果的表述是不能相互作用的。比如说，当一个实验者把我描述为一个“刺激—反应机制”，期待在对某个刺激的因果模式下获取我的反应时，我对此无话可说。如果我说什么，比如，照明太暗，无法清楚辨别那些线条，那么我就离开了因果关系的模 291
式，进入理由话语模式，这当然会让实验者恼怒。与另一个人以矛盾的方式对话，同时将这一对话置于条件模式下是不可能的(我将在后续详细探讨)。

“主观理解”作为理由话语中的关系不需要依赖两个人一同参与到“主体间的”实际关系当中。这个观念的生成对于一个单独的个人也是完全可以被理解的。**单个个体**可以根据利益为基础动机来行动：这种理由模型的发展与构思、计划和协商的主体间性联系紧密，个人实际上是进入了一个与自己的对话当中——或者说是独白，在自己的内心“复制”出另一个自己进行对话(Holzkamp，1993，p. 258ff)。这种复制可能以自我要求、自我指示、自我评价或自问的形式表达出来——快一点！小心！这个究竟是怎么回事？他到底是什么意思？——但也仅仅作为倾听自己或沉溺于自己思虑中的形式，才能达到某种层次，使我能够反复推敲自己的考量[此处引用迈克尔·巴特勒(Michael Butler)的术语]，并且给它们另一种方向指示。当我说“我”在听“你”说话时，谁是“我”谁是“你”的问题并不好回答。然而，像弗洛伊德在对“本我”“自我”“超我”的区分中假设不同的“内心”人物彼此相互交流是错误的一样，弗洛伊德的三个角色互相之间存在着权力关系，“自我”和“超我”联合起来统治着“本我”，(用他的话说)可怜的本我。这样的模型更像是为了精神分析的策略性安排，而非对人类主体性的合理的物候界限。我倾向于把这种“复制”看成人类主体性存在形式的真实特点，其“隐含的主体间性”构成了社会—事实世界关系的多个层次，在这个世界中，多种形式的人的能动性得到发展(见下文)。

“内心对话”通过多种层次展现出来，从简单、含蓄、无声的简短方式，目的是通过“内部”精心设计的表达方式明确真实的想法，到外显的独白，可以出声，甚至在某些情况下可以直接转向对话他人。在这种情形
292 下，问题产生：是与他人交流还是内心对话？说内心独白是有声交流的一个变种的观点是有道理的。因此维果斯基发明了“内在语言”这个术语，主张这种语言产生于儿童从出声转向不出声独白的转变过程。但是，对于成年人来说，处在压力之下，独自一人或上了年纪以后也会经常从安静的独白转向发声的独白。然而通常我认为，遗传或机能优势的解释是十分不合

理的。事实上，内部和外部的谈话似乎构成一种两极现象，一个离开另一个无法单独存在。响亮的发声虽然是初步的，但通常伴随着内部对话的尝试，实际上却是某种“内在准备”或“演习”。相反，发声的语言，不论是来自自身还是他人，会以多种方式在内在对话中产生“回响”，比如某人的自我批评(为什么我不能更清楚的表达呢？我真正想说的就是说不出来。下一次无论如何我也要……)，而他人的表达更像是“挥之不去的厌恶”(他怎么能这样对待我！他太夸张了，根本找不到正确答案。为什么在正确的时机说想说的话就那么难呢?)。可能我们绝大多数人都清楚这种“事后埋怨”现象，我在讨论中难以启齿的话此时能够完美地表达出来了。

整体来看，无论每个人采取的角度如何不同，两种说话方式间决定性的差异非常明显，对外的说话方式建立在具体的社会场景之上，而对内的说话方式无所不在。我经常进行自我对话，从早起一直到入睡(甚至在梦中)。内在的自我处理是形成我所有生活背景和连接不同背景之间的媒介——让这个内在的语言外在化和具体化，通过口头表达尽管是主要的功能，但也只是功能之一而已。无论在什么情况下，如果以本文所述的未经修饰的形式进行内心对话，被刨除在分析之外，那么语言的起源习得或学习说话都不能让人充分理解。和其他人进行的社会交流(例如，在友谊或爱情之中)主要依靠我所能凭借一个方式进入他们内在对话世界的深度决定——这也是他们想要让我参与他们私下对世界或其他人的“内在”或私人想法的程度。由此，在我们看来，在理由话语的媒介中，对主体间性理解 293
的分析不应局限于言说的行动理由，而必须看到这些理由外在方面的整体性和相互关联性，以及那些只有每个个体自己才意识到的理由。

从上述讨论可以看出，如果假设存在某个可以衡量理性的**普适**规范，并把主观行为理由纳入“理性理论”，那么便可以清晰地得出，主观行为理由理论的相互作用方式确实是完全被误解了。当然，如上所述，作为探索和澄清活动基准的行动主观理由与“合理性”有关。然而，根据主体所给的前提状态和他所认为的生活利益的类型，这些理由总是由她/他自己重新构成标准。如果有人愿意，人们可以按照理由话语将人类行为作为前人类层面本能活动规范的替代：人类不再被基因组“告诉”他们在某个情况为了生存要做什么，而是必须根据前提条件自己得出做法。换句话说，根据他们实际对自身生活利益的体验，个体必须永久地尝试为他们的行动在具体意义结构下提取前提条件，从而使得行动意图/行动结果符合他们的利益。一个人的行动需要“合理”，如此个体在试图找出在生活行为的具体场景中应该做什么或不做的事情的时候才能从中受益，或至少不伤害自己。与前人类层面相比，这样的行为是最危险的，因为既没有意义群，也没有感知和生活利益之所在，更不了解什么对我而言是有益的，什么是无意义的。相反，在每种情况下，主体自己都必须选择她/他认为相关的意义来解决问题，并推断出足够的前提条件，以达成相关的行为意图/行为。因此，没有一个普适的理性规范能够提出一个准确的方向。众所周知，一些传统的文化意义群，如果按照理性的标准规范来衡量，可以明确地被归类为“废话”“偏见”或“迷信”，这一点已经很明显了。理由话语的实现并不一定要避免这种“废话”。明显超出理性规范的意义群(例如，“十五号周五不做重要决定”；“不要走在梯子下面”；“触摸木头以避免冒险”)可以很地作为
294 提取前提条件并推导出基于利益的行动的基础；在一般被认为理性的情况下确定意义群和行动可能性过程恰好符合理由话语的标准。即使建立或幻想出了一些异想天开的意义群——如在精神病状态中——作为基础的理由模型因此也仍然被毫无保留地认为是理由的实例。这再次突出表明了一个事实，我们面对的不是确定什么是“正确的”或“逻辑”思维方式的“理论”，更准确地说，而是原则上由意义、理由和行动意图/行动连接——无论单个单位被认为“正确”或“错误”——所确定的一个主体间交流的特定话语形式。这就是将理由话语与条件话语区分开并证明其特殊性的唯一方式，而条件话语的关系并非“意义—理由关系”，而是“因果关系”。我们在这里关注的不是检验理论的真实性，而是对科学语言的具体模式进行限定。这其中的区别就像是说“煮锅沸腾，因为电热板太热”和“煮锅沸腾，因为想要惹恼厨师”之间的区别。然而“理由话语”，作为第二种语言模式构成了心理学中的(充分理解的)科学语言(因此这里不会这样讨论锅)，在因果关系

中的陈述，例如关于刺激—反应联系的陈述，无可挽回地剥夺了心理学的独特性质，即主体间相互作用的模式，因此这一概念在这里完全不应出现（这将在下一节中阐述）。

如果所谓“主观行为理由”的概念是人类之间相互交流的普遍特征，那么在这个问题上的心理学理论原则上不能与“理由”产生很大的差异。作为一种元话语，理由的基础应等同于心理学中所有的理论原理，否则就失去了我们所描述的功能。所以，这是一个由一些表层特征所导致的主要误解，因为它使用了“基础”“合理性”等术语，并认为（坚定不移地重复）“主观行为理由”的概念是与理性相关的或至少更接近于认知理论的，而不是精神分析，精神分析被认为特别关注“非理性”情况。在下文中，我将提及精神分析，并借鉴我早期的贡献（Holzkamp，1993，p. 29f）——更详细地讨论这个在细节上显然无法消除的错误。

对于理由话语来说，我们认为是整个心理学的元理论，但心理理论， 295
如精神分析的批判，必须依赖于这样一个观点：各自的理论不能根据理由构建，或相反的，理论的中心术语按照理由概念来分析是充满矛盾和不连贯性的。在这种情况下，这意味着基本的精神分析概念——首先是“无意识”及其衍生物，原则上无法通过意义联系，并基于利益的理由，无法通过行为意图/行为上的联系呈现。这里一再提出的一个反对意见是，理由的基本操作只能按照主体有意识地执行的方式出现，所以在这种情况下，“无意识”在概念上是不可表现的。非理性的概念也可以以类似的方式进行讨论：精神分析在探索个人的非理性冲动时被赋予了特殊的功能，而在处理根据自己的生活利益产生的前提条件下的“合理”后果时，“非理性”就无处容身了。

反过来，这种论据的错误和误解似乎再次建立在令人困惑的单一的心理理论和作为构建和传达这些理论媒介的话语形式上。如上所述，例如，在理由话语中，制定精神分析之外的替代方法，可以用条件话语来表述。但是，精神分析的概念究竟如何更充分地，不那么矛盾地制定条件话语呢？尝试（偶尔实际做出）分别将无意识从人类经验或主体间理解中排除，并将其与自然事实(由于因果关系)分类，似乎明显会从根本上丢掉重点。当牛奶煮沸时，肯定不会说这样做是“有意识的”，但说它是“无意识的”也是荒谬的。事实上，这个事件既不能被概念化为“意识的”，也不是“无意识的”，因为在条件话语的情境中，“意识”和“无意识”这两个类别代表了一个明显的分类错误：当一个人认为一个行动是“无意识的”，这意味着它原则上也可以是“有意识的”。换句话说，因为它的语言形式，“无意识”属于理由话语，严格来说，就是“有意识”的特殊形式。一般来说，“无意识”只能在“意识”的语言领域得到思考；当我试图从这个区域中删除“无意识”
296 时，我已经废除了这个概念本身，连带着精神分析一起废除。(实际上，所有将精神分析作为“自然科学”的企图都是为了废除它。“无意识”只是在主体间理解的语言领域才是现实的，而不能用条件话语来概念化；参见，比如 Holzkamp，1986)。

当远距离观察精神分析时，很明显，这可能是第一个在理由话语的基础上构建其理论概念的心理学科。因为，例如，从“切实”“合理”的生活轨迹里的缝隙和不一致处构成了“无意识”(既作为概念也作为经验呈现)；治疗师和病人之间的对话只有在所有行动必须以自己的利益为依据的前提下才可以被接受。只有这样，“压抑”进入潜意识的主观必然性和作用才能被理解为一种维持的企图，尽管无法整合“令人反感的”的冲动，但以人们所认为的生活利益为基础的连贯而“合理”的生活行为至少保留了一种能动性的残余，尽管通常或多或少地会有严重的现实丧失。精神分析专注于“非理性”(因此与我们的基本概念不相容)的普遍概念至少是极短视的。事实上，弗洛伊德(理论上和治疗中都是这样)尝试通过分析性话语来克服“非理性”的情况(“本我在哪里，自我就在哪里”)。因此，“理性”(在“合理的”生活意义上)也是精神分析的核心生命价值，是弗洛伊德(和充分理解的精神分析学)一直采取的方式(因此，“主观行为理由”的概念，构成了其言论不可或缺的基础)。弗洛伊德在他为数不多的哲学基础理论中提到：“理智的声音是一个柔软的声音，但它不听到声音就永不休息……从长远来看，没有什么能够抵挡理性和经验。”(Freud，1981，p. 53f；参见 Holzkamp，1993，p. 30)

理由话语与日常生活行为

目前为止，我们已对日常生活行为与社会结构之间的两个中介层——意义的层次和主观行为理由——进行了解释，消除了可能存在的概念上的误解。接下来，我们将开始分析心理学的主要研究对象：日常生活行为，并试图在我们的新概念基础上，对其进一步阐明。

不难发现，日常生活行为在社会学与心理学中的概念有着明显的区 297
别：无论是韦伯-费希纳定律，还是更近期的如慕尼黑研究小组的研究，都是以系统性分析的方式去探究个人行为产生的主观理由。因此，在慕尼黑小组各类不同的实证研究中，研究对象的“生活重心”几乎毫无例外都围绕着他们的职业。例如，“女性受薪员工和中层管理人员在弹性工作时间”“国际数据处理中心的高素质计算机人才进行完全连续式倒班工作”“照看老人的轮班护工”等(Jurczyk & Rerrich，1993a，p. 16)。当然，这在采访对象的家庭和工作情况以及日常活动等时间也完全被表现出来了。然而，受访者的观点都是通过研究者之笔而记录的。同样的，采访之后的相关文本，也都仅仅是研究者的单方面阐述。受访对象的观点和看法并没有作为一个独立的概念和方法论被整体体现出来。如慕尼黑研究小组(参见，Voß，1991，p. 10ff)所用到的社会学研究方法和以社会学为导向的心理学研究中所说的“主体导向”，实际上是**研究者**以第三人称角度来片面地“主观”阐释研究对象(即受访者)的主观想法。但这并不意味着我们要彻底改变“以概念方法论为基础的研究途径”才能对实验对象的观点进行社会学研究。何况，即使做出改变，该研究方法本身可能依然会被认为是一个与自己所代表的“主体导向”不同的研究概念(尤其是考虑到它究竟从属社会学还是心理学领域依然备受争议)。

我们现在可以明确“日常生活行为”作为术语在心理学和社会学之间的差异：从社会学角度，个人的“生活重心”除了有时会反映意义层面的构成外，多数情况下反映了社会结构(即社会学的真正研究领域)。相反地，心理学已经着眼于第二个层面——“主观行动理由”，即“理由话语”。这并非仅仅意味着心理学和社会学两不干涉。行为的主观理由只有放到社会和意义结构中才具有意义。单单考虑这一点，也可说明社会结构和意义结构在我们所构想的心理学里起着至关重要的作用。“主观行动理由”这一概念使
298 我们的研究仅上升了一个层面，但如果要从概念和经验两个角度来彻底地洞察日常生活行为的本质，该层面可谓极为关键。在上述讨论中，“日常生活行为”作为社会学概念产生了范畴上的差距，这正是由于整个过程忽视了“理由话语”。所谓的研究对象，作为社会结构和日常生活行为之间的媒介，并没有被彻底而系统地概念化，而是被研究者的社会学常识主观地解读。例如，在解释受访者的长篇采访记录时，受访者的话以第三人称来表述，成为系统性的附属物。依我看来，这确实表明了只有通过阐释主观行动理由的中介层面，才能从研究对象的角度，将“日常生活行为”作为与社会结构相互作用的行动，对其进行科学的定义分析。然而，这意味着一旦“日常生活行为”这个概念足够完善，它将在本质上归属于心理学范畴。它的社会学概念并不仅简单地意味着研究的科学立场不同，其社会学本身的限制也阻止了它的完善性和明确性。因此，尽管此概念源于社会学，我们仍能够将其定义为心理学的核心研究对象。这同时也意味着，“日常生活行为”的含义只有通过心理学的研究方法才能得到完善，其相关概念和方法论只有在心理学领域才能产生最大影响。接下来的论述将进一步证明该观点。

了解了日常生活行为和社会结构之间的中介层面后，我们现在可以更加明确地将所涉及的概念区别更加形象直观地表述出来，使它们全面地参与到我们的论述中。首先，我将试着更加详细地定义“主观行动理由”和“因果关系”(即“理由话语”和“条件话语”)之间的概念化关系。在上述例子中，特别是针对实验情况的描述中，我们已经表述了“主体间的”陈述和
299 “因果”陈述，通过从一个更狭义的层面描述实验设计来表明二者并非并列平等，而是属于不同的背景中。但如何能够使它们之间的不同，也就是我们现在称作“理由话语”和“条件话语”之间的差异，被系统化和普遍化呢？

首先要记住的是，我们一直所讲的理由话语是人际关系的一个普遍范畴：每个人都间接或直接地受某种理由所驱动而产生特定的行为。由此而产生的主体间关系模式在与他人或自我交涉时都不可规避。这根本上导致了行为和生活的必然存在，以及日常生活行为必受理由话语所驱使。相反，因果关系和条件话语缺乏这样的普遍性；在某种程度上，它们总是要从理由话语中提取，并需要以理由话语作基础。因此，从认识论角度来看，应该明确了解条件性关系是透过什么问题、通过何种系统性的关联来依据理由关系构成的；比如，要了解在什么样的科学研究中，“以第三人称观点来表述”是合理的。在不同的自然科学领域里去探知这样的构成过程确实颇具乐趣。但我们尚不知是否有人已开始着手去做(如果我们不将冯特所提出的直接经验和间接经验的理论算在内的话)。鉴于此问题与我们此处的讨论关联不大，我将不继续详述。现在应考虑的是，在日常生活行为这个心理学研究对象中，“条件”话语应以何种形式存在，应以何种科学语言描述。

前面我们已经谈到传统实验设计的两部分构成：非正式部分(这部分我们现在可以清楚说明)，即在理由话语中清楚地讲话，以及正式部分——实验者与实验对象就刺激—反应关系或变量进行交谈(即通过模仿自然科学实验来模拟条件话语)。没错，条件话语事实上不是被意识到的，而是与理由话语相结合，并在实验者和实验对象的关系中仍起着构成作用的。实验情况作为日常生活行为的一个特殊情景必然是主观行动理由的形式之一。

然而，在理由话语(这是传统心理学实验的特征)中，实验者和实验对 300
象根据实验协议与规则行事，从而实现分析因果关系的实验目的。尽管如此，他们要在理由话语的基础上来遵守协议与规则。否则，实验对象将无法意识到：实验者给出的指示和陈述——作为一个特殊的实验意义群——是前提。这紧接着会导致实验对象完全依照实验者的意图行事。实验者可以将实验对象的行为以因果关系的角度进行解释：实验对象在了解了前提与理由的关系后，有意为二者的联系创造机会，其中包括实验对象可以在实验进行中突然改变主意而选择退出。由于这样一来会破坏实验研究设计，因此，在科学因果基础上，会有多方面结构规范、人为设立的障碍以及权威性规定来阻止实验对象做出此选择。[为了这个目的，哥廷根大学的穆勒(G. E. Müller)，同时也是冯特元素论心理学的支持者，引进了一个术语“违背指令的行为”——实验者可拒绝违背命令的实验对象参与实验，或不再继续处理他们的相关数据。]

除了实验场景中理由话语构成特征的模糊，这些实验和其他日常生活行为情景中还包含因果关系中的条件话语。这些情景不是为了伪装成自然科学，而是事实与社会的意义群中的普通层面。因此，它们可以成为行为产生理由的前提。然而，这绝不会影响我们提出“日常生活行为必然是理由话语”这一假设。总体来讲，若多数情况下，人们不在日常生活中谈论“因果”事件，那么该假设将更令人惊讶。这样的因果陈述在意义、前提、利益驱使的意图等不同的情景中，分别通过怎样的功能来指导我们的日常行为？这才是唯一重要的问题。

社会结构，无论是在其不同形式的生产中，还是在各式各样的基础构
301 造中，都含有不同形式的“条件话语”。尽管如我之前阐明的，与“因果关系”形式相比，“**活动因果关系**”形式更为普遍。在如此多变的外在环境中，人们利用**介入行为**来创造生活条件或生活方式：首先产生特定的“果”，这个“果”转而成为“因”，去产生下一个“果”(参见，Holzkamp，1983，p. 287)。由此可以说，通过介入行为，人类制造了因果链，使接下来的发展或多或少成为蓄意或偶然。在必要情况下，人们可以介入发展：只有以这种方式，手工生产才可实现批量大规模生产。因此，鉴于因果关系非自然事实，而是人为产物，社会结构的这部分便有了特殊的意义层面。这些意义中产生行为的可能性可以简略地被概括为一条准则，即“做这个，某事就会发生”(不管是就社会生产还是各类日常事务而言)。相应地，作为活动因果关系，这些意义还可以产生日常行为的理由，但不是通过采用第三人称角度来摆脱理由话语，而是作为关系意义结构，依据特定的情景，以各种各样的形式成为行为理由的前提。

当人们试图实现这种多样的可能性时，显然，这里实际上需要特殊的语义研究，以便系统地构建用这种以因果意义为行动目的为前提的文字、象征、虚构模式的整个网络。比如，我们用“开门”这个简单基础动作的意义复合体做出说明。某人把门打开，从而引发一个因果过程：冷风吹入房间，这可能带来进一步的影响，比如把我的手稿吹得满天飞，又或是窗户被吹得砰砰作响。那如今这个意义群要怎么样才能成为阐释我行为的基础呢？首先，它可能会影响我管理自己的方式：“我开门了吗？门是自己开的吗？这不可能啊——可能又忘记关门了。”[我去关门]“呼吸新鲜空气真不错，但是我要用东西压下文件，防止它们被吹走。打开房门能让房间看起来更宽敞，那样人就不会感到空间局促了。”然而，在主体间的关系里，敞开的门可以以非常不同的方式成为行动的前提：“关门！有风！”[门外的人答道：“自己关！我又不是你佣人！”]那门一直在开开关关——我们真应
该装道门锁……看下风是怎么吹进来的，无疑，现在肯定是秋天……我要 302
不要去关门呢？这些例子都旨在表明因果关系能作为行动理由的常规基础，以及各种含义中所隐含的各种行为的可能性也可以以各种方式成为前提——只要人们不像经典的实验心理学那样，将虚构的属性归为“无关”的话语(即条件话语)，从而将它们与理由话语中的功能背景隔开。这阐述了人们将来要如何处理因果语句：通过将它们设想为关系意义复合体，从而可以在理由话语的介质中整合它们与主体(自我)关系中的特定形式的行为和理由(见下文)。

在我们目前的考虑中，我们假设“社会结构”中出现的“条件话语”原则上也可被看作行为的意义/可能性，从而成为行为主观连贯性的前提。然而，如果不考虑个体世界可能会有无法转换成行为意义/可能性条件，例如一个人的无能为力，这种做法是相当肤浅的，而且确实有点“理性主义”。在此，我不是在思考生态性质的事实、新致病微生物的进化，或是自然界技术干预的后果(比如，“臭氧洞”)。这些事物显然大幅摆脱了人类控制和行为的主观可能性，而且根据我们的定义，它们最多可能被勉强算

作“对我们的意义”，但却越来越多地在“盲目条件”的特性方面超过了我们的控制范围。一方面，在个别情况下，很难确定这种不可接近性是否是有效的、确定的，或者这些条件只是暂时超过了我们的控制范围。我们是可以通过全面的共同努力，重新获得掌控权，重新获得“意义”的特性，从而开启人类的行为可能性。另一方面，这些全球性问题的讨论，涉及基本的哲学问题，这远远超出了这项工作的关注点——不管它的定义有多广泛[参见，冈瑟·安德斯(Günther Anders)的哲学和恩斯特·绍博(Ernst Schraube)(编者注：已发表的)对此的批判性心理学分析(Schraube，1998，2005)]。在此，我指的是我们个人或内心世界的现状，它们可以绕开我们的影响，使这些行为不再具有我们行动的任何可能性，而是作为“僵死的”情况与我们对立。而这些条件是我们要完全服从的，它们是现象性的现实向我们发布信号：“人们对某事无能为力。”

303 从认识论上讲，这样的事实有一个特殊、含糊的立场：一方面，这些条件属于自己，是最终不可穿透的身体；另一方面，因为它们作为别的东西与我们相遇，如果不是“完全不同的东西”，对我们来说也有某种“世界性”。我在这里首先想到的是我们无法控制的身体体验，例如我们的呼吸、消化和心跳节奏，还想到了我们的个人能力和身体素质方面不可逾越的限制，如记忆和理解等——简言之，每一天、每一分钟都告诉我们：“我们有极限”，我们不是无所不知、无所不能的。“最初”所有这些经历只不过是我们的条件，我们根本无法推断任何意义，原则上这些条件仍然超出了影响和控制我们日常生活的可能性。然而，这样的经历可能仍然存在于多方面的中介关系中，也外在于我们的世界中，所以至少有一种潜在的、内在意义的幻觉可能会弱化这种感觉无法接近的陌生感。

然而，作为无法获得的“条件”的体现，身体奇特的边界和极端情况是**严重的身体疼痛**。它把我锁在我的身体里，让我在它的无情中体验到我的无力与无助，并同时将我锁住，使我脱离日常生活行为的主体间交流——甚至是我与自身的接触，这(正如所说的)包括其潜在的沟通能力。由于我不能与别人谈论我的痛苦，我也无法跟自己交流这事(除了循环的、无助的方法)。我不仅仅在表面上不发声，内心里也不发声。我不会再用舌头说话，只能呻吟或尖叫。痛苦是对我生存的主观性/主体间性的最残酷的否定。伊莱恩·斯凯瑞(Elaine Scarry)在其深刻而令人不安的书《痛苦的身体》(1985)中写道：

> 因此，人们谈到“自己的身体痛苦”和“一个人的身体痛苦”时，他们似乎在谈论两个完全不一样的事件序列。对痛苦者而言，它是“毫不费力”地被掌握的(即使付出最勇敢的努力，也会为人所知)；而对痛苦者以外的人来说，“轻松”是不能被理解的(很容易让人完全不知道它的存在；即使努力，人们可能仍然怀疑它的存在，或可能保持否认它令人惊讶的自由；最后，如果通过持续关注的最大努力，成功将其理解，那么对它的厌恶只会是实际的“它”的一小部分)。所 304
> 以，对痛苦者而言，如此无可争议地和不可否定地存在着的是“有痛苦”，这可能被认为是“确定性”的最有活力的例子。而对另一个人来说，痛苦是如此难以捉摸，“听到痛苦”可能作为“怀疑”的主要模式而存在。因此，痛苦就不可避免地出现在一个不能被否认的地步，是不能被证实的痛苦。
>
> 无论痛到什么程度，它都部分地通过其不可靠性实现，并且通过抵抗语言来确保这种不可靠性。身体疼痛不是在简单地抵制语言，而是在积极地摧毁它，导致语言和语音直接回归到先前的状态，喊出语言学习前的人类性情(Scarry，1985，p. 4)。

这里所讨论的主体性的边界情况，是对主体的情绪倾向做出的任何半充分的物候界限的必要组成部分。如果有人根据仅有“条件”不可逾越的区域，特别是身体痛苦的基本的不可交流及其哑口无言状态，而忽视了真正无力和无助的境地，人们也无法在其(意义中介的)提高人们生活质量的影响的可能性中设想主体性——这总是被争取和重新保卫，以抵御“不可言说”的诱惑。然而，与此同时，人们还放弃了一个基本论点来反驳当代流行的观点，即哲学主体虚构的全能性及其随现代性的衰败而毁灭(福柯："主体之死")，转而指出经验主体的脆弱性和不稳定性，这是人类生存构成所不可或缺的。

心理学科学语言的基础

序言

至今，我们已经谈论了各种情况下意义和理由之间的关系，尽管我们只是偶然把它们作为示范穿插到其他问题中进行讨论。我们继续深入讨论这些考虑因素时，重点将放在意义和以行为为导向的直接理由之间的关系上。这是我们阐释进程中的必要步骤。我们先前对日常生活行为情境下的
305 意义和理由举了一些实例，虽然这些例子援引了(尽管不系统地)科学研究情况，我们现在逐渐超越了介绍性说明，开始处理如下任务：在了解心理学时，进一步认识其基本概念及其科学语言的发展。在此过程中，我们还需越发清楚先前对我们的对象的普遍定义——"日常生活的行为场景"——在具体情况下的用意。这就意味着"研究二元结构"不仅仅是示例性的，而是被系统地置于发展的中心。

我们多次强调和争论，只有通过阐释"主观行为理由"的中介层次，才能详细说明观念形成发展中的真正心理层面。回顾这方面的例子时，我们注意到，它们包含一系列的心理学语句。这些陈述是不可能在社会/意义结构与生活行为间直接相关的"社会学"捷径假定中体现出来。我们只需去回忆实验者显然不得不用于为管理其生活行为说的小谎和所用的托词：全体教师会议上迟到和早退的借口；与实验对象约会迟到的"道歉"；通过拖延工作推迟回家的时间，有必要的话，还附上进一步的借口等。在此，日常生活行为的维度，不是社会学研究的问题，但它们在我们的情境中具有中心意义，这点显而易见。然而，为了防止这种引用滑向意义不明确的心理学分析层次，我们需要在概念和经验上体现两者的主观必要性，一方面

是行为的意义和可能性，包括在日常生活中遇到的行为压力，另一方面(可能是相反的)是生活利益。必须明确的是，在给定条件下，不用“借口”“诡计”和“托词”等应对生活，往往是不可能的。这也通过从意义结构到社会结构，提出了一个与行为理由相反的过程：没有整合从中提取特定意义并转化为行动理由的结构性和制度性条件和矛盾，日常生活行为的这种“心理”层面是不科学的。

在这一提纲中，下面将要解决的一些问题应该已经很明显了。然而，306
要完全弄清楚意义与行动理由之间确切关系的核心相关性，我们必须在更根本的层面上展开讨论。

为什么意义/理由之间的关系对我们后来心理学基本概念的分析具有如此突出的意义？原因(如前所述)是，在系统上，这种关系与刺激/反应关系(及其衍生物)对传统心理学具有同等重要性。这种粗略的并列甚至表示了这两种基本方法之间的本质区别：在传统心理学中，“反应”是从“刺激”中推导出来的，而在主体科学心理学中，意义的行为相关性只能从主体自身的立场和角度推论出来。换句话说，传统心理学中，实验者通过呈现特定的刺激，决定实验对象的反应范围。而主体科学心理学中，已成为主体“理由模型”并因此与其行为相关联的意义维度只能通过纳入主体的观点进行概念化。原则上，实验对象本人不仅能单独知道哪些意义与其行为相关，还能通过不断努力，在具体情况下选择和构建意义，作为他们行为的可能性。由此，他们推导的行为理由能转换成为与其生活利益一致的行为。实际上，主体就是他们**自身概念和理论的塑造者和构建者**。在此，有着自己的理论的实验者(在传统心理学中假装)遇到的不仅是纯粹有科学理论解释的行为机制，而且也不可避免地会遇到其他理论，即实验对象本身(关于这一点，参见，Fahl-Spiewack，1995)。因此，在主体科学研究中——由于理由话语的背景下不存在“无理论”的个体——实验者的理论和实验对象的理论总是也必须相互关联并争论得出结论。因此(独立于实验者与实验对象之间具体的主体间关系)，研究成果始终是**实验者作为研究者、实验对象作为合作研究者的团体合作的产物**；为了说明这个术语，从现在开始，我会谈论研究者和合作研究者，而不是“实验者”和“实验对象”。

从这个角度来看，研究者和合作研究者之间的关系首先是“对称”的，
307 因为它必然涉及话语媒介的主体间理解过程。在运用我们方法的背景下，实验者作为激励者和实验对象作为刺激—反应机制的传统分离被明确地彻底克服。然而，虽然这里的研究者和合作研究者原则上被认为是平等对待的对象，如果我们想要运用“研究二元结构”的概念，或者(更普遍地)提出和澄清关于这个二元结构科学问题的可能性，那么两者间必然要不同，否则“研究者”和“合作研究者”之间的语言差异不仅多余，而且，构成的关系将难以被合理地列为科学成就的基础。因此，一方面，我们在此讨论主体—主体关系，其中任何人都不能将另一个人变为科学问题的对象。另一方面，我们仍需尽可能精确地从方法论和概念上展现出这种关系的科学性，即其作为研究二元结构的具体特征。为按照我们之前的解释来表达这一点：任何情况下，研究者和合作研究者都处于两个日常生活场景，这些场景在研究的情况下相互融合，共同规划他们的生活方式。要被认定为研究二元结构，初始对称的集群必须——保留其主体间角色——作为获取科学知识的安排被详细说明。有了这点，下一章就能解决一个最艰难的任务。然而，在直接参与前，我们首先需要逐步阐明可能(最有利的情况)解决这个问题的先决条件。

经验知识距离

科学的目的和任务是什么？一般层面上，答案似乎很简单：科学应该接近“真相”(或“真理”)，并在一套标准的指导下扩大和深化人类知识，这些标准允许将“科学”的真相/见解与诸如美学、宗教或直觉真理/知识等事物区分开来。然而，考虑特定科学时，问题就复杂得多。什么是“真相”，以及需要什么科学标准来处理这个问题，这里有很大的区别，答案通常都很矛盾。因此，为了能进一步思考，我们首先必须解决主体科学心理学中
308 在此列出的“真理”的定义问题。由于心理学作为独特学科的特征，很明显

它只能作为具有相关经验标准的实证真相/知识。这反过来又意味着心理学——作为一种**经验**科学——必须致力于获取大量**关于世界的新知识**；它必须能够揭示一些我们可以知道，但还不知道的东西。这把心理学和形式训练(如逻辑或数学)区分开来。而在逻辑或数学领域，心理学的基础知识不是根据对世界的思考获得的，而是从(逻辑或数学)体系本身开发出来的。可以肯定的是，如果关于世界的新知识是真实的发现，那么它们总是新事物，同时也可能会受到质疑(特别是数学中，除了形式主义之外还有“开放的问题”)；然而，认知过程本身没有超越纯应用状态的系统外部现实，从而推动数学知识的发展。因此，我们可以强调，如果没有**认识距离**，科学知识就不能被“思考”，也就是说，在已知的知识和(尚未)获得的知识之间存在距离，即像心理学这样的学科之所以被界定，是因为这种知识距离必然是一种**经验**距离，一种(尚未)了解世界的距离。

传统心理学通过将其假定为基于经验法则(或“规律性”)的假设，来描述其陈述中的知识距离。据此，自变量和因变量之间的关系是经验性的，因此测试这种关系带来了经验性的“新”见解。我们试图通过表明传统心理学的核心领域没有注意到，具体给定(或)提取的前提下“合理”行为的隐含含义已被制定，来证明这是一种虚构。这是上述特里尔研讨会的核心问题。(参见，Brandtstädter，1994；Holzkamp，1993，p. 27ff)。在目前的理性情况下，这表明传统心理学在回答主体科学心理学中可能存在哪些经验知识距离时毫无助益。相反，如果我们在这里足够清楚，将能同时帮助传统心理学发展成一种摆脱无世界的心理学——它能克服上述的自我误解并“得出自己的术语”。

心理学表述中经验知识距离的问题已经被证明是主体科学方法中最困难的问题之一。这是因为这种“理由模型”(我们有时说的)本身并不是偶然—经验性的陈述，而是(已经被阐述的)具有“隐含的”或“推论的”特性 309
的，因此它们最终是分析句。这可以通过以“合理”的简短形式来解释(总是暗示的)假定“根据我的利益影响我的生活条件，从而影响其质量”的理由。句子“天气变冷时，人们理应穿着暖和的东西”(这种情况下我们经常这么说)不是经验性的，而是分析性的。如果一个人在寒冷的时候不穿暖和的东西，这个说法将不是经验性的驳斥；由此只能得出结论认为，这个人在这种情况下表现得不“合理”(假设意义上)，或者更准确地说，“合理性”的含义在这一情况下没有得到满足。以社会心理学理论(Holzkamp，1986)和学习理论(Holzkamp，1993)为例，我们着重用一些细节证明这些领域的核心理论并不包含“真实的”经验假设，但是可以——当进行有针对性的分析时——被视为理由模型，在这一模式中“合理”被嵌入“如果”和“则”间。根据这些考虑，我们提出了更广泛的认识论结果。例如，我们区分了理论的“检验性”“应用性”和“说明性”的关系，并指出可以被阐释为“理由模型”的心理学理论不具有“检验性”，只具有说明性，这将排除不同理论有效性之间的任何经验区分。相反，所有理论，作为别的东西的“例子”，都将被“任意”并列并具有同等的有效性。

然而，按程度来证明心理学核心理论的含义或推论性的概念——虽然在孤立存在时无疑是正确的——却有其自身的困难：这使我们带着疑虑接近斯梅德隆德的“心理逻辑”(Smedslund，1988)。斯梅德隆德想要评估正规科学中类似于几何学的心理学(并因此将他的书献给“古代几何学家”)。然而，与我们总体概念的意图相反，我们将排除心理学具有实证性的可能性(在其主体科学版本中)，从而将我们从其历史中脱离开来。这也意味着我们不能再认为自己是心理学学科的一部分，因此没有依据为进一步的发展做出贡献(例如我在此处的尝试方式)。

因此，我们越来越多地在不同的情况下，试图在我们关于行动的主观理由的概念中证明超越单纯的暗示结构走向与世界的实际经验关系的可能
310 性。最近，马卡德(Markard，1994)批评性地分析了这种尝试。他强调，即使是理论的应用性或说明性关系也有经验的实体，尽管它比检验关系(无论如何在认识论上是站不住脚的)弱一些。此外，他表明，某些情况下，人们可以在不限制其暗示性的同时，从经验上“丰富”其理论(例如通过实证调查)。一般来说，他指出，理性理论的应用或说明性关系并不一定隐含在理论本身之中：也可能没有发现任何例子。所以在这里，理由模

型的唯一含义被超越。特别相关的(对我们的进一步考量很重要)是马卡德的以下结论:"行为前提与提取这些前提来源的环境条件之间的关系,一方面其经验方面是对外开放的,另一方面它还关乎是否或意图采取何种行动"(p.63)。

我不断努力阐释理由模型的经验认识距离,在此过程中,原则上遵循了马卡德的推理路线。然而,在比之前更全面地阐述了"意义"和"理由"这两个中介层次之间的关系之后,我现在看到,除了提出孤立的论点之外,还有可能达成更系统的概念。因此,在我看来,以更普遍和根本的方式来处理(科学)心理学中的经验认识距离的问题,并将其适当地放入我们的整体概念中进一步发展,现在或许是可行的。

根据传统心理学的基本方法(已反复强调),世界与个人之间的关系原则上是由世界(作为"刺激群")对作为因变量的个人的影响引起的。实践的一切理论结构和概念(不管使用的语言如何)都建立在这一推论上,都暗含着个人对环境的总体可控性的概念。与这个根本的虚构(正如我们所看到的)恰恰相反,我们将个人与世界的关系恰当地表现出来:个人通过自身的活动不断地向世人展示与她/他的关系。在这种情况下,我们已经开发出来的语言是:主体从她/他的特定角度,根据她/他基于利益的行为意图来选择和提取那些意义单位,作为行为的普遍可能性,这些可能性转化为 311
真正的行动能为她/他意图的实现赋予希望(另见,Markard,1994,p.63f)。

随便观察一下自己的生活方式是怎样的,就能解决传统版本或我们这个版本是否合适的问题。例如,我因为瘙痒而痛苦了一段时间,并决定向过敏医生咨询这事。我看黄页(这会花上多少时间,具体根据当地特定组织和我在生活行为的具体场景中的位置),并找到一个过敏症专科医生的电话号码,这位医生的资料吸引了我。我打电话给这个号码,但只能听到一个众所周知的通知,它告诉我"您所拨打的号码不在服务区"。然后我呼叫信息台,询问刚刚拨打的号码有什么问题。结果别人告诉我电话号码换了,并给了我正确的号码。然后我现在试图拨打这个新号码,联系到这位医生的办公室。他的助手接听了我的电话，并为我预约了下周二下午 3 点 30 分就诊。顽固的行为主义者可能会尝试通过例如将瘙痒定义为刺激和打电话作为反应，然后导致二级刺激—反应链等，并在刺激—反应术语中重新构建这一行动序列。但是我不会进一步探究这个，因为这样做显然没有意义。瘙痒没有逼着我去联系过敏症专科医生——我可以把痒的地方刮伤直到出血，我可以去找药剂师，让她/他推荐一种药膏，我可以告诉自己不要“小题大做”，不去管它。总之，痒不可能是特定事物的刺激，它是由反应随意决定的；它只能被充分地描述为具有固有(但不是无限的)范围的可能动作的(内在的)意义单元，其中我提取了“看医生”作为我所实现相应动作意图的前提——通过一系列辅助操作。通过这种方式，**我积极建立了我的行动理由与世界的关系**，然后引发进一步的与世界相关的行为，例如星期二 3 点 30 分看医生(想象一下，为了解释斯金纳模型中相同的事件序列，需要解释的是现象上未经证实的主张和牵强附会的结构之间的复杂关系)。很多人可能会觉得一个可能的反对意见似乎有道理，就是认为我只是选择了成功案例，而且可以很容易地构造出一个可能发生的顺序：电话响了，我拿起来，告诉我研讨会改时间了，我把这信息记了下来，并将其
312 转化为我之后的行动。这种情况下，电话铃声显然是“刺激”。虽然人们不得不承认，手机代表了一种意义单元，其中手机构造已经反映了“振铃和接电话”的可行性，当然，这不会突然变成“刺激”。相反，它仍然是包括相对有限范围的可能动作的意义单元。不想打电话，我就可以让它响着，或者如果铃声响得让我心烦意乱，我可以挂掉，或者我可以打电话给另一个房间的某个人：“你到了吗？——我不在这儿”。这再次说明了刺激—反应方法的限制性；当人发出只有一种行为可能性的指令，他就简单地将个体与意义单元之间的关系转向，这种关系就被定义为“因果关系的”刺激—反应关系。

回到我们的问题，即使是这些简单的例子，也表明了我们之前的假设存在的问题，即理由模型与现实的联系，必然被定性为一种以行为和意义单元意图之间有意义联系为先决条件的“适用”关系。显然，这一先决条件

只能被认为是在“实例”或特别为这一目的而设计的人工制品中得到满足，例如，在重新解释“经典”标准设计时，意义层次是固定的。然而，如果将意义结构的独特性视为社会结构在离散、复杂和不透明的现实中面向个人一方(如上所述)，那么显然，在这种情况下，提取意义永远不会是单一明确的逻辑理由行为；相反，它是一个测试与拒绝、绕行、逃避冲突和考虑替代解决方案等过程。这一过程受到控制和阻碍，并受到社会结构/意义结构含糊性、矛盾、不确定性、部分不透明和不可预见的运动所控制。所有这些寻找和回避的行动不是理由模型的“暗示”，但在她/他的尝试中从(最初)**未知的意义客观世界**中提取出符合她/他行为意图时，他们侵入了这些行为主体。因此，即使在这个层面上，主体科学研究的内在知识距离的经验性也被清楚地表明(见下文)。

当然，这并不意味着在行动理由的背景下，没有隐含的意义模式。然而，现在我们就能更精确地区分它们在所描述的行动过程中的作用：尽管测试、拒绝、绕道等搜索行动描述了人类活动特殊模式的特征，但它们并不是本身的目的；主体对无休止的实验并不感兴趣，但是这么做能使她/ 313
他(人们)意识到其行为意图(致电过敏症专科医生)。搜索和测试活动能根据这些意图获得其具体结构和方向。根据预期的行动，相关意义单元是变化的，来回转移的，从中提取的行动前提也会相应反复出现，直到产生了**行为的意义、前提和意图之间的隐藏联系**——也就是，与现实之间的应用关系——在**逻辑上不言自明**，执行这一特定行动符合我基于利益的意图，即是“合理的”。缺少这样的主观证据，主体就无法变得主动，因为人们不能在“不清楚条件”的情况下行动，主动违背自己的利益，还可能对自己造成伤害。“逻辑”在个人努力中有一个主要功能，能够使个体根据自己的利益而行动(逻辑作为行为逻辑时与分离的“理性”毫无关系)。人们可以把这种暗示性的形象定义为预设前提(“Prägnanzfiguren”)，作为其他正在进行的行动过程中的某种协调中心，达到这个点时，就(初步)结束这个活动。在上面的例子中，搜索和结构运动终于将我引致“预设前提”，使我能按我的意图联系那位医生。然而，这也表明，通过“预设前提”完成行动过程的可能性是不能被绝对保证的。例如，以前的尝试可能产生了以下结果，找不到过敏症专科医生，或者所有医生在接下来的几个月都被预约满了(所以我对除去我瘙痒的利益不能依靠这种方式实现)。在这种情况下，行动过程将在其他情况下被打断、推迟、转移或占用。我也以这种方式创造了我的行为意图与现实之间的关系，作为一个意义的世界，没有应用程序的"隐含"方面在此发挥作用。

但是，当我实现了"预设前提"，并且以这种方式变得有能力行事时，就一定意味着理由模型虽然与自身保持一致，但实际上是会符合我的生活利益吗？或者用另一种方式来说，是否意味预设前提是避免误导我的危险，所以我只是可能、而不是真正按照我的生活利益行动？显然这是不能被保证的，因为意义结构可能是含糊和矛盾的。为了能够在更全面的背景下澄清这个非常重要的问题(这对我们以后的分析至关重要)，我们需要在审查的中心实现更深层次的方面：日常生活行为——在这里，它充分地将
314 所描绘的、以利益为基础的行动过程概念化，且这一相关性的重心在于作为一切行为能力的先决条件的"预设前提"。

也许你还记得，"日常生活行为"对我们所拥有的整体概念有这样的意义，它从一开始就未将我们的心理学定义为单一主体(或社会关系中的主体)，而是"在她/他的日常生活背景下的主体"。有了这个观念，我们就已经迈出了(正如我所看到的)超出(不仅仅是"传统")心理学的重要一步。通过个性维度、态度、行为、成就和"社会化"来表征个人，这些个人(不被视为一个问题)与有效的生活环境"脱离"、与世界分离，被认为是可探索的孤立实体。相反，在日常生活场景中阐释主体的位置提供了发展科学观念的可能性，通过整合世界的具体形式，避免其普遍的抽象性和空虚性。但同时，人们应该意识到，"日常生活行为"(之前已经说过)并不是一种从外部叠加的附加概念，而是人类生存的基本形式：每个人都位于日常生活的场景中。人们只能忽视这种世界关系(迄今为止已经是这种情况)，或者将其作为基本概念的一个基本先决条件，纳入制定基本概念的努力中，从而克服心理学的无世界性。在这项工作中，这一点应该越来越清晰。然

而，在目前的推论背景中，在日常生活行为方面，重点将落在论证(在一定程度上已经讨论过)“预设前提”上，即使它们具有含蓄性，也可能是误导和自我伤害(并以这种方式包含了现实)。

在对一个主体在日常生活的某一行为进行解释时，不可避免地会对一个方面进行讨论，而这个方面决定了一个主体的生活：时空性。无论我做什么，我都不可避免地在具体的时间和具体的地方做这件事情。然而，在我们的理由语境中，这并不仅仅意味着按照时间顺序记录的时间和几何空间，而只是某种**行动时间或行动空间**。我总是在特定的地方做某些具体的事情(例如，和朋友一起吃饭)。当我完成后，我不需要继续逗留在这个地点(根据我的日程安排，或多或少匆忙而过)，而是去其他地方进入另一个场景，例如去3b实验室的途中顺道去银行。因此，在我一天的“议程”中， 315
我的时间永远不会是“无限的”，不同的事项经常相互冲突。当不同的生活场所在时间上竞争时，这种缺乏时间的状况就变得更加糟糕了。通常情况下，我应该同时在两个地方——但这显然是不可行的。在某个极端的情况下，一些场景甚至可能需要我的整个生命的投入(例如，研究或爱情对我来说都很重要，所以在规划我的时间时我必须以“窃取”一方的时间为代价以提供给另一方——我稍后会回来谈论这一点)。目前理由充足的一点就是，“行动时间”实际上总是意味着在某种程度上是“缺乏时间”的，而长久以来，自己有足够时间的想法就是幻觉(参见，Voß，1991，p. 76f)。在这个意义上说，日常生活的行为可以被视为一个不断的机动过程，将时间分配给不同的场景——这不可避免地充斥着借口和小谎言(我稍后会再次解释这一点)。目前来说，我们只是担心由于缺乏时间，干扰我从日常行动过程中选择“预设前提”，因为这些行为在相关行动中的实现也隐含地符合我基于利益的意图。

获取预设前提作为按自己意图行事的基础是(如上所示)一个复杂的过程，永远不能得到一个简单的和最终的结果，即使只是按照每个部分给定的意义进行分配也是如此。和社会结构面向个人的一面一样，这些既定的意义就像社会结构一样模糊、矛盾、不透明以及无法让人参透。然而，如果我花费足够的时间和精力，我至少能够在给定的情况下提取最佳的预设前提，并诚实地将其转化为相应的行动。然而，当一个人针对个人在日常生活场景中对他的位置方面进行额外处理时，就得对一个新的充满歧义和临时性的层面进行考虑。由于任何生活行为的固有时间性，以及对时间短缺的经验，使我在这种情况下几乎无法达到最佳预设前提的状态，从而得出“尽可能”基于我的利益对我生活条件产生影响的行动。相反，我在生命中由于时间压力而产生的行为压力(即由于情境需要立即行动或至少在一定时间内进行行动)，我没有足够的时间来衡量最有利的意义、前提和意图如何设置，因此，上述实际行动中的搜索和测试动作永远不会有效地结
316 束。不能以自己认同的自身利益行事的结果有可能是完全不采取行动，拒绝采取任何行动，例如“离开现场”(使用勒温的遣词)、选择退出或者逃跑。另一个选择(当然更常见的)将通过简单地“调整”预设前提，操纵前置条件，“调节”生活利益，重新诠释意图并落实到行动上，以便最终得到一个在施加的时间压力下仍然“可行”的预设前提结果。因此，必须牢记(将是以后详细讨论的核心)，这种不完整的预设前提不能故意进行：我在生活利益受到压力的情况下行动(或至少不是明显针对我的生活利益)，可能带来对自己的伤害——正因为没有人会故意伤害自己(见上文)，一种行为方式不能在“有意识”的状况下执行(至少不是在主体层面上；见下文)。

我认为有了这个论证，最终驳斥了我们自己以前所认为的理由模型与现实之间存在隐形联系的概念的观点，即在这里，我们对说明性或适用性关系的处理几乎没有利用实践经验。全盘考虑下来，关系在某种程度上被颠倒了。试图通过制定(主体科学)暗示性结构的概念描述应用关系是不合适的：这种方式将理论概念和现实脱离(而且，正如马卡德所记载的那样，人们必须做出相当大的努力来重建与现实的关系)。相反，本身蕴含的预设前提就必须在理由话语中扮演主体科学分析对象的角色。我们认为心理学研究一个(不重要的)部分是，一方面，阐述在正在进行的行动中形成预设前提(作为行动的先决条件)的先决条件，另一方面，(在我看来，更富有成效的方法)是一个无法实现的预设前提，或者只能实现一个不完整的

预设前提的动态环境。因此，在没有意识到的情况下，在实现行为的过程中我们无法规避自我伤害的可能(对于自己和他人)。然而，这只是后续解释的一个概括而已。到目前为止，这些解释只是从不同的角度表明，从认识论的角度，**经验知识距离**本就存在于主体科学心理学的基本概念之中。因此，在我们看来，从历史起源来看，即使它脱离了传统标准设计的无世界性，其基本测定方式是通过理由话语中介实现的，心理学仍然是一种经验科学。下面的部分将逐渐探讨这其中的含义。

元—主体性

在各种情境下对实验者和实验对象(后来重命名为研究者和合作研究 317
者)之间的关系进行处理时，虽然只是在需要的时候解释这种关系具有某些相关性的一些概念而已，但现在是时候把它作为我们分析的主体来进行讨论了。现在已经确定的是，在主体科学心理学背景下(不像传统标准设计那样)，不再是把实验者作为研究者并将实验对象作为研究对象之间的**研究二元结构**关系，这里，实验者可以单独输出科学知识，但除了这一点，在研究之外并没有任何特权地位。相反，由于理由话语是整个研究过程的中介(在主体科学意义上)——显而易见的是，从认识论上来看，实验者也必须被纳入理由话语中，科学过程的具体性质必须在主体间理解的语境中加以详尽阐述。但这如何达成呢?

对于已经将这样的问题归类为荒谬的话而拒绝讨论的主流心理学家来说，解答这个问题似乎并不太可能。从(官方观点)自称已经开发出**面向主体的心理学**(或社会学)的边缘研究人员开始解答显然更有启发性。据我所见，这种(通常非常有趣和富有成效)方法主要是系统地将**实验对象**、**实验发起者或受访者**的主观观点纳入研究。然而，这种主观观点可以通过哪个立场理解总是由研究者的科学观点决定的。即使“理解”其不同形式和困难被当成讨论的问题，但在上个例子中，最后的结果是研究人员扮演着这个理解的主体，实验对象或受访者处在被理解的立场中——研究者无可争议地对“主观”数据的处理、评估和解释进行了垄断。受访者——至少在刚才情况下——在这里没有位置；她/他被排除在科学判断的过程之外。我认为其主要原因在于人们无法想象以“科学局外人”的视角获得科学知识。在这种情况下，如我们所讨论的那样，经验知识距离必然要求研究者与知识对象的距离：因此，认知距离必然是一种外部关系。尽管沃布（Voß，
318 1991）针对“主体导向”进行了历史性的阐述，并从各种角度出发（按照建构主义考虑）对其进行了分析，最初突出了“经过策划”的研究特点及其结果在所用的描述性方法之上的决定性因素。最终，他并未质疑作为知识立场的外部观点：“研究者从（科学）观察者的角度进行描述，这需要预先确定的视角和兴趣以及一套用于观察和描述的工具”（p. 129）。

虽然（通常也是我们读者产生理解困难的缘故）由于没有科学的“局外人的立场”，以及研究者没有一个如阿基米德点一般的、并可以从中找出研究对象，导致了我们的问题，但这并不意味着我们可以不区分研究者和研究二元结构。没有这样的分化，我们将无法指定科学研究的对象，最后我们甚至不能将心理学研究（在我们的理解中）与任何非科学的活动区分开来。为了在这里找到一个替代选项，我们再次强调，首先，理由是主体科学心理学研究的唯一中介。站在理由话语之外的科学立场是不可能的。因此——这似乎是唯一的可能性——研究与研究对象之间的差异，或研究者和合作研究者作为研究对象的两个单元，在某种程度上共同位于理由话语之内。这两个例子必须包含在主体间互相理解的框架下，但是要有足够的不同以构成研究关系。但这能管用吗？

更进一步，我们首先从理由话语初步区分描述性和建设性理解日常生活中问题和现象的不同。在这个过程中，描述性的方式更容易被理解：无论是研究者还是合作研究者，都必须能够感知和描述对象的表面特征，才能得到一些可以被讨论的东西，如果需要，还可以科学地进行分析。然而，由于需要具体的概念和方法论工作，以建设性方式开辟了科学渗透日常生活行为问题的可能性，因而得到的结果才可供研究二元结构讨论。虽然重点仍然是研究的对象，但通过这个方式可以从广义的角度来看待问题，并可以反映在其独特的真实性中（见下文）。建设性方式的主要任务是

在全球范围内开发一种科学语言，使其有可能通过主体间关系对日常生活 319
行为进行概念化，从而将其从描述性方式的不确定性中解放出来，使其作为科学交流的对象使用。

为了说明对第二层次的强调与我们主体科学方法的特殊性之间的关联(以及忽略它可能产生的问题)，我们将从反面开始，分析慕尼黑的日常行为生活概念——由于科学立场在这里等同于“外部立场”——这其中并没有区分我们强调的第二个建设性层面上的问题(与其他主体导向的方法相同)。

慕尼黑小组为确保日常生活数据的特定对象的相关性而采取的方法(参见，Jurczyk & Rerrich，1993a，p. 14ff)是广泛访问一些预先指定群体的单身人士(百货商店女性销售、电脑专家、大众媒体工作人员等，见上文)。因此，研究者以她/他的外部观点，对收集的数据进行解读，并从不同职业群体中读取他们典型的生活形式，以及在记录的访谈里得到印证。在这样的采访中，令人惊讶的是，日常生活中的各种行为被不同受访者提及，然后实际上又回到了个体参与者中，几乎等于个人参与者的数量，这表明只有他们私下生活组织形式受到了询问。这与事实(慕尼黑的同事们自己在理论声明中强调了这一点)根本冲突，即日常生活行为概念已经将自己定义为一个**交流**或**合作**的行为。(在我们以前的例子中显而易见)关于协调各种日常活动与其他个人的活动，它们只能通过对将其涵盖在内和具有其特征的社会结构进行描述来概念化——不管是否存在与他人的直接接触，或者这只是一个虚拟的关系(例如，教授避免与家人共进晚餐的例子)。

尤尔齐克和瑞里奇(1993b)时不时会对他们个人访谈的方式表示怀疑：

> 诚然，我们的研究最初是针对单身人士的，因此我们采用个人面谈的方式。由于实际原因，首先了解一些特定的安排，再分析不同安
> 排的相互联系会更为容易，因此，把重点放在个人上是有意义的 320
> (p. 265)。

几页之后，个人访谈所涉及的困难得到了更加明确的处理，下一步的扩展研究被宣布：

> 很明显，我们将把重点放在“日常生活的个人行为”上，限制了把这种行为融入合作结构的可能性。因此，在未来的几年里，必须对社区内的问题进行更深入的研究。采取新的方法（对夫妇和家庭的访谈），样本将得到扩展，并对所选定的“工作家庭”共同生活行为安排进行分析(p. 267)。

不幸的是，慕尼黑研究小组后来解散了，研究也没有继续进行。

无论新调查是否有趣，问题仍然存在，即我们提出的问题是否可以通过这种家庭访谈等来解决——也就是说，在我们的第一级描述性数据收集过程中，如果数据是通过研究者的外部立场解读得来。这显然会令人怀疑，因为严格来说，这种“面向主体”程序中的解读只关注到刚接受访问的个体。例如，如果X先生接受采访，他就会成为生活行为的主体；X太太，虽然他可能很多次谈论到她，但这些内容只会出现在他的观点之下，而不是她自己作为独立主体的生活行为。如果X太太也参加面试，便会扭转局势：X先生现在被剥夺了他的主体地位，只在X太太的角度中存在。两者的观点如何结合在一起，结合成一个生活行为并不清楚，这不是评估方法的原因，而是出于概念上的原因。没有任何概念可以让X先生和X夫人的生活被理解为**共同的生活**。

慕尼黑小组的“生活行为”只能从一个人（受访者）的角度出发，这个事实在其他概念中也是显而易见的。因此，例如，慕尼黑的同事们一再尝试区分**一个人**的生活行为和其他人也可能隶属的“外部要求”。再如，沃尔夫冈·杜克尔（Wolfgang Dunkel，慕尼黑小组成员）描述了生活行为的潜在不
321 稳定性，指出当“其他人不是很可靠”时，也或有预期的不稳定出现（Dunkel，1993，p. 167f）。在这里“其他人”不作为生活独立主体出现，而

是作为当时被访问者的特定生活行为的“外部条件”的一部分。我们在这里处理一种特定的前自反式“确定”或“中心”概念(我在这里提到皮亚杰的中心/去中心概念对，而不是取代他的理论)，只有一个主体可以作为主体，所有其他主体只会在重点人物的生活行为中作为周边人物存在。

当作者试图克服“生活行为”这一社会现象中错位的个人接触时，这些概念中的基本范畴缺陷可能变得尤为明显。因此，在做出普遍性的结论之前，我会更详细地描述这样的情况。尤尔齐克和瑞里奇(Jurczyk & Rerrich, 1993b)在他们的文章《生活行为、社会融合与性别》(“Lebensführung, soziale Einbindung und Geschlecht”)中试图在新的概念层面上证明“社会融合”。作者在题为《在有工作人员的家庭中，个人生活和共同生活之间的紧张关系》(“Das Spannungsverhältnis von individueller und gemeinsamer Lebensführung in Familien mit berufstätigen Personen”, p. 264)的文章中写道：

> “工作家庭”中就业人员的个人生活不仅反映了每个人自己工作的具体需求结构，也反映了家人工作的具体需求结构。当多个工作及其具体要求要在家庭日常生活中“存在”的时候，必须结构化和稳定化一个集体的生活行为，使得家人的工作能融入日常生活中。对于参与其中的人来说，这就要求一方面按照工作要求组织*自己的*生活，另一方面要同时保持*集体*生活，使之达到平衡(p. 268)。

当我们倒转引用的例子时，这篇文章中概念形成的前自反中心可能更加清晰。当然在这里，“家庭”被视为“共同的生活行为”的场所(因为这恰好是本文的问题)，而处理与工作有关的问题相对来说也是每个人的私人生活行为。然而，当从一个人的工作角度(大多数参与者)来看，生活行为 322
的安排，立即清楚地表明这绝对不是一个“自己的生活行为”，而是这种情况下一个与工作中同事分享的“集体”行为。从这里可以看出，家庭中的“生活行为”可以很容易地被看作每个人“自己的”私人生活行为，而私人生活具体要求每个人都要顺应工作需求。从工作角度上看也存在“结构”和

“稳定”的具体要求，但现在也是“自己”的私人家庭需求和问题，必须与同事协调，使集体工作不会受到影响。当然，中心化的根本错误并不在于将分析集中在家庭上，而是在描述层面上的直接观察和刻画心理捷径中转化为片面的前自反的概念方式。这只是加倍了“被观察”的部分，实际上没有任何科学的概括性。在这里它是一个反映了一个人从自己特定立场上的局限性出发的理论化，没有理论上反思这个立场的局限性。当考虑到这一点时，很明显，“集体”和“自己”生活行为之间的差异只是说明了理论无法穿透肤浅的表面。如果有人设法克服在生活行为安排中的绝对化观点，并且看透这样的安排，立刻就明显地知道区分“集体”和“私人”的生活行为的方式是站不住脚的：每一个生活行为同时是“个人”和“集体”的，这个概念对根本没有分析价值。显然，我们必须形成另一个层次的概念，以避免这种肤浅和偏见。

> 为了澄清这些在“生活行为”概念化方面的摩擦，可能借鉴一个可能看起来相当牵强但我认为直击要害的例子会有所帮助：天文学史上托勒密和哥白尼系统之间的区别。我们在慕尼黑研究小组中举例说明的前自反立场对应于托勒密的世界观。通过自己在地球上一次偶然定位和相关的视角的绝对化，托勒密将地球作为宇宙的中心，将行星和恒星运动作为依赖地球的实体，然后构建一个在不反映其本身的情况下，立即显现的(以最复杂的方式)几何数学概念化理论模型。慕尼黑小组和托勒密的关键错误是，他们没有区分接近主体的描述性层次和建设性层次之间的不同。通过确定——事实上依赖立场的偶然变化——立即可从主体感知到(在其独立存在的立场上)的一个理论模型，其中偶然的，受立场界定的定义被认为是一般的概念化过程。哥
> 323 白尼的重要性(对于解决我们的问题)在于他通过去中心化的方式攻克了托勒密世界观的神学中心理论。人们不能只从地球的角度来看待太阳系，也不能从木星、金星或者火星的角度看待太阳系，从各个角度来看，行星(似乎)在相互不同的轨道和关系中相互移动。地心立场的

> 界限实际上被分为多个立场界限，每个行星都有自己的视角。由此可见，构建或计算整个太阳系以外的“元视角”是一个合乎逻辑的步骤(作为正交顶视图)，从中，特定行星(包括地球)的每个特定位置和相关视角可以被理解为单一星球的立场/视角，这被证明是行星系统内普遍视角依赖的一个例子。由此，克服了受到太阳系图像影响的观点受限的情况。通过数学，人们已经获得了行星彼此关系中的“真正运动”的知识，因此只剩下一个太阳系—哥白尼的日心说。这是**个体视角的可逆性**的体现：我可以通过朝向这个元视角来调整具体立场的扭曲视野，只要种程度上(理论上)我做到了这一点；我个人视角受到曲解的情况会在太阳系“真正的”关系模型中得到扬弃。
>
> 对于我们的进一步考虑，重要的是要注意，随着哥白尼宇宙体系的建立，我们的日常视角并没有消失；我们仍然看到太阳升起和落下。如果描述性层面的观点和概念要经过系统处理的话就必须与建设性层面相关，现在它变成通过立场导向、描述性具体层面来获得主体知识，与立场独立的建设性层面相对应。因此，应该记住，在这里，我们不关心“经验性”和“建设性”陈述的对比，而是区别通向主体的方式。哥白尼的观点就像托勒密观点一样“实证”，反之亦然，但“经验”仍嵌入在不同的概念网络中。换句话说，托勒密对宇宙的“观察”也只是“通过概念”传播，尽管我们现在可以将这些概念识别为前自反的。 324
> (如今，即使在经验主义的最后一个据点，直接体验的、“纯粹的”、无概念的经验知识的观念已经毫无疑问被克服了)。

有了这些考虑，我们明显地更加接近我们的目标，即区分获得心理学主体建设性与描述性的基本定义。这使得现在我们可以在理由话语中充分列举研究二元结构——也就是说，不用假设一个虚构的科学观察者的立场——并且在理由话语的背景下对科学的特殊品质进行概念化。这里的决定性步骤是将描述性方法(正如我们在慕尼黑研究项目中所说明的那样)的前一自反的、集中的、受立场限制的视角与不受立场限制或缺陷影响的建设性视角进行对比。为了在研究二元结构的框架内被认定为科学的，所有差异化的概念、理论和研究问题都必须与这个基本结构相关联或能够“套入框架”，或者(另一方面)与之不相矛盾。然而，这要求生活行为本身代表主体的结构保持无变形、去中心、独立于立场的方式。在慕尼黑的项目中，根据人们观点(根据杜克尔的说法，即“家庭”或“工作”、“生活行为主体”或“外部需求”的立场，其他人也属于这些立场)的不同，生活行为的结构会使这个概念发生变化，这是由于这种立场受限的经验性方法及其任意性所致，不适合作为科学概念形成的基础。

但是，如何准确地描述建设性层面(作为形成适当心理概念的基础)的基础呢？在我们详细地处理这个问题之前，我们还应该在理由话语背景下考察术语中的描述性和建设性层面的因素(在我们的概念中是不可避免的)。当我们介绍我们的方法或评论我们早期的例子时，我们偶尔会考虑到这样的理由话语是一种称为“主体间关系模式”的特定社会现象的事实。

然而，我们的焦点和例子在很大程度上仍然受到我们现在称为主体对象“描述性方法”的限制影响，也就是说，这种基本方式几乎不能达到任何反思的目标。在下面的分析中，我们不仅实现了主体间关系的模式，而且
325 同样将此作为反思的对象，这与采用“元立场”一致。相应地，从现在开始，我们将把以前被定义为“构建性层面”的特定关系形式称为“元主体理解框架”或简称为“元主体性”。(这个术语可以追溯到我最早在《研究者和合作研究者的社会自我理解的“元主体”框架》标题下形成对方法论的考量；1983，p. 540ff，然而，这与我现在的立场之间存在相似之处，所以不会在这里进行回顾和分析)为了方便起见，尽管从现在开始，我们将“建设性层面”称作“元主体性”，但合理保留“建设性层面”的旧术语会有指定的意义，之后会继续谈论“主体间关系模式”。一般来说，“主体间关系模式”或“主体间性”的特征是区分了(如前讨论的)“人”的特质中的社会交往部分的独特沟通方式。另一方面，“元主体的理解模式”或“元主体性”则具有元立场的特征，使得主体间也可以作为结构思考的对象。这同时解决了科学方法的问题，允许研究者在理由话语范围内将此发展成为一个科学事业(即不

用再模拟外部“科学”立场)。

在大多数情况下，生活行为的元主体结构的中心定义从简单否定我们对描述性层面绝对化批评开始。因此，决定性的标准是来自对生活场景中立场**可逆性的反思**。在描述性层面上，或在“简单的”主体间关系模式中，我总是从我自己的立场来构建整个场景。在元主体层面上，我反思从他们的特定角度看，所有参与者都有他们自己对整个场景的看法，这与我拥有自己的观点是一回事，相比之下我自己的看法绝对不占任何特权或优势。这种反思可以被称为**去中心化**(修改皮亚杰的术语)。在这里，从元立场来看，可以将其理解为不存在特别优势的结构中心：在托勒密的宇宙中，“地球”和我自己在生活场景中的立场(即使是“研究者”)也都不是中心。这也具有重要的认识论意义。一旦对元主体立场进行反思，任何形式的“主观化”生活场景都在最开始被排除了。相反，在这里，正是这些我们以前明确提出过的客观意义集群和方位都被提前假定了。只有这样，才能考虑 326
到不同的主体对这些集群/方位有不同的看法，然而这客观上仍然是相同的。从另一个角度来看，这再一次表明了我们理解的心理学与意义结构(和基础社会结构)分析之间的相关性。

一旦实现了生活场景中不同个人观点的可逆性，下一步就是严格遵循，即构建一个**超级**元视角(类似于哥白尼式世界观)，其中不同个人的角度之间的关系事实上是正交映射的，不会被任何立场限制扭曲。这将是一个特定场景中涉及的所有立场的**多重互惠**立场：每个人不仅在生活场景中与其他人具有同等的关系，而且这些关系本质上暗示了(在主体间的关系模式中)对方与我的关系是相互配合的。我作为一个主体，体验了作为另一个主体的你，你也把我作为一个主体进行体验。在一个较早的工作中，我将此描述为个人学习的一个步骤，“以一种‘社会去中心化’的方式从她/他自己的立场上抽象出来，将她/他自己设想为另一方”(Holzkamp，1983，p. 292)。虽然这个形成过程更强调个人发展的进步，但我们在这里更多的将“元主体性”的特征当作心理对象的结构性反思。然而，虽然这里“为他人做另一个人”的公式也起到重要的作用，这是因为“单方面”观察者观点在抽象层面得到了普遍接受，允许这种可逆性反思的存在，但除此以外，在现行的心理和社会科学概念形成中却难以实现。

社会自我理解作为主体科学认识兴趣的对象

在本章的第一部分，我们广泛讨论了“认知距离”，并试图反对我们自己早期的观点，认为主体科学心理学，尽管它的语言没有包含因果关系而包含理由关系的属性，但仍然可以在狭义上将其归类为经验科学(即使其具体品质和标准仍需进一步阐述)。那么为什么在本章的最后，我仍然特
327 别关注“知识兴趣”的问题，它和认知距离之间有什么区别？关于认知距离的讨论会不会囊括知识兴趣？

如果将狭义的“知识兴趣”理解为对科学真理的兴趣，那么这样的反对无疑是令人信服的。然而，在这里，我们正在采用“知识兴趣”概念的另一种意义，这只是部分地与其较狭义意义相吻合。而“认知距离”绝对属于科学与认识论的原理范畴，“知识兴趣”在传统学生批判科学的运动中更多扮演着一个社会学概念的角色，这在很大程度上受到哈贝马斯“知识与人类兴趣”(1971)的影响。这里的重点在于：谁可以从一个特定的研究分支(在这种情况下是心理学)的研究结果中获益，这个问题可能不仅符合研究人员和相关人员的兴趣，而且在一定意义上，符合大家的疑虑。在学生运动的早期阶段，部分心理学家主要关注的是揭露心理学在资本主义社会中与军事和工业的纠缠。这种调查的模式来自洛伦·巴里茨(Loren Baritz)的《权力仆役》(1960)，他详细记录了军事—工业综合体如何参与社会科学，特别是心理学的历史。克劳斯·艾夫斯(Klaus Eyferth)与汉诺威大会上的学生运动代表之间的冲突是个经典例子，他关于嗅觉认知的研究被怀疑协助在丛林中追捕越共。与此同时，这些研究理论对知识兴趣问题的看法发生了很大的变化(这里我不打算详细介绍)。今天，“知识兴趣”被作为心理学社会相关性的一般标准来讨论，由此——决定性的——过去遗留的科学和兴趣相并列的形式不再被沿用。现在的问题是个人(社会)在接受心理研究结果为科学时可能产生的兴趣要如何界定。(如上所述，在这个领域中

知识兴趣和认知距离有概念上的重叠)因此，当具体的专题研究的科学品质可以被开放辩论时，这个关于知识兴趣的问题才能合理地存在。

在我们的理由思维中，知识兴趣不会从历史的角度来讨论，其本身的存在是不言而喻的。我们不关心(正如巴里茨所说的)如何找出哪些雇主在某个制度或政治背景下本身感兴趣或可能对某种特定类型的心理学感兴趣。相反，我们探寻的是，由于科学结构的原因蕴含在某个心理学概念内的可能知识兴趣。每个基本的科学方法都由于自身结构的原因暗含了一个可能性空间，它限制了潜在兴趣相关性的变化幅度，并且无论使用与否， 328
在任何情况下不能超过这个范围。因此，我们的重点是所讨论的科学概念的认识论结构导致的可能、与兴趣相关的普遍特征。

虽然我们已经详细讨论了传统心理学知识兴趣的问题，但对于我们自己的主体科学方法的兴趣或多或少采取了开放心态。显然，我们认为，通过与传统心理学的对比(由于马克思的思想基础)，它的“进步性”是不言而喻的。为了弥补这种不平衡，下面我将在主体科学方法的背景下明确阐述“知识兴趣”，就这一点而言，为了阐明差异，只能针对可以(并已被)从传统心理学中解读出来的知识兴趣部分进行评论。

从 1968 年至 20 世纪 80 年代初，证明(主流)心理学的“资产阶级”特征几乎是批判心理学家最喜欢的工作。这种批评是——就其结构而言——相对多余和微不足道的。基于或多或少有效的对社会理论的诊断，人们已经预先**知道**整个心理学被标榜属于“资产阶级”了，因此——在自我实现的预言中——对具体领域或特殊问题的分析不产生任何其他结果(参见，例如，Maiers，1979)。在 20 世纪 80 年代初期，我们(西柏林批判心理学家)对这项工作做出了许多贡献，并在之后尝试做了一些概括。我们从“变量模型”开始，这是传统心理学的基本结构特征，个体是由(研究者)预先安排的条件片面地被指定的。由此我们得出结论，只要这种类型的心理学能够实现或服务于狭义科学语境之外的一般知识兴趣，这些兴趣便只能被指认为**控制人的兴趣**。无论在工业、教育、公共福利等任何领域，心理学都可以适用，并且由于其固有的可变结构，**不能**用于**组织和控制**在其他有针对性条件下的行为(无论多或少)之外的任何其他目的(不论研究人员和雇主可能怀有怎样的良好意愿)。在这个意义上，我们将主流心理学定义为“控制科学”(参见，例如，Holzkamp，1983，p. 522)。这个术语或多或少地保留到329 今天(属于心理学中的一些边缘、短暂的领域)。与“控制科学”相反，我们同时引入“主体科学”一词来描述我们的方法。

然而，正如已经说过的那样，当时我们没有得到任何关于主体科学方法(与对照科学相反)可以解释哪些知识兴趣的答案(实际上现在也还没有得到)。虽然这一段是用来反衬被批评为控制科学特征的传统心理学，但这部分内容却包含许多对于主体科学心理学的进一步关键发展的陈述，这些论述通常仅限于方法论或认识论问题(Holzkamp，1983，p. 540ff)。讨论侧重于“元主体理解框架”，这是我们在这里已经很大程度上修改过的一个概念。在这里和其他背景下，我们主要关注研究人员与“被研究者”之间的具体主体科学关系、“共同研究者关系”，这和解释“可能性的泛化”“典型的可能性空间”等相关(p. 545ff)，最后，主体科学实证研究的有效性如何证实(p. 560ff)这样带有认识论色彩的问题。知识兴趣的问题，即心理学主体科学可能对谁有用(并不只是学术生活的延续)以及为什么我们应该参与其中，从来没有被提问过，因此从未被讨论过。显然，到目前为止，我们缺乏与我们自己工作所需的距离，因此我们维持了提出自我批评的问题这个结论。我们已经达到了一个我们必须从自己的思考开始的阶段[通过这些分析不能反映知识水平(Holzkamp，1983，1993)，当然在此基础上——旨在进一步发展主体科学心理学的概念]。

主体心理学与传统心理学的本质区别(以及我们在阐述主体科学知识兴趣方面存在的困难的主要原因)在于，理由话语中介的主体科学原则上具有对话性：在主体间理解或元主体理解的框架中，主要关注的是参与者之间的语言交流(学术本身和以外的生活)。既然这不是对具体事实的了解(例如，柏林的供水)，而是在每个人/自己为主体的日常生活背景下的理解，于是我将理解这个术语的范围扩大到“自我理解”(在马克思简洁的文字中)。为了排除在“自我理解”中误导“自我”的危险，我认为它指的是单

个个体，并提醒人们日常生活的行为必然发生在社会关系中(所以心理学 330
的对象是先验的“社会”对象)。我将再次对这个用语进行扩展，从现在开始把“**社会自我理解”作为主体科学知识兴趣的指导**。

这可能会引发如心理学的强硬派阵营的一些疑问，例如谁(超越学术界)可能对社会自我理解感兴趣的问题：充其量是心理学家中“软心肠的哲学家”或在科学界边缘的怪人才会如此。无论如何，像“主体科学”心理学这样的边缘现象学难以与经验实验心理学竞争，因而实证心理学在社会的许多核心领域的实践成果和实用性得到普遍的认可。我们不否认这样的印象在这里是有道理的，我们也承认，需要做出一些努力来反驳暗地里将主体科学作为一种深奥的文科现象。然而，如果以下讨论中提出的理由成功的话，主体科学心理学不仅可以证明其在学术生活之外的成果，还可以为论证模式提供基础，表明传统心理学既不“精确”，也不如看上去的那么实际。

当将“(自我)认识”作为来自主体科学认识论的兴趣时，则假定实际上有一些不了解或不明显的东西要被“理解”，但这需要共同的科学努力才能得到揭示，演化成可供传播的知识。这实际上提出了一个决定性的问题，现在必须在随后的分析中逐步明确。

我们首先在语言层面上处理这个问题，了解到并不是所有“莫名其妙”知道的东西都可以被表达出来，从而变成一个交流或科学的对象。在这种情况下，社会学家休·米汉(Hcigh Mehan)创造了简明扼要的术语：“隐性知识”“隐藏”或“潜在”知识，并强调民族学研究的基本任务是让还没有说或说不了的东西变得可“说”。因此，首先应该从人类的经验和事业的角落追溯这些隐藏知识的方式去讨论“社会自我理解”(总是要追溯回到日常生活的行为)——这可能已经成为“不言而喻”的知识——以至于任何对它的追寻都无法延续，或者我们因为“动态”的理由会闭上眼睛拒绝面对它，因为一个“正常”或“体面的”人永远不会想起它，等等。在这个过程中，研究者的一个重要功能，可能是在与学术事业以外的共同研究人员或个人讨论
中生活阐述和提供一个符合元主体立场的“术语”，使迄今为止没有说过的 331

事情变得“可言说”。这样，这个未说的事情不仅可供社会自我理解使用，而且在理由话语中也可以得到传播和讨论。通过强调“社会自我理解”，可以共同努力将本来提出问题的层次拔高，因为我相信对于这些问题来说我们已经对其一个非常重要的特征进行了描绘。然而，如果“主体科学”不被包含在话语中，并且在很大程度上只被理解为在没有任何具有约束力的经验科学力量下的思想交换，那么我们几乎就无法脱离这个想法了。要继续下去，我们必须超越纯粹的语言层面，并回到“元主体性”一节中已经提到过的经验事实影响上来。

从以前的考虑来看，在日常生活行为背景下对经验问题仍然采取前—自反性的方法是社会自我理解过程的出发点。人们可能会认为，那些试图追踪的潜在问题很大程度上取决于涉及个人的“问题意识”，也就是说，以前被隐藏的(公开的)问题可以通过共同努力让其能够得到足够的传播和“公布”。诚然，在这个基础上，几乎不可能得出一个有系统和科学可验证的心理学概念。然而，我们实际上可以在这里回到我们以前考虑的一些解释中，这对现在可能有所帮助。

首先我们要强调，在我们看来，唯一具有合法科学价值的问题是那些包含问题、困境和矛盾的悬而未决的问题，如一些科学知识无法道明但却需要理解的事情。若未能强调这一点，我们就会被琐事烦扰。在这个方面，传统心理学一定有此类偏好，传统心理学的调查不仅是多余的，而且在某种意义上也是对别人的干扰。在这里，人们正在回答没有人问过的问题，传统心理学方法的适用性是一个问题是否值得研究的唯一标准。但是，如何识别“有问题的”话题并进行概念化，使其能够融入社会自我理解的过程？

深入地对上述对象的描述性层面向元主体偏移的情况进行“重新考虑”之后，我意识到(令我吃惊的是)，对发生或被认为是自我理解起点的问题
332 和困境的理解确实具备具体的形式特征。这些是我们以前强调的日常生活行为背景下的主体间关系的前—自反特征(为了澄清与元主体的区别)：**中心观点、立场的不可逆性、不可能整合另一个观点作为自己的一部分**(不

管如何矛盾)。根据意义/理由集群，所有社会关系——只要能够成为自我理解活动的出发点——都具有这些特征，内容上不受可想象差异的影响。在我们的理由背景下，这里当然没有“第三方”，但由于自己以自我为中心的世界观，研究者本身也可能需要这种自我理解活动(见下文)。

强调以关系为中心的模式作为社会自我理解的初始阶段，必然将(我逐渐认识到)我们上面所界定的广义语言意图包含于自我理解过程，即使隐性的知识被“说出”和传播。所有这些关系特征——中心化、不可逆性、否认我是“为别人而存在的人”等——毫无例外地限制、削减和削弱了主体间性。然而，由于任何人都不会故意实行这种自我毁灭性的行为或接受其自我毁灭的后果，所以我们必须假设我们在这里所处理的是无意识或部分有意识的经历。例如片面和受限的社会观点——通常采用既定的读物——似乎是“不言而喻的”，以至于其他思维方式毫无踪迹或受到压制，从而构成了在自我理解过程中得到发展并被传播开去(和进行反思的)的“隐性知识”。

到目前为止，我们已经考虑了这些关系特征——为简洁起见，我以下称之为“中心化关系模式”——仅仅作为在主体科学心理学中启动社会自我理解过程的内在先决条件存在。然而，从更远的角度来看，这对于我们目前的话题至关重要，中心化关系模式被证明是与社会自我理解过程中被揭示的知识兴趣在不同层次上交织在一起的。这甚至可以用对可能成为科学研究问题的非科学含义/理由模型进行说明。无论在什么情况下，在初步分析特定关系组合的“研究价值”中遇到这种“中心化”关系(即意识到所涉及的主体的观点是不可逆转的，其他人的观点不能融入自己的世界观)，对我来说不容置疑的是，在其内容下，这样的“中心化”关系是意义/理由复合体的形式方面，以某种方式真实地包含了排斥、压制、否定、漠视——个人或集体——其他人生活中的利益和支配它的权力。因此，我假设无论在什么情况下当其他人生活的可能性被忽视或抑制时(无论多么“自然”或不明显，这可能出现或发生)，也可以找到相应的中心化世界观为形式的意义/理由模型。我认为，相反的，无论在社会自我理解或社会关系 333

的不可逆转的过程中，在任何情况下遇到了中心化思考或说话的方式，至少可以产生一个合理的怀疑（最多可以被随意，而不是严肃地修改或撤回），那就是对其他人的生活中的利益和支配它的权力受到忽视的怀疑。因此，当我遇到中心化思维和说话方式，但没有遇到人类生活利益被无视的情况，我可以肯定，这其中存在一个“隐性知识”（我自己或另一方），需要在社会自我理解的过程中得到表述和沟通。

刚才所说的关于非科学意义—理由单元同样适用于对**传统心理学中所谓科学概念**的批判性分析。在这里，在明显的经验性关系的假设中揭示了潜在的理由模型之后，批判的第一步必须是公开为中心概念命名（参见，例如，Holzkamp，1986；1993，p. 33ff）。一般来说，我们可以假设——只要传统心理学是被刺激—反应模型掌控——模型的不可逆性已经产生中心的概念化，即各自理论的构建原则。就这个理由话语而言，这意味着我们反对限制互惠沟通导致主体间关系模式遭到系统性削减。换句话说，实验对象、实验发起者、客户等所处的情况不允许他们在平等“对称”的层面上
334 回应研究者的问题，要求或带有目的的活动——这样的不可互换性是标准设计的组成部分。因此，在传统心理学的基础研究中，无论如何，如果实验对象将某种程度上以一种去中心化的方式，将自己的立场和观点全部用于与实验者的沟通，标准设计将不可实现，心理实验的设置也已从内部被破坏。但是，在应用心理学的不同分支中，这种不可互换性实际上是被作为关系建设原则纳入研究者/心理学家与参与者/客户的关系中的。在诊断（现在的评估）中，一方要么没有发言权，要么作为一种诊断工具被建立在关系中，即以中心化的方式被心理学家进行垄断性诠释，从而才能被保留在他们的互动关系中。然而，为了认识到它们相同的结构，必须彻底分析传统心理学中多种治疗方案。在某些情况下，特别是在咨询中，似乎看起来沟通中的互惠是照本宣科的选择。然而，仔细观察后，很明显，这仅涉及立场的可逆性。最后，这里的解释垄断完全把握在治疗师手上，他们总是比客户更了解他们自己，能够根据她/他的想法（或理论指导）控制治疗过程，并且可以故意“暂停解释”。然而，由于主体间的关系模式是治疗师

和客户之间联系的唯一但潜在的沟通基础，因此相反，客户可能会不断解释治疗师的话语。然而，她/他可以不遵照安排将这些意见保留给她/他自己，使治疗师的话语不会出现在正式的治疗程序中，或者她/他会在治疗活动的独立阶段内说出对治疗师或治疗活动的评价(通常特别为此目的而提供)。在这种情况下，治疗师获得了对她/他解读的新材料，在形式(也符合客户的期望)上将最后一句话留给对方。因此，既然我们不仅在日常意义/理由模型中，而且在传统心理学(无论如何，或多或少地与它们密切相关)的情况下，满足了中心化的概念形成和关系模式，那么这里考虑的潜在知识兴趣(作为“控制科学”)限制了主体在日常生活行为的实际场景中行事的可能性(在明显的科学环境中)。这当然需要在每个具体情况下进行详细的分析和语义区分。稍后我们将尝试，例如，利用“社会心理学”或“性格心理学”的结构，以及日常生活行为(“欺骗”“说谎”等)背景下的意义—理由模型的角度进行分析。而在此之前，我们需要进一步系统地发展 335
社会自我理解的程序。

方法论起点

顺序问题

为了更详细地描述社会自我理解的过程，我建议通过参照它实际进行的方式，而不仅仅是讨论外观，还有它进行过程中不连续的方面、部分、层次。然而，这和**方法论**方面(从广义上)整合到我们的纲要中一样意义重大。

众所周知，方法论是传统心理学的核心。在这里会预先提供网格或分类系统，用来确定实验的设计，同时提供评估和测定的标准。当考虑到方法论的意图和目的有什么一般特征时，人们会意识到(可能令人惊讶的是)在心理学方面，**实验结果的实现是有组织的**(越是这样越符合标准设计)。一方面，这并不意味着今天的心理学方法完全明确了预测实验的结果应该是什么。毫无疑问这里存在着一定程度的自由，允许经验证据对结果或多或少产生一些影响。然而，另一方面，获得结果的方法论步骤通常通过实验设计来具体规定，从源头上大体可以实现的经验多样性被大大消除。在严格计划的实验中，基本上只有一个(或没有)可能的答案：获得或没有获得预期的结果。

这种缩减过程从一个(或多个)“经验假设”的形成开始，提前做出在实验中要进行“测试”的假设。因此，从一开始就消除了在实验**过程中**可以获得关于研究对象的任何知识的可能性。方法规划程序进一步由统计学设计确定，其严格的实验形式同样必须事先被设定，即开始实验前：方差分析设计(2×2；4×4)？聚类分析？层面分析？顺序分析？然后根据这些程序收集数据，以满足其统计应用的要求(例如，在因子分析中，单个细胞上
336 的随机分布，每个细胞的元素数量足够)。这些方法步骤还可以决定数据解释。暂时没有任何空间进行处理，因为它最终是由必须适应的方案决定。在研究报告末尾通常发现的“讨论”中，有一些空间可以用于批判性反思。但是，由于基本要素是事先计划的，所以这些思考范围几乎不是实质性的；一般来说，实验者仅限于不写下预期结果、讨论可能的替代统计设计等借口。

总而言之，在严格的传统实验中，实验者的唯一实质性贡献是制定实验假说。测试过程顺序中的其他所有内容已得到系统的提前定义。实验者只需在单一设计步骤中观察程序规则；对于其余的，整个过程实际上是自己运行的。在没那么严格的传统心理研究中——例如，田野调查——肯定有更大的余地，评估步骤更加可变，在研究过程中有更多改变程序的可能性等。尽管如此(只要仍然在传统心理研究的框架内)，**单一步骤的时间顺序是固定的**，原则上是固定序列的这个方式为这个实验提供了身份定义(及得到第三方资金的市场价值)。由于这些特性只是描绘了传统心理学方法的内在逻辑(与接下来的内容相对应)，我没有在这里特别提及之前详细讨论过的隐含理由和线性发展上的自我误解。

但是，如何通过与传统心理学的科学逻辑之间的区别使得主体科学研

究中的社会自我理解过程的方法秩序被描述？由于“自我理解”是一个对话过程，依赖于参与者的贡献，因此不可预先安排，标准方法序列的一套过程从实验假设到统计设计，最终对结果的解释（在传统心理学中的理解中，是与方法的严格性相同的）在这里不适用。任何包含按时间顺序来组织结果的指令操作，都超出了我们方法的科学语言范围。另一方面，我们在这里所阐述的科学观念，不允许我们将数据收集与理论建构之间的相互关系 337 模拟成一个“开放”的过程，从而使基本概念的形成和理论的（联合）发展在很大程度上被看作一个同样的进程［正如格拉泽（Glaser）和施特劳斯（Strauss）“以主体为导向”或“定性”的社会研究中偶尔提出的那样，1967］。在我看来，所有这些方法的缺点是，几乎没有任何基本的方法论概念对它们予以阐述，结果往往具有叙述性质，冗长的段落是武断的，不适合从经验的表面深入问题的更深层次。

那么，在实际情况下，除了进行操作标准化和构建对话还可以有哪种其他选择呢？为了更进一步，我们必须意识到，在考虑我们以前对“社会自我理解”的认识论分析时，结果得出一个完全不同的科学程序（“横跨”所有的操作和叙事概念）：它不只是组织结果，而是如何开发一个用于指定所使用的科学语言的概念空间。在这样的概念空间中，对话顺序（无论是内部的还是外部的）既不是预先定义的，也不是预期的特定结果。相反，是关于发展自我理解过程的科学语言质量的提升。这不仅仅包括语言转型；同时（作为我们这种概念形成的含义），自我理解和通过意义中介后的现实之间的关系变得更加稳固。另一方面，人们将能够更全面地了解困境、问题以及意义和理由之间的矛盾关系。

在任何社会自我理解的开始，自然存在着一个共同的问题，并由此开启了一个问题空间——无论是由“日常生活”引起的（难民和难民营不同工作人员之间的冲突；心理学家隐性的客户理论）或体现了对传统心理概念或理论（“社会心理学”的摩擦，“性格”概念的功能）的批判性分析。在这个过程中，我们将会在研究二元结构中进行一系列各式各样的初步谈话，这将针对特定问题的共同兴趣，也会有不同的看法、不同的观点和潜在的争议。这些初步谈话或多或少明确地导向一个问题：研究实验如何继续下去？我们如何更好地了解这个问题？研究二元结构——无论是作为一个二元结构，还是由几位研究人员和合作研究人员组成的研究团队——都将不得不提出关于这些没有明确导向的谈话如何往科学承诺的方向深化发展的意见。

338 然而，如上所述，这并不意味着我们需要制订一个系统的研究计划，指出从问题到答案分为几个阶段。自我理解过程中的“系统化”不是朝着这个方向发展的，而是另一个方向：共同开发一种**可以产生更高程度与主体相关的反思的科学语言**。最后我们将谈到和一开始同样的问题，但是将在自我反省和对象关系的更高层次上进行讨论。这个过程通过逐渐对上述基本主体科学概念进行问题相关的整合提升了深度和说服力。这样，他们与总体概念的关系逐渐形成，并让最初的非正式谈话获得了科学的严格性。这种发展等于从理论前的讨论转变为与主体相关的理论概念化。以前阐述的基础主体科学概念构成了最重要的理论概念类别(广义上)，专门为每个新的情况开发的理论概念(最重要的是为每种情况而专门开发的)必须与此保持相关性，并且通过这些基础概念得到证实。

由于本文概述的研究过程不能以先入为主的顺序作为导向，所以作为一种理论参考框架，在理论构建过程中逐渐实现主体科学概念。具体概念的关键点，不是一个一个处理它们，而只是作为一个总体方向，以确保在研究对话中不“忘记”基本概念，避免讨论可能走向错误方向的情况，或流于表面或倾向一方，从而损害了实现原本计划，以及包含足够问题的理论架构的可能性。在这个意义上，以下列出的要点并不意味着要提前组织讨论，而是作为一种时刻的提醒，以免在自我认知过程中忽视整体关系。

建构讨论最普遍的方向是理由话语作为主体科学(科学)语言的普遍媒介。这并不意味着只用理由话语说话，或者在自我理解的话语中不允许以条件话语进行陈述。这样的限制将是无意义的，仅仅因为，在最初的问题领域——取决于所讨论的话题——以条件话语和从因果关系的角度说话都是正常的。可以肯定的是，行为的日常逻辑“不言而喻”的是由理由构成，

例如我如何“合理地”为了我的利益而行事的问题。没有这个准则，日常行 339
动就不可能存在。然而，既然没有人会有意识地选择因果联系，那么偶然还是会发生理由和条件话语相“混合”的情况(我可能太累了，因为我没有喝我的“提神饮料”；你经常这么激进和迷茫，这肯定是不正常的：你应该去神经病学家那里检查你的大脑)。我们也会在条件话语中遇到“纯粹”的论述(酒精使你愚蠢；现在，孩子们不学习任何东西，因为他们看了太多的电视)。另一方面，在对传统心理学问题领域自我理解的讨论中，案例很明显：因为在认识论的基础上，标准设计和建立在其上的理论是先验对应的，所以我们需要条件话语模式的论述。处理所有这些变量，最终需要将条件话语翻译成理由话语；这是必需的，因为只有在这个媒介中才能科学地阐述科学的话题。然而，将理论构建中遇到的陈述翻译成理由后，不去考虑解决的问题是自我理解过程的一部分；相反，条件话语与理由话语之间的关系明确地被反映在理论建构中。通常情况下，随着在自我理解过程中的发展，在原始问题中的初始主体与理论概念之间的结构关系只有在这个过程中才是完全透明和可理解的(我稍后会回到这个过程上)。

自我理解对话中的另一个方向是(在这方面)将无形的陈述转化为**日常生活的场景**。如上所述，关于行动的心理陈述，必然而且无一例外地可以被翻译为日常生活行为的场景；这是主体建构生活的最稳固的形式。(为了避免重复，我只想回溯一下，如果设想得足够具体并能足够“真实地面对生活”的话，即使实验安排也可以被概念化为日常生活中的一个场景；见实验室 3b 中描述的实验)。因此，将初始无形陈述转化为日常生活的行为同时意味着，它们(渐进)将具体化成为一个狭义的心理问题。只有在进行这种转变的时候，我们才可以果断地将我们的话题作为心理学话题来利
用(比如，从社会学或人类学陈述中清楚地区别开来)，从而达到概念化 340
“心理的”心理学目标，而不需要借鉴邻近学科。然而，需要把转变概念化成日常生活的场景还有一个令人信服的理由。主体科学分析的重点是对意义单元、理由模型和行为意图之间的关系进行详细阐述。在这个过程中，第一步需要标明所描述的问题区域内相关的意义群。然而，关于选取哪些

意义单元需要有相应标准，这些问题在研究课题的抽象讨论层面上难以找到。只有在转变成日常生活的场景之后，才能落实到具体层面，从而实现这种选择。正如已经指出的那样，日常生活场景必然被包含在特定的地方，其中现实社会生活环境是既定的，在特定的关系中人们彼此之间“站”“立”的位置也是确定的。在一定程度上，我们制定了日常生活中的场景，从而能够在特定时空场景中确定主体的“具体地点”。同时在特定场景下相互的时空关系中，相应的意义设置(以及他们与主观理由模型的关系)的概念化只是一种形式而已。通过将世界具象化为日常生活中场景的做法，可以解决在谈论过程中常见的含糊不清的问题。

在社会自我理解的背景下，朝向生活方式的转变过程的必要补充就是将场景和地点描述得尽可能精确和全面。我们的描述方式是，对每个人的特定立场所呈现意义的物候进行描述，即在目前的情况下，应该处理和讨论内容最精确和完整的定义，并涵盖所有进一步分析所需的“材料”或“物质”。这决定了什么样的材料是微不足道的，或者包括丰富的经验和知识并描述了与世界之间构成多种关系的日常生活行为的特点。因此，“物候”是主体科学自我理解的决定性因素，研究人员团队和共同研究人员之间广泛的经验交流是所有卓有成效的科学研究不可或缺的基础。这必须以反对传统心理学的背景来看待，传统心理学倾向于在学术传统和具体应用中将
341 “物候”视为“唯心主义”，因此认为它在很大程度上是多余的。在这里，因为实验者和实验对象之间的言语交流基本上是由先入为主的指令、问卷调查和量表来确定的，所以将研究过程中的经验发展和变化的描述插入这样的数据模式中是根本不可能的。

虽然到目前为止，我们总体上仍然在“描述性”的理解领域探讨以下几个关键点，这使得我们逐渐接近自我理解对话的建设性或元主体性层面。这同时意味着以前阐述的基础概念的更基本的层面现在将逐渐变得重要起来。这说明，首先，上面阐述的中介层面——社会结构、意义结构和理由结构——将会越来越多地参与到讨论中去。在主体间理解的框架内，或者在描述性的理解层面上，我们事实上可以退后一步探寻实际上出现在具体

生活环境中的意义结构(作为社会结构的一方转向个人)。更准确地说，就是询问在意义结构中由于生活行为的要求采取了哪些可能性。这直接导致了一个问题(关于下一个中介性层面)，即为什么个人从作为她/他行为的前提的具体意义群中将这些主观的、以利益为基础的意图而不是其他的理由模型提取出来。一般来说，重要的是要认识到，这里主要关注的是自我理解对话的关键点，而不是旨在展示由这些关键点指导的自我理解过程中预期的结果（编者注：手稿在这里停止了，以下是克劳斯·Holzkamp关于他的进一步论证的笔记)。

下一次：从物候到意义：讨论不仅仅改变了话语，而且增加了话语的“世界关联性”。或者换句话说，通过将原因结构、意义结构和社会结构的各方面整合起来，逐渐超越社会自我理解仅限于个人主观关系层面的状况，明确个体行为必然是——通过提取理由模型——在意义结构理解下的实现。因此，尽管有许多步骤中介，但这个过程对社会结构产生了积极贡献。这里随后产生矛盾。

人名索引*

* 本索引的每个条目后所附数字为原文页码，即中文版边码。

术语索引*

* 本索引的每个条目后所附数字为原文页码，即中文版边码。

参考文献

Adorno, T. W. (1952). Zum Verhältnis von Psychoanalyse und Gesellschaftstheorie. *Psyche*, 6, 1-18.

Adorno, T. W., Frenkel-Brunswik, E., Levinson, D. J. & Nevitt Sanford, R. (1950). *The authoritarian personality*. New York: Harper.

Alcoff, L. & Gray, L. (1993). Survivor discourse: Transgression or recuperation? *Signs: Journal of Women in Culture and Society*, 18, 260-290.

Anderson, J. R. (1983). The architecture of cognition. Cambridge, MA: Harvard University Press.

Ariès, P. (1970). *Centuries of childhood: A social history of family life* (transl. from the French by R. Baldick). New York: Alfred A. Knopf.

Auernheimer, G. (1990). *Einführung in die interkulturelle Erziehung*. Darmstadt: Wissenschaftliche Buchgesellschaft.

Balloff, R. (1986). Der Psychologe. In G. Rexilius & S. Grubitzsch (eds) *Psychologie, Theorien-Methoden-Arbeitsfelder: Ein Grundkurs* (pp. 160-178). Reinbek: Rowohlt.

Baritz, L. (1960). *The servants of power: A history of the use of social science in American industry*. Middleton, Conn.: Wesleyan University Press.

Berg, J. H. van den (1960). *Metabletica: Über die Wandlung des Menschen, Grundlinien einer historischen Psychologie*. Göttingen: Vandenhoek & Ruprecht.

Bergius, R. (1959). Entwicklung als Stufenfolge. In H. Thomae (ed.) *Handbuch der Psychologie, Band 3: Entwicklungspsychologie* (pp. 104-195). Göttingen: Hogrefe.

Blumer, H. (1956). Sociological analysis and the variable. *American Sociological Review*, 21, 683-690.

Boring, E. G. (1945). The use of operational definitions in science. *Psychological Review*, 52, 243-245.

Bower, G. H. & Hilgard, E. R. (1981). *Theories of learning*. Englewood Cliffs, NJ: Prentice-Hall.

Brandtstädter, J. (1982). Apriorische Elemente in psychologischen Forschungsprogrammen. *Zeitschrift für Sozialpsychologie*, 13, 267-277.

Brandtstädter, J. (1984). Apriorische Elemente in psychologischen Forschungsprogrammen: Weiterführende Argumente und Beispiele. *Zeitschrift für Sozialpsychologie*, 15, 151-158.

Brandtstädter, J., Eckensberger, L. H., Gadenne, V., Holzkamp, K., Kempf, W., Maiers, W. & Markard, M. (1994). Zur Problematik des Empiriebezugs psychologischer Theorien. *Forum Kritische Psychologie*, 34, 5-79.

Braun, K.-H. & Odey, R. (1989). Die Schule und das Leben oder: Gesellschaftliche Interessenwidersprühe, pädagogische Verantwortung und die "Öffnung der Schule". In K. Ermert (ed.) *Was bedeutet heute pädagogischer Fortschritt? Für eine neue Auseinandersetzung um Bildungsbegriff und-politik* (pp. 150-173). Rehburg-Loccum: Evangelische Akademie Loccum.

Brentano, M. v. (1971). Wissenschaftspluralismus: Zur Funktion, Genese und Kritik eines Kampfbegriffs. *Das Argument*, 13 (6/7), 476-493.

Brewer, W. F. C. (1974). There is no convincing evidence for operant or classical conditioning in humans. In W. B. Weimer & D. S. Palermo (eds) *Cognition and the symbolic process* (pp. 1-42). Hillsdale: Erlbaum.

Calder, B. J. (1977). Attribution theory: Phenomenology or science? *Personality and Social Psychology Bulletin*, 3, 612-615.

Cartwright, D. & Harary, F. (1956). Structural balance: A generalization of Heider's theory. *Psychological Review*, 63, 277-293.

Chomsky, N. (1959). Review of Skinner's verbal behavior. *Language*, 35, 26-58.

Cohen, P. (1991). We hate humans: An essay on anti/racism and anti/humanism. In P. Cohen (ed.) *Monstrous images, perverse reasons: Cultural studies in anti-racist education* (pp. 1-21). London University: Centre for Multicultural Education.

Cohen, P. (1992). *Seeing through prejudice? Some issues in contemporary educational practice*. London: University of East London.

Crott, H. (1979). *Soziale Interaktion und Gruppenprozesse*. Berlin: Kohlhammer.

DeMause, L. (ed.) (1974). *The history of childhood*. New York: The Psychohistory Press.

Devereux, G. (1968). *From anxiety to method in the behavioral sciences* (Preface by Weston la Barre). The Hague: Mouton.

Dreesmann, H. (1982). Neuere Entwicklungen zur Erforschung des Unterrichtsklimas. In B. Treiber & F. E. Weinert (eds) *Lehr-Lern-Forschung: Ein Überblick in Einzeldarstellungen* (pp. 177-199). München: Urban & Schwarzenberg.

Dreier, O. (1980). *Familiäres Sein und familiäres Bewusstsein: Therapeutische Analyse einer Arbeiterfamilie*. Frankfurt/M.: Campus.

Dulisch, F. (1986). *Lernen als Form menschlichen Handelns: Eine handlungstheoretisch orientierte Analyse von Lernprozessen unter besonderer Berücksichtigung des Selbststeuerungsaspektes*. Bergisch Gladbach: Hobein.

Dunkel, W. (1993). Stabilität und Flexibilität in der alltäglichen Lebensführung. In K. Jurczyk & M. S. Rerrich (eds) *Die Arbeit des Alltags: Beiträge zu einer Soziologie der alltäglichen Lebensführung* (pp. 162-174). Freiburg: Lambertus.

Dux, G. (1992). *Die Spur der Macht im Verhältnis der Geschlechter: Über den Ursprung der Ungleichheit zwischen Mann und Frau*. Frankfurt/M.: Suhrkamp.

Eberlein, G. & Pieper, R. (eds) (1976). *Psychologie-Wissenschaft ohne Gegenstand?* Frankfurt/M.: Campus.

Eckstaedt, A. (1993). Der fremde Feind und das eigene Unheimliche. In M. M. Jansen & U. Prokop (eds) *Fremdenangst und Fremdenfeindlichkeit* (pp. 105-132). Basel: Stroemfeld.

Erdheim, M. (1984). *Die gesellschaftliche Produktion von Unbewußtheit: Eine Einführung in den ethnopsychoanalytischen Prozeß* Frankfurt/M.: Suhrkamp.

Erdheim, M. (1988). *Psychoanalyse und Unbewußtheit in der Kultur*. Frankfurt/M.: Suhrkamp.

Erdheim, M. (1992). Fremdeln: Kulturelle Unverträglichkeit und Anziehung. Kursbuch, 107, 19-32.

Erdheim, M. (1993). Das Eigene und das Fremde: Über ethnische Identität. In M. M. Jansen & U. Prokop (eds) *Fremdenangst und Fremdenfeindlichkeit* (pp. 163-182). Basel: Stroemfeld.

Erdheim, M. & Nadig, M. (1984). Die soziale Relevanz des Unbewußen. In M. Erdheim, (ed.), M. (ed.) *Die gesellschaftliche Produktion von Unbewußtheit: Eine Einführung in den ethnopsycho analytischen Prozeß* (pp. 202-269). Frankfurt/M.: Suhrkamp.

Erikson, E. H. (1963). *Childhood and society*. New York: Norten.

Fahl-Spiewack, R. (1995). *Attribution und Handlungsfähigkeit: Eine subjektwissenschaftliche Perspektive*. Hamburg: Argument.

Fahl, R. & Markard, M. (1999). The project "analysis of psychological practice" or: An attempt at connecting psychological critique and practice research. *Outlines: Critical Social Studies*, 1, 73-78.

Fenichel, O. (1946). Elements of a psychoanalytic theory of anti-semitism. In E. Simmel (ed.) *Anti-semitism: A social disease* (pp. 11-32). New York: International University Press.

Ferster, C. S. & Skinner, B. F. (1957). *Schedules of reinforcement*. New York: Appleton Century Crofts.

Fisher, R. A. (1935). *The design of experiments*. Edinburgh: Oliver & Boyd.

Foucault, M. (1977). *Discipline and punish: The birth of the prison*. London: Penguin.

Foucault, M. (1992). *The archaeology of knowledge* (transl. from the French by A. M. Sheridan Smith). London: Routledge.

Foucault, M. (2003). 17 March 1976. In M. Bertani & A. Fontana (eds) *Michel Foucault, "Society must be defended": Lectures at the Collège de France* 1975—1976. London: Penguin Press.

Freud, A. (1937). *The ego and the mechanisms of defence* (transl. from the German by C. Baines). London: Hogarth Press.

Freud, S. (1981). The uncanny. In *The standard edition of the complete psychological work of Sigmund Freud*, *Vol. XVII* (pp. 217-256). London: Hogarth.

Freud, S. (1964a). New introductory lectures on psychoanalysis. Lecture XXXV. The question of a Weltanschauung. In *The standard edition of the complete psychological works of Sigmund Freud*, *Vol. XXII* (pp. 158-182). London: Hogarth.

Freud, S. (1964b). New introductory lectures on psychoanalysis. Lecture XXXIV: Explorations, applications, orientations. In *The standard edition of the complete psychological work of Sigmund Freud*, *Vol. XXII* (pp. 136-157). London: Hogarth.

Freud, S. (1981). The future of an illusion. In *The standard edition of the complete psychological work of Sigmund Freud*, *Vol. XXI* (pp. 5-56). London: Hogarth.

Fromm, E. (1941). *Escape from freedom*. New York: Rinehart.

Fromm, E. (1956). *The art of loving*. New York: Rinehart.

Fromm, E. (1976). *To have or to be*. New York: Harper & Row.

Galliker, M. (1990). *Sprechen und Erinnern: Zur Entwicklung der Affinitätshypothese bezüglich verbaler Vergangenheitsweise*. Göttingen: Hogrefe.

Geertz, C. (1973). *The interpretation of cultures*. New York: Basic Books.

Glaser, B. G. & Strauss, A. L. (1967). *The discovery of grounded theory: Strategies for qualitative research*. Chicago: Aldine.

Gottschalch, W., Neumann-Schönwetter, M. & Soukoup, G. (1971). *Sozialisationsforschung: Materialien, Probleme, Kritik*. Frankfurt/M.: Fischer.

Graumann C. F., (1986). "Zu diesem Heft". *Zeitschrift für Sozialpsychologie*, 17, 215.

Grüter, B. (1979). "Dialektische Psychologie"—eine amerikanische Variante Kritischer Psychologie? Bemerkungen "Zur Ontogenese dialektischer Operationen". *Forum Kritische Psychologie*, 5, 157-175.

Gundlach, H. (1976). *Reiz-zur Verwendung eines Begriffs in der Psychologie*. Bern: Huber.

Habermas, J. (1971). *Knowledge and human interests* (transl. by J. J. Shapiro). Boston: Beacon.

Habermas, J. (1984). *The theory of communicative action* (transl. by T. McCarthy). Cambridge: Polity.

Hardman, C. (1993). Kinder auf dem Schulhof: Unterwegs zu einer Anthropologie der Kindheit. In M.-J. van de Loo & M. Reinhardt (eds) *Kinder. Ethnologische Forschungen in fünf Kontinenten* (pp. 60-77). Müchen: Trickster.

Haug, W. F. (1985). Die Frage nach der Konstitution des Subjekts. In K. H. Braun, & K. Holzkamp (eds) *Subjektivität als Problem psychologischer Methodik* 3: *Internationaler KongreßKritische Psychologie*, *Marburg* 1984 (pp. 60-81). Frankfurt/M.: Campus.

Heider, F. (1958). *Psychology of interpersonal relations*. New York: Wiley.

Hentig, H. v. (1991). Die Schule neu denken. Anmerkungen zum Schicksal der Bildungsreform. *Neue Sammlung*, 31, 436-447.

Hinton, G. E. (1989). Connectionist learning procedures. *Artificial Intelligence*, 40, 185-234.

Hoff, E.-H. (1990). Einleitung: Zur Entstehung dieses Bandes und zum Begriff der doppelten Sozialisation. In Hoff, E.-H. (ed.) *Die doppelte Sozialisation Erwachsener*: *Zum Verhältnis von beruflichem und privatem Lebensstrang* (pp. 5-15). München: Verlag Deutsches Jugendinstitut.

Holzkamp, K. (1963). *Theorie und Experiment in der Psychologie*. Berlin: De Gruyter.

Holzkamp, K. (1973). *Sinnliche Erkenntnis*: *Historischer Ursprung und gesellschaftliche Funktion der Wahrnehmung*. Frankfurt/M.: Fischer.

Holzkamp, K. (1979). Das Verhältnis von Subjektivität und Gesellschaftlichkeit in der traditionellen Sozialwissenschaft und im Wissenschaftlichen Sozialismus. *Forum Kritische Psychologie*, 4, 10-54.

Holzkamp, K. (1983). *Grundlegung der Psychologie*. Frankfurt/M.: Campus.

Holzkamp, K. (1984a). Die Bedeutung der Freudschen Psychoanalyse für die marxistisch fundierte Psychologie. *Forum Kritische Psychologie*, 13, 15-40.

Holzkamp, K. (1984b). Kritische Psychologie und phänomenologische Psychologie. *Forum Kritische Psychologie*, 14, 5-55.

Holzkamp, K. (1984c). Zum Verhältnis zwischen gesamtgesellschaftlichem Prozess und individuellem Lebensprozess. *Konsequent*, *Sonderband*, 6, 29-43.

Holzkamp, K. (1985a). Persönlichkeit-Zur Funktionskritik eines Begriffes. In T. Hermann & E.-D. Lantermann (eds) *Persönlichkeitspsychologie: Ein Handbuch in Schlüsselbegriffen* (pp. 92-101). München: Urban & Schwarzenberg.

Holzkamp, K. (1985b). Zur Stellung der Psychoanalyse in der Geschichte der Psychologie. In K.-H. Braun, O. Dreier, W. Hollitscher, K. Holzkamp, M. Markard, G. Minz & K. Wetzel (eds) *Geschichte und Kritik der Psychoanalyse. Bericht von der 3. internationalen Ferienuniversität Kritische Psychologie in Innsbruck* (pp. 13-69). Marburg: Verlag Arbeiterbewegung und Gesellschaft.

Holzkamp, K. (1986a). Handeln. In G. Rexilius & G. Grubitzsch (eds) *Psychologie, Theorien-Methoden-Arbeitsfelder: Ein Grundkurs* (pp. 381-402). Reinbek: Rowohlt.

Holzkamp, K. (1986b). "Wirkung" oder Erfahrung von Arbeitslosigkeit-Widersprüche und Perspektiven psychologischer Arbeitslosenforschung. *Forum Kritische Psychologie*, 18, 9-37.

Holzkamp, K. (1986c). Die Verkennung von Handlungsbegründungen als empirische Zusammenhangsannahmen in sozialpsychologischen Theorien: Methodologische Fehlorientierung infolge von Begriffsverwirrung. *Zeitschrift für Sozialpsychologie*, 17, 216-238.

Holzkamp, K. (1989). Die "kognitive Wende" in der Psychologie zwischen neuer Sprachmode und wissenschaftlicher Neuorientierung. *Forum Kritische Psychologie*, 23, 67-85.

Holzkamp, K. (1990). Über den Widerspruch zwischen Förderung individueller Subjektivität als Forschungsziel und Fremdkontrolle als Forschungsparadigma. *Forum Kritische Psychologie*, 26, 6-12.

Holzkamp, K. (1991a). Experience of self and scientific objectivity. In C. W. Tolman & W. Maiers (eds) *Critical psychology: Contributions to an historical science of the subject* (pp. 65-80). Cambridge: Cambridge University Press.

Holzkamp, K. (1991b). Lehren als Lernbehinderung? *Forum Kritische Psychologie*, 27, 5-22.

Holzkamp, K. (1991c). Was heißt "Psychologie vom Subjektstandpunkt"?

Überlegungen zu subjektwissenschaftlicher Theoriebildung. *Forum Kritische Psychologie*, 28, 5-19

Holzkamp, K. (1992a). "Hochbegabung": Wissenschaftlich verantwortbares Konzept oder Alltagsvorstellung? *Forum Kritische Psychologie*, 29, 5-22.

Holzkamp, K. (1992b). Fiktion einer unterdrückungsfreien Sexualität: Antwort auf Roland Härdtle. *Zeitschrift füt Sexualforschung*, 5, 128-43.

Holzkamp, K. (1993). *Lernen-Subjektwissenschaftliche Grundlegung*. Frankfurt/M.: Campus.

Holzkamp, K. (1994a). Am Problem vorbei: Zusammenhangsblindheit der Variablenpsychologie. *Forum Kritische Psychologie*, 34, 80-94.

Holzkamp, K. (1994b). Antirassistische Erziehung als Änderung rassistischer "Einstellungen"? Funktionskritik und subjektwissenschaftliche Alternative. *Das Argument*, 203, 41-48.

Holzkamp, K. (1995). Rassismus und das Unbewußte in psychoanalytischem und kritisch-psychologischem Verständnis. *Forum Kritische Psychologie*, 35, 4-41.

Holzkamp-Osterkamp, U. (1975). *Grundlagen der psychologischen Motivationsforschung I*. Frankfurt/M.: Suhrkamp.

Holzkamp-Osterkamp, U. (1976). *Grundlagen der psychologischen Motivationsforschung II: Die Besonderheit menschliche Bedürfnisse-Problematik und Erkenntnisgehalt der Psychoanalyse*. Frankfurt/M.: Suhrkamp.

Holzkamp-Osterkamp, U. (1984). Ich tu, was ich tu-du tust, was du tust. Gestaltpäagogik-eine notwendige Ergäzung gewerkschaftlicher Arbeit für Lehrer? *Demokratische Erziehung*, 4, 27-32.

Holzkamp-Osterkamp, U. (1991). Personality: Self-actualization in social vacuums? In C. W. Tolman & W. Maiers (eds) *Critical psychology: Contributions to an historical science of the subject* (pp. 160-197). Cambridge: Cambridge University Press.

Homans, G. C. (1961). *Social behavior: Its elementary forms*. New York: Harcourt Brace.

Hull, C. S. (1943). *Principles of behavior*. New York: Appleton Century Crofts.

Hull, C. S. (1952). *A behavior system: An introduction to behavior theory concerning the individual organism*. New Haven: Yale University Press.

Hummel, H. J. & Opp, K.-D. (1971). *Die Reduzierbarkeit von Soziologie auf Psychologie*. Braunschweig: Vieweg.

Husserl, E. (2001). *Logical investigations*, *Vol. I* (transl. by N. J. Findlay). London: Routledge (Original work published 1913).

Jäger, S. (1992). *Brandsätze: Rassismus im Alltag*. Duisburg: DISS Dusiburger Institut für Sprach-und Sozialforschung.

Jurczyk, K. & Rerrich, M. S. (1993a). Einführung: Alltägliche Lebensführung: der Ort, wo alles zusammenkommt. In K. Jurczyk & M. S. Rerrich (eds) *Die Arbeit des Alltags: Beiträge zu einer Soziologie der alltäglichen Lebensführung* (pp. 11-45). Freiburg: Lambertus.

Jurczyk, K. & Rerrich, M. S. (1993b). Lebensführung, soziale Einbindung und die Strukturkategorie "Geschlecht". In K. Jurczyk & M. S. Rerrich (eds) Die *Arbeit des Alltags: Beiträge zu einer Soziologie der alltäglichen Lebensführung* (pp. 262-278). Freiburg: Lambertus.

Jurczyk, K. & Rerrich, M. S. (eds) (1993c). *Die Arbeit des Alltags: Beiträge zu einer Soziologie der alltäglichen Lebensführung*. Freiburg: Lambertus.

Klafki, W. (1989). Gesellschaftliche Funktionen und pädagogischer Auftrag der Schule in einer demokratischen Gesellschaft. In K.-H. Braun, K. Müller & R. Odey (eds) *Subjektivität-Vernunft-Demokratie: Analyse und Alternativen zur konservativen Schulpolitik* (pp. 4-33). Weinheim: Beltz.

Köhler, W. (1920). *Die physischen Gestalten in Ruhe und im stationären Zustand*. Braunschweig: Vieweg.

Köhler, W. & Wallach, H. (1944). Figural after-effects. *Proceedings of the American Philosophical Society*, 88, 269-357.

Kristeva, J. (1981). Women's time. *Signs: Journal of Women in Culture and Society*, 7, 13-35.

Lave, J. (1992). Word problems: A microcosm of theories of learning. In P. Light & G. Butterworth (eds) *Context and cognition: Ways of learning and knowing* (pp. 74-92). New York: Harvester Wheatsheaf.

Leiprecht, R. (1990). *"Da baut sich ja in uns ein Haßauf": Zur subjektiven Funktionalität von Rassismus und Ethnozentrismus bei abhängig beschäftigten Jugendlichen-eine empirische Untersuchung*. Hamburg: Argument.

Leiser, E. (1978). *Widerspiegelungscharakter von Logik und Mathematik*. Frankfurt/M. :Campus.

Lenz, A. & Meretz, S. (1993). Zur Problematik der Psychologisierung informatischer Grundkonzepte—am Beispiel "Konnektionismus" *Forum Kritische Psychologie*, 32, 106-123.

Lenz, A. & Meretz, S. (1995). *Neuronale Netze und Subjektivität: Lernen, Bedeutung und die Grenzen der Neuro-Informatik*. Braunschweig: Vieweg.

Leontyev, A. N. (1978). *Activity, consciousness, and personality* (transl. from the Russian by M. J. Hall). Englewood Cliffs, NJ: Prentice-Hall.

Leontyev, A. N. (1981). *Problems of the development of the mind*. Moscow: Progress Publishers.

Lewin, K. (1936). *Principles of topological psychology*. New York: McGraw-Hill.

Loo, M.-J. van de & Reinhardt, M. (eds) (1993). *Kinder: Ethnologische Forschungen in fünf Kontinenten*. München: Trickster.

Lorenzer, A. (1974). *Die Wahrheit der psychoanalytischen Erkenntnis: Ein historischmaterialistischer Entwurf*. Frankfurt/M. : Suhrkamp.

Maiers, W. (1979). Wissenschaftskritik als Erkenntniskritik: Zur Grundlegung differentieller Beurteilung des Erkenntnisgehalts traditioneller Psychologie in kritischpsychologischen Gegenstandsanalysen. *Forum Kritische Psychologie*, 5, 47-128.

Maiers, W. (1992). "Natur" und Naturalismus in der Psychologie: Zum Mythos der "Naturwissenschaftlichkeit" im Selbstverständnis der herrschenden Psychologie und in ihrer Kritik. *Forum Kritische Psychologie*, 29, 23-55.

Markard, M. (1984). *Einstellung-Kritik eines sozialpsychologischen Grundkonzepts*. Frankfurt/M. : Campus.

Markard, M. (1985). Konzepte der methodischen Entwicklung des Projekts Subjektentwicklung in der frühen Kindheit. *Forum Kritische Psychologie*, 17,101-125.

Markard, M. (1991). *Methodik subjektwissenschaftlicher Forschung-Jenseits des Streits um qualitative und quantitative Methoden*. Hamburg: Argument.

Markard, M. (1994). Zum Empiriebezug von "Begründungsmustern" als "mplikativen" Zusammenhangsaussagen. *Forum Kritische Psychologie*, 34, 61-66.

Markard, M. & Ulmann, G. (1983). Geistig-moralische Entwicklung in der Psychologie? Zur Kritik der Auffassungen L. Kohlbergs. *Forum Kritische Psychologie*, 12, 11-47.

Marx, K. (1976). Theses on Feuerbach. *Collected works*, *Vol. V*. London: Lawrence & Wishart.

Marx, K. & Engels, F. (1985). *Manifesto of the Communist Party*. *Collected works*, *Vol. VI*. London: Lawrence & Wishart.

McClelland, J. L. & Rumelhart, D. E. (1986). *Parallel distributed processing*: *Explorations in the microstructure of cognition*, *Vol. 2*: *Foundations*. Cambridge, MA: Bradford.

Mehan, H. (1979). *Learning lessons*. Cambridge, MA: Harvard University Press.

Mehan, H. (1985). The structure of classroom discourse. In T. A. van Dijk (ed.) *Handbook of discourse analysis*, *Vol. 3*: *Discourse and dialogue* (pp. 120-131). London: Academic Press.

Miles, R. (1989). Racism. London: Routledge.

Miller, M. (1986). *Kollektive Lernprozesse*: *Studien zur Grundlegung einer soziologischen Lerntheorie*. Frankfurt/M.: Suhrkamp.

Mitscherlich, M. (1983). Müssen wir hassen? In R. Intaliander (ed.) "*Fremde raus?*" *Fremdenangst und Ausländerfeindlichkeit* (pp. 31-37). Frankfurt/M.: Fischer.

Müller, R. (1992). Hits und Clips: Erklärungsmodelle zur Jugendkultur. *Musik & Bildung*, 1, 61-65.

Nadig, M. (1993). Die Ritualisierung von Haßund Gewalt im Rassismus. In F. Balke, R. Habermas, P. Nanz, & P. Sillem (eds) *Schwierige Fremdheit*: *Über Integration und Ausgrenzung in Einwanderungsländern* (pp. 264-284). Frankfurt/M.: Fischer.

Neisser, U. (1967). *Cognitive psychology*. New York: Meredith Corporation.

Neumann, E. (1996). *Funktionshistorische Anthropologie der ästhetischen Produktivität*. Berlin: Reimer.

Nevermann, K. & Schultze-Scharnhorst, E. (1987). Kommentar zum Berliner Schulverfassungsgesetz. In Gewerkschaft Erziehung und Wissenschaft (ed.) *Berliner Recht für Schule und Lehrer*, 2 *Vols*. (pp. K210-1-K210-107). Berlin: GEW.

Niestroy, B. (1989). Some recent German literature on socialisation and childhood in past times. *Continuity and Change*, 4, 339-357.

Oerter, R. (1971). *Moderne Entwicklungspsychologie*. Donauwörth: Ludwig Auer.

Osterkamp, U. (1979). "Narzißmus" als neuer Sozialisationstyp? *Demokratische Erziehung*, 2, 166-175.

Osterkamp, U. (1984). Ich tu, was ich tu-du tust, was du tust. Gestaltpädagogik: Eine notwendige Ergänzung gewerkschaftlicher Arbeit für Lehrer? *Demokratische Erziehung*, 4, 27-32.

Osterkamp, U. (1986). "Persönlichkeit"—Selbstverwirklichung in gesellschaftlichen Freiräumen oder gesamtgesellschaftliche Verantwortungsübernahme des Subjekts? *Marxistische Studien: Jahrbuch des IMSF*, 10, 67-92.

Osterkamp, U. (1989). Frauenunterdrückung—Betroffenheit, Parteilichkeit. In Institut für Marxistische Studien und Forschung (ed.) *Klasse und Geschlecht* (pp. 35-57). Frankfurt/M.: IMSF.

Osterkamp, U. (1990). Intersubjektivität und Parteinahme: Probleme Subjektwissenschaftlicher Forschung. In G. Gekeler & K. Wetzel (eds) *Subjektivität und Politik. Bericht von der* 5. *internationalen Ferien-Universität Kritische Psychologie in Fulda* (pp. 143-187). Marburg: Arbeit & Gesellschaft.

Osterkamp, U. (1991a). Alternativen zum hilflosen Antirassismus. *Blätter für deutsche und internationale Politik*, 12, 1459-1469.

Osterkamp, U. (1991b). Rassismus und Alltagsdenken. *Forum Kritische Psychologie*, 28, 40-71.

Osterkamp, U (1992a). Antirassismus: Weitere Fallstricke und Problematisierungen. *Das Argument*, 195, 733-745.

Osterkamp, U. (1992b). Objektive und subjektive Behinderungen einer antirassistischen Pädagogik. In K.-H. Braun & K. Wetzel (eds) *Lernwidersprüche und pädagogisches Handeln. Bericht von der* 6. *internationalen Ferien-Universität Kri-*

tische Psychologie, 24-29 *February* 1992 *in Wien* (pp. 257-294). Marburg: Verlag Arbeiterbewegung und Gesellschaft.

Osterkamp, U. (1993). Theoretische Zugänge und Abwehrformen psychologischer Analyse des Phänomens Rassismus/Fremdenfeindlichkeit. In Institut für Sozialpädagogische Forschung Mainz (ed.) *Rassismus, Fremdenfeindlichkeit, Rechtsextremismus: Beiträge zu einem gesellschaftlichen Diskurs* (pp. 188-207). Bielefeld: Böllert.

Osterkamp, U. (1995). Verleugnung des Rassismus. In M. Langhanky (ed.) *Verständigungsprozesse der Sozialen Arbeit: Beiträge zur Theorie-und Methodendiskussion* (pp. 102-119). Hamburg: Agentur des Rauhen Hauses.

Osterkamp, U. (1996). *Rassismus als Selbstentmächtigung*. Hamburg: Argument.

Osterkamp, U. & Projekt Rassismus und Diskriminierung (1993). Das Boot ist voll. Typische Selbstrechtfertigungs-und Abwehrfiguren in der Asyldebatte. Forum *Kritische Psychologie*, 32, 36-66.

Parin, P. (1976). Das Mikroskop der vergleichenden Psychoanalyse und die Makrosozietät. *Psyche*, 30, 1-25.

Pestalozzi, J. H. (1976). *Sämtliche Werke*, *Band* 28. Zürich: Orell Füssli.

Petermann, B. (1929). *Die Wertheimer-Koffka-Köhlersche Gestalttheorie und das Gestaltproblem*. Leipzig: Barth.

Petermann, B. (1931). *Das Gestaltproblem in der Psychologie im Lichte analytischer Besinnung*. Leipzig: Barth.

Poliakov, L., Delacampagne, C. & Girard, P. (1979). *Über den Rassismus: 16 Kapitel zur Anatomie, Geschichte und Deutung des Rassenwahns*. Stuttgart: Klett-Cotta.

Richter, D. (1987). *Das fremde Kind: Zur Entstehung der Kindheitsbilder des bürgerlichen Zeitalters*. Frankfurt/M.: Fischer.

Riegel, K. F. (Ed.) (1978). *Zur Ontogenese dialektischer Operationen*. Frankfurt/M.: Suhrkamp.

Riesman, P. (1993). Stimmt Freud in Afrika? Über das Verhältnis von Erziehung und Person. In M.-J. van de Loo & M. Reinhardt (eds) *Kinder: Ethnologische Forschungen in fünf Kontinenten* (pp. 156-183). München: Trickster.

Rohr, E. (1993). Faszination und Angst. In M. M. Jansen & U. Prokop (eds) *Fremdenangst und Fremdenfeindlichkeit* (pp. 133-62). Basel: Stroemfeld.

Rumelhart, D. E. & McClelland, J. L. (1986). *Parallel distributed processing: Explorations in the microstructure of cognition, Vol. 1: Psychological and biological models*. Cambridge, MA: Bradford.

Sargent, S. S. (1965). Übertreibt die amerikanische Psychologie die Wissenschaftlichkeit? In F. Hardesty & F. Eyferth (ed.) *Forderungen an die Psychologie* (pp. 231-239). Bern: Huber.

Scarry, E. (1985). *The body in pain: The making and unmaking of the world*. New York: Oxford University Press.

Schraube, E. (1998). *Auf den Spuren der Dinge: Psychologie in einer Welt der Technik*. Berlin: Argument.

Schraube, E. (2005). "Torturing things until they confess" Günther Anders' critique of technology. *Science as Culture*, 14 (1), 77-85.

Schurig, V. (1976). *Die Entstehung des Bewußtseins*. Frankfurt/M.: Suhrkamp.

Seidel, R. (1976). *Denken: Psychologische Analyse der Entstehung und Lösung von Problemen*. Frankfurt/M.: Campus.

Skinner, B. F. (1948). *Walden two*. New York: Macmillan.

Skinner, B. F. (1957). *Verbal behavior*. Englewood Cliffs, NJ: Prentice-Hall.

Skinner, B. F. (1971). *Beyond freedom and dignity*. New York: Knopf.

Smedslund, J. (1978a). Bandura's theory of self-efficacy: A set of common sense theorems. *Scandinavian Journal of Psychology*, 19, 1-14.

Smedslund, J. (1978b). Some psychological theories are not empirical: Reply to Bandura. *Scandinavian Journal of Psychology*, 19, 101-102.

Smedslund, J. (1979). Between the analytic and the arbitary: A case study of psychological research. *Scandinavian Journal of Psychology*, 20, 129-140.

Smedslund, J. (1988). *Psycho-logic*. Berlin: Springer.

Steiner-Khamsi, G. (1992). *Multikulturelle Bildungspolitik in der Postmoderne*. Opladen: Leske & Budrich.

Thorndike, E. L. (1903). *Educational psychology*. New York: Lemke & Buechner.

Ulmann, G. (1987). *Über den Umgang mit Kindern*. Frankfurt/M. : Campus.

Vathke, H. (1985). Gründe und Funktion von Sprachlosigkeit in der Berufspraxis von Psychologen. *Forum Kritische Psychologie*, 16, 99-109.

Vollmer, F. (1982). How does the expectancy-value model in psychology explain human action? *Scandinavian Journal of Psychology*, 23, 87-97.

Voß G. -G. (1991). *Lebensführung als Arbeit: Über die Autonomie der Person im Alltag der Gesellschaft*. Stuttgart: Enke.

Watson, J. B. (1919). *Psychology from the standpoint of a behaviorist*. Philadelphia: Lippincott.

Watson, J. B. & Rayner, R. (1920). Conditioned emotional responses. *Journal of Experimental Psychology*, 3, 1-14.

Weiss, F. (1993). Von der Schwierigkeit über Kinder zu forschen: Die Iatmul in Papua-Neuguinea. In M. -J. van de Loo & M. Reinhardt (eds) *Kinder: Ethnologische Forschungen in fünf Kontinenten* (pp. 96-153). München: Trickster.

Willis, P. (1977). *Learning to labour*. Aldershot: Gower.

Wundt, W. (1897/1902). *Outlines of psychology* (transl. from the German with the cooperation of the author by C. Hubbard Judd). New York: Stechert.

Zimmer, G. (1987). *Selbstorganisation des Lernens: Kritik der modernen Arbeitserziehung*. Frankfurt/M. : Lang.

Zinnecker, J. (1981). Die Gesellschaft der Altersgleichen. In Jugendwerk der Deutschen Shell (ed.) *Jugend '81, Band* 1 (pp. 422-673). Hamburg: Jugendwerk der Deutschen Shell.

图书在版编目(CIP)数据

主体立场的心理学 / (德)克劳斯·霍兹坎普著;(德)厄恩斯特·夏欧伯,(德)乌特·欧斯特坎普编;孟飞,郭峰译. —北京:北京师范大学出版社,2021.10

(批判与马克思主义心理学丛书 / 王波主编)

ISBN 978-7-303-25984-7

Ⅰ. ①主… Ⅱ. ①克… ②厄… ③乌… ④孟… ⑤郭… Ⅲ. ①心理学—研究 Ⅳ. ①B84

中国版本图书馆 CIP 数据核字(2020)第 124705 号

北京市版权局著作权合同登记号:01-2017-2659

营　销　中　心　电　话　010-58807651
北师大出版社高等教育分社微信公众号　新外大街拾玖号

ZHUTI LICHANG DE XINLIXUE

出版发行:北京师范大学出版社　www.bnup.com
北京市西城区新街口外大街 12-3 号
邮政编码:100088

印　　刷:北京盛通印刷股份有限公司
经　　销:全国新华书店
开　　本:170 mm×240 mm
印　　张:22.5
字　　数:320 千字
版　　次:2021 年 10 月第 1 版
印　　次:2021 年 10 月第 1 次印刷
定　　价:112.00 元

策划编辑:周益群　　责任编辑:林山水
美术编辑:李向昕　　装帧设计:丛　巍
责任校对:段立超　陶　涛　　责任印制:马　洁